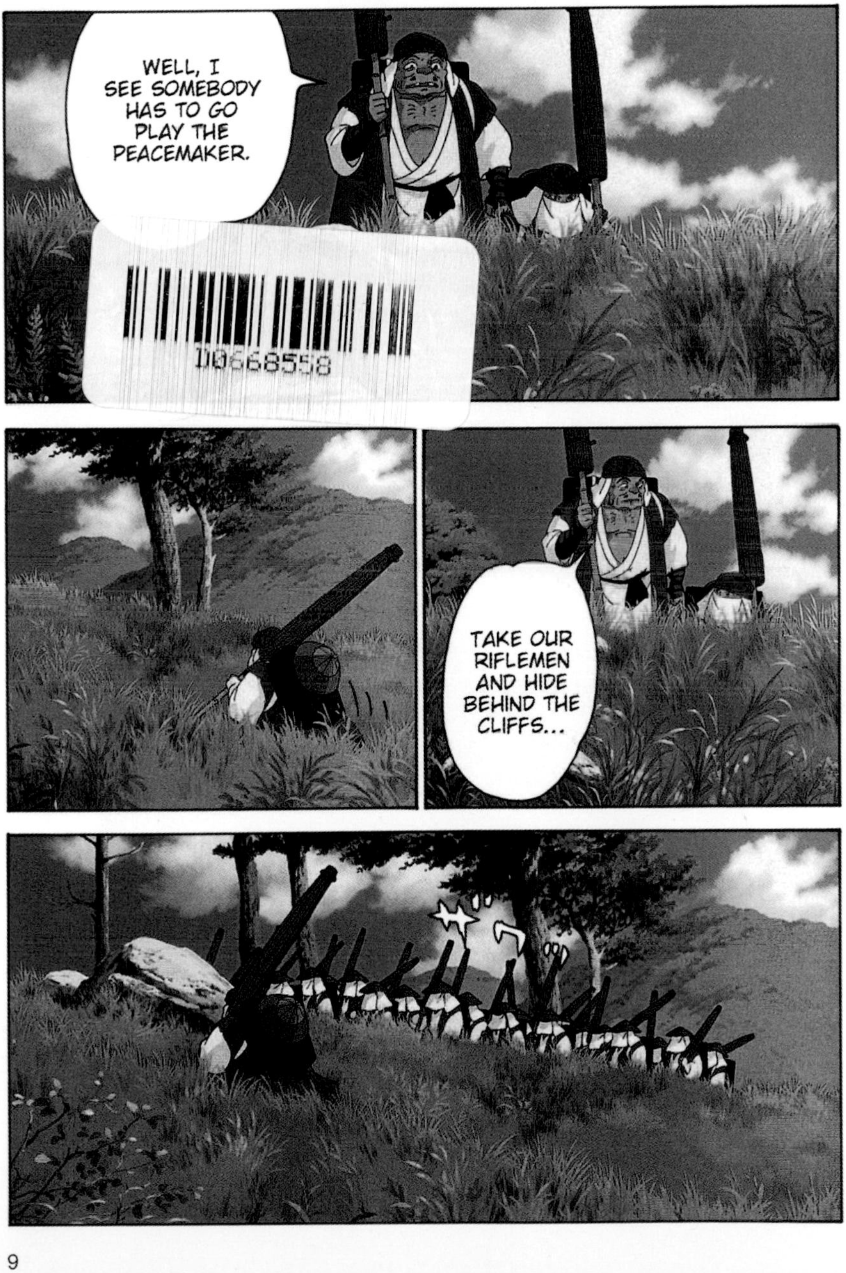
WELL, I SEE SOMEBODY HAS TO GO PLAY THE PEACEMAKER.
TAKE OUR RIFLEMEN AND HIDE BEHIND THE CLIFFS...

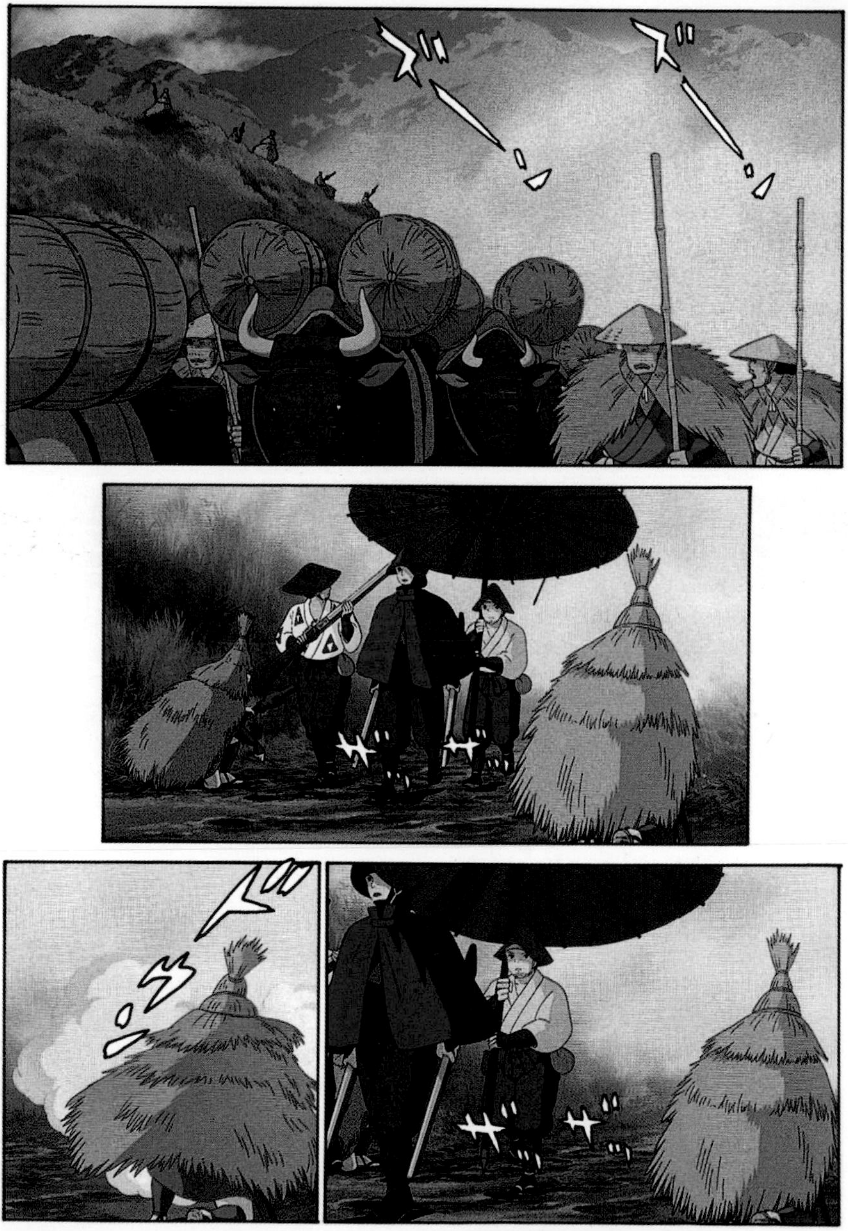
ズーン
ズーン
ザッ ザッ
ザッ ザッ

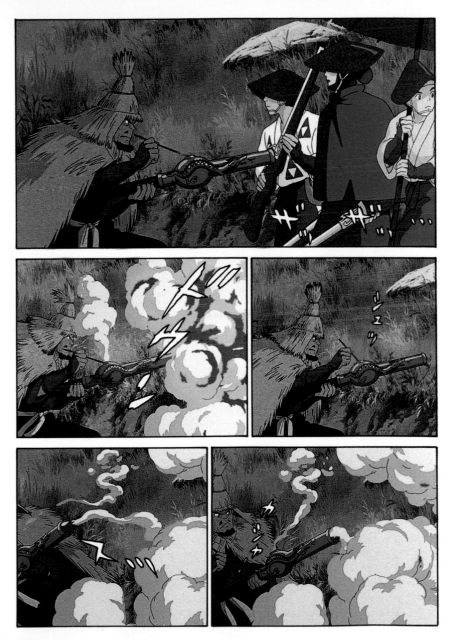

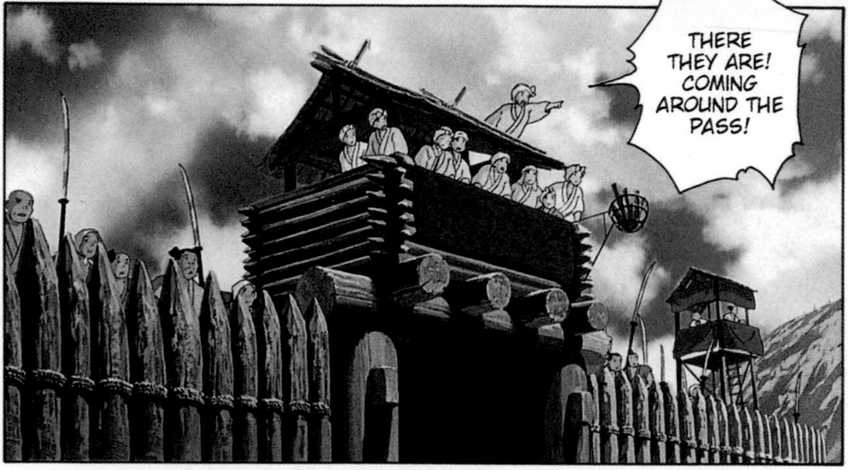
THERE THEY ARE! COMING AROUND THE PASS!

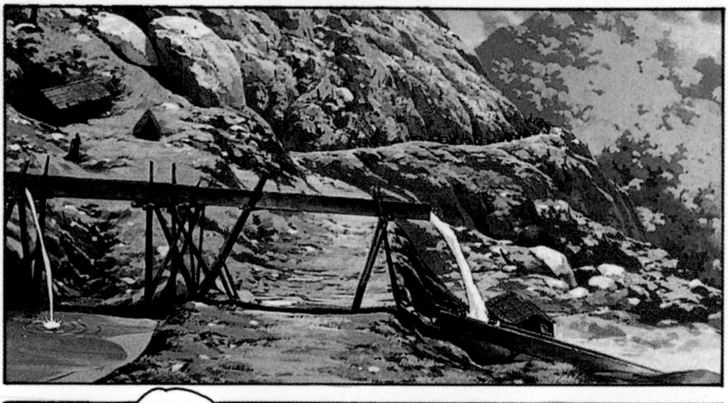

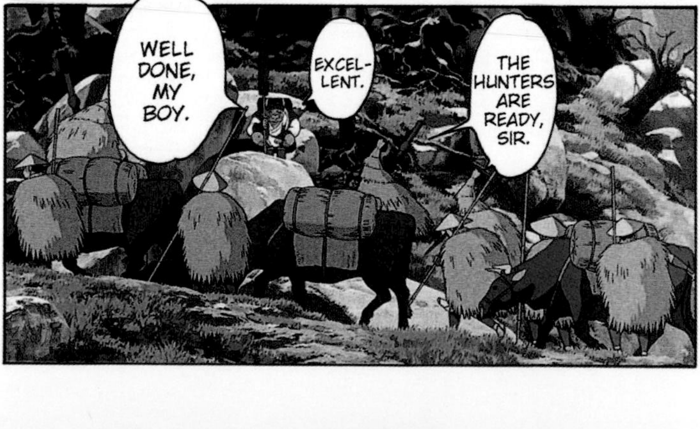
THE HUNTERS ARE READY, SIR.
EXCEL-LENT.
WELL DONE, MY BOY.

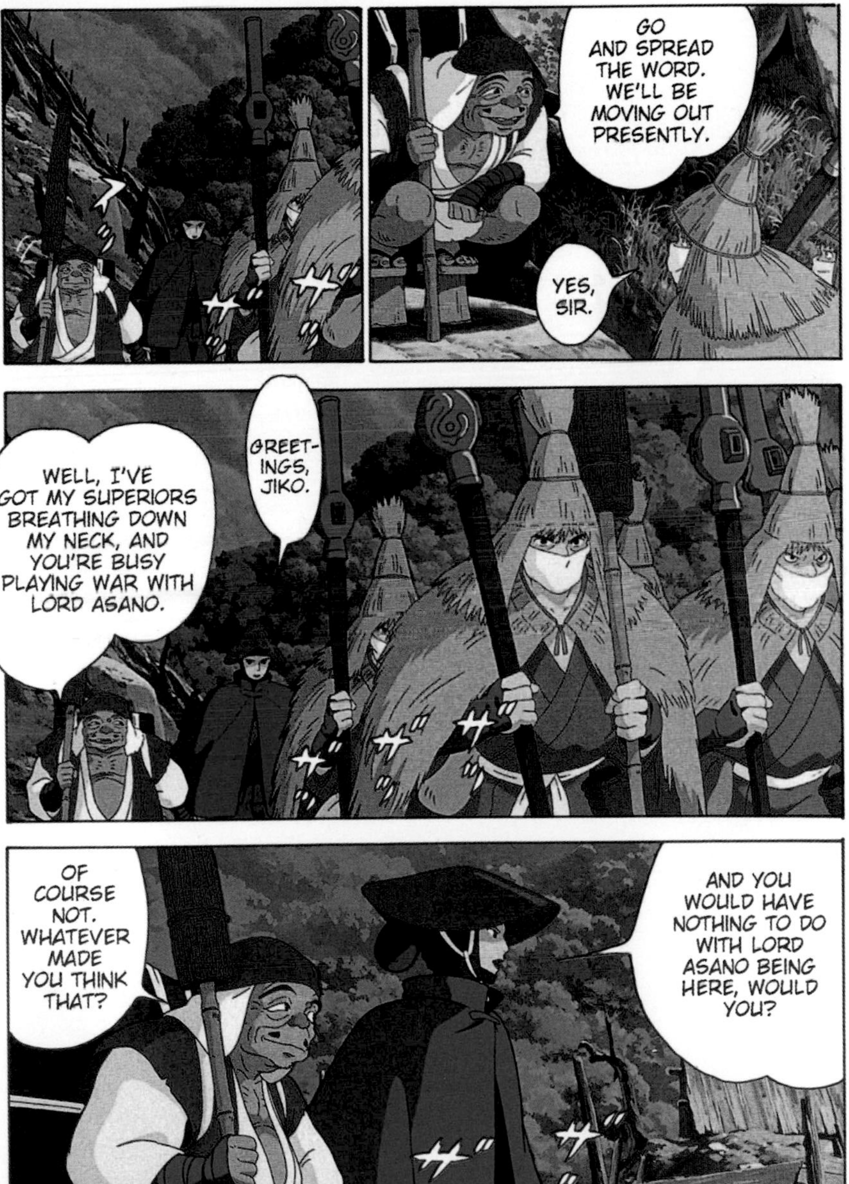
GO AND SPREAD THE WORD. WE'LL BE MOVING OUT PRESENTLY.
YES, SIR.
GREET-INGS, JIKO.
WELL, I'VE GOT MY SUPERIORS BREATHING DOWN MY NECK, AND YOU'RE BUSY PLAYING WAR WITH LORD ASANO.
AND YOU WOULD HAVE NOTHING TO DO WITH LORD ASANO BEING HERE, WOULD YOU?
OF COURSE NOT. WHATEVER MADE YOU THINK THAT?

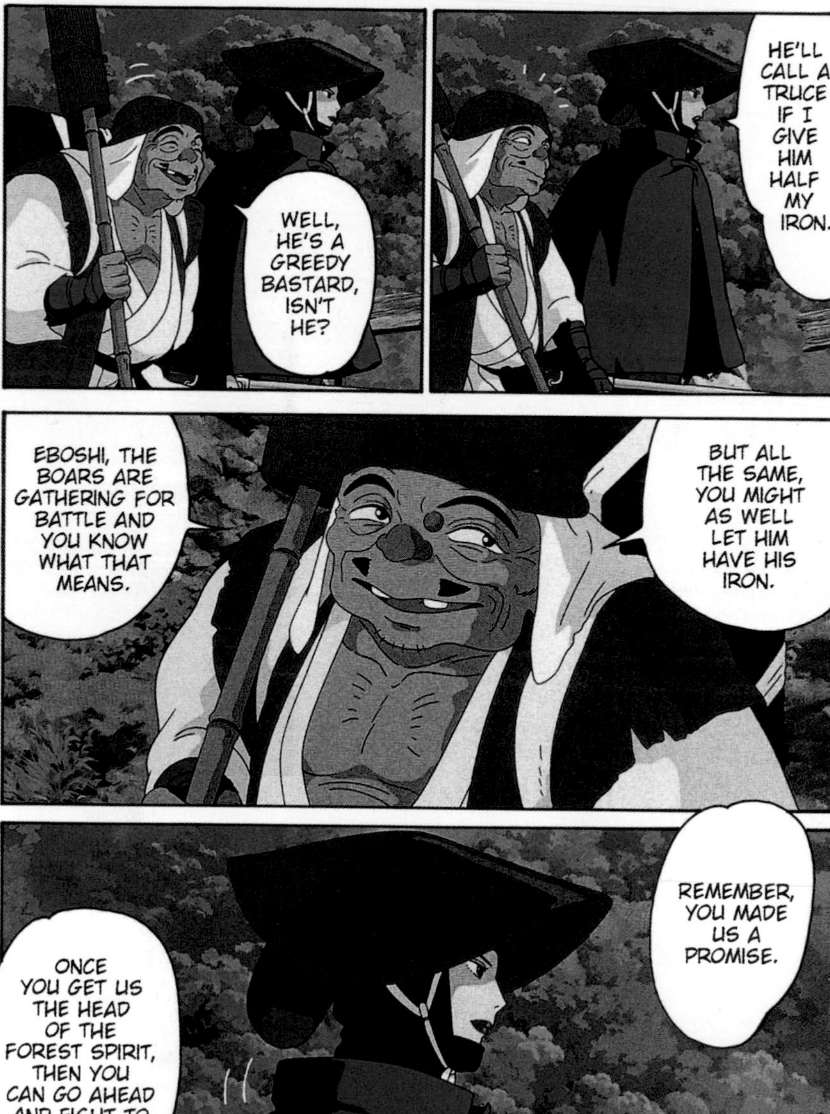
HE'LL CALL A TRUCE IF I GIVE HIM HALF MY IRON.
WELL, HE'S A GREEDY BASTARD, ISN'T HE?
BUT ALL THE SAME, YOU MIGHT AS WELL LET HIM HAVE HIS IRON.
EBOSHI, THE BOARS ARE GATHERING FOR BATTLE AND YOU KNOW WHAT THAT MEANS.
REMEMBER, YOU MADE US A PROMISE.
ONCE YOU GET US THE HEAD OF THE FOREST SPIRIT, THEN YOU CAN GO AHEAD AND FIGHT TO YOUR HEART'S CONTENT.

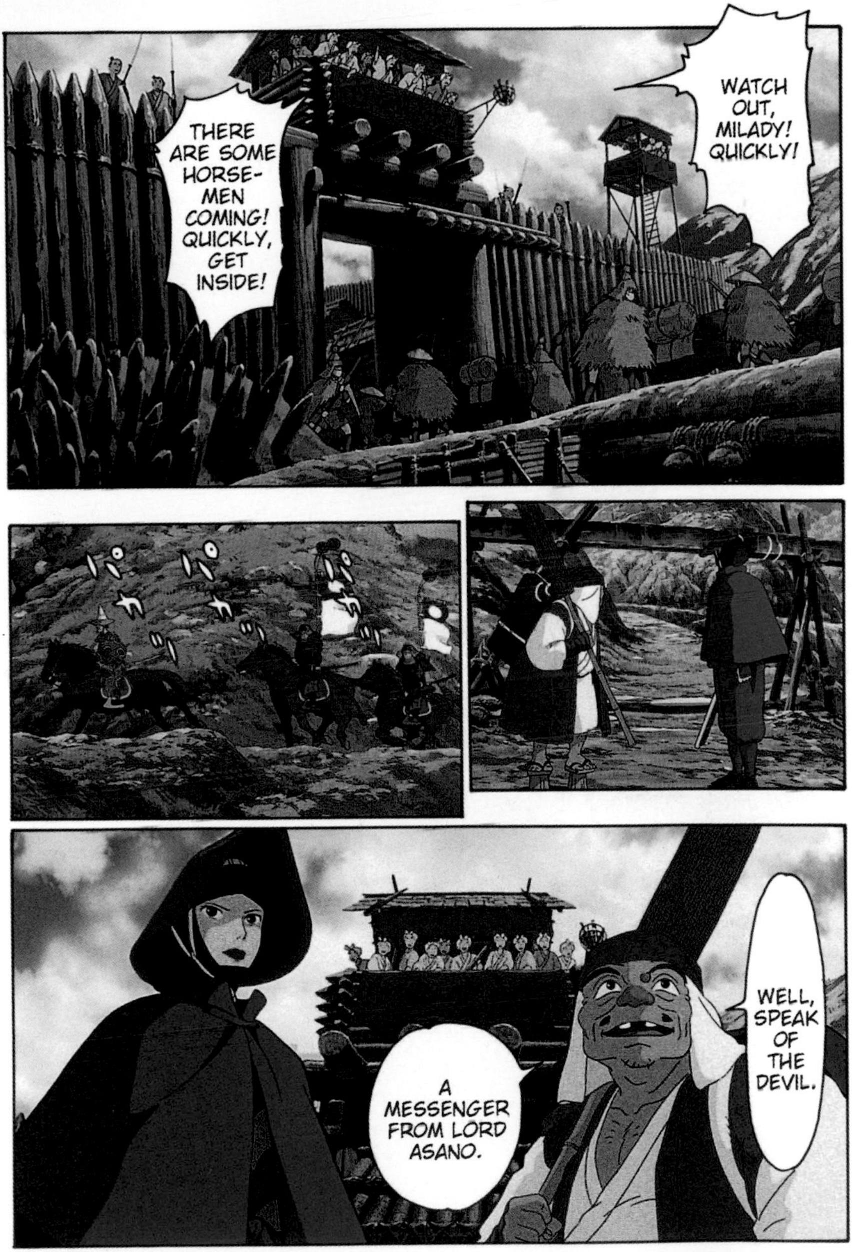
WATCH OUT, MILADY! QUICKLY!
THERE ARE SOME HORSE-MEN COMING! QUICKLY, GET INSIDE!
WELL, SPEAK OF THE DEVIL.
A MESSENGER FROM LORD ASANO.

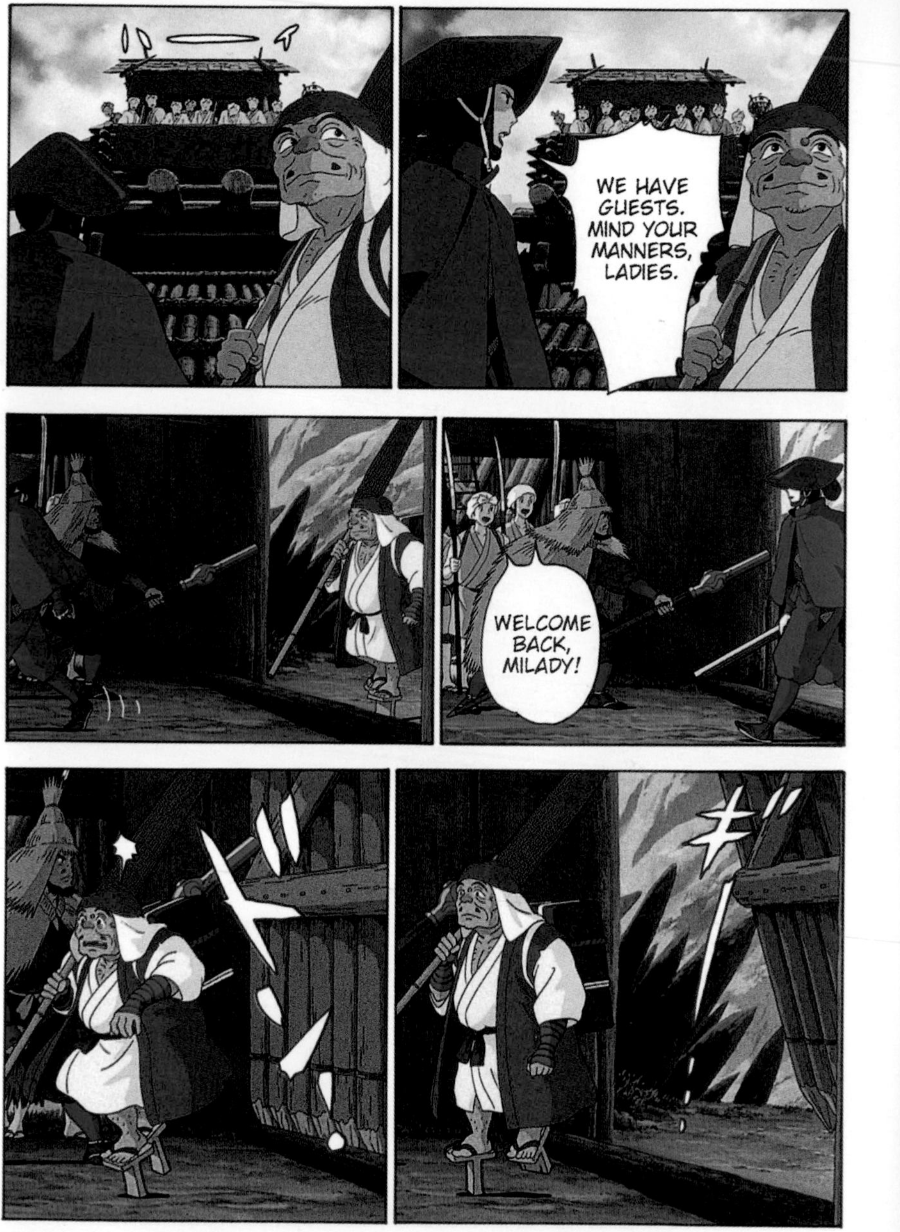
WE HAVE GUESTS. MIND YOUR MANNERS, LADIES.
WELCOME BACK, MILADY!

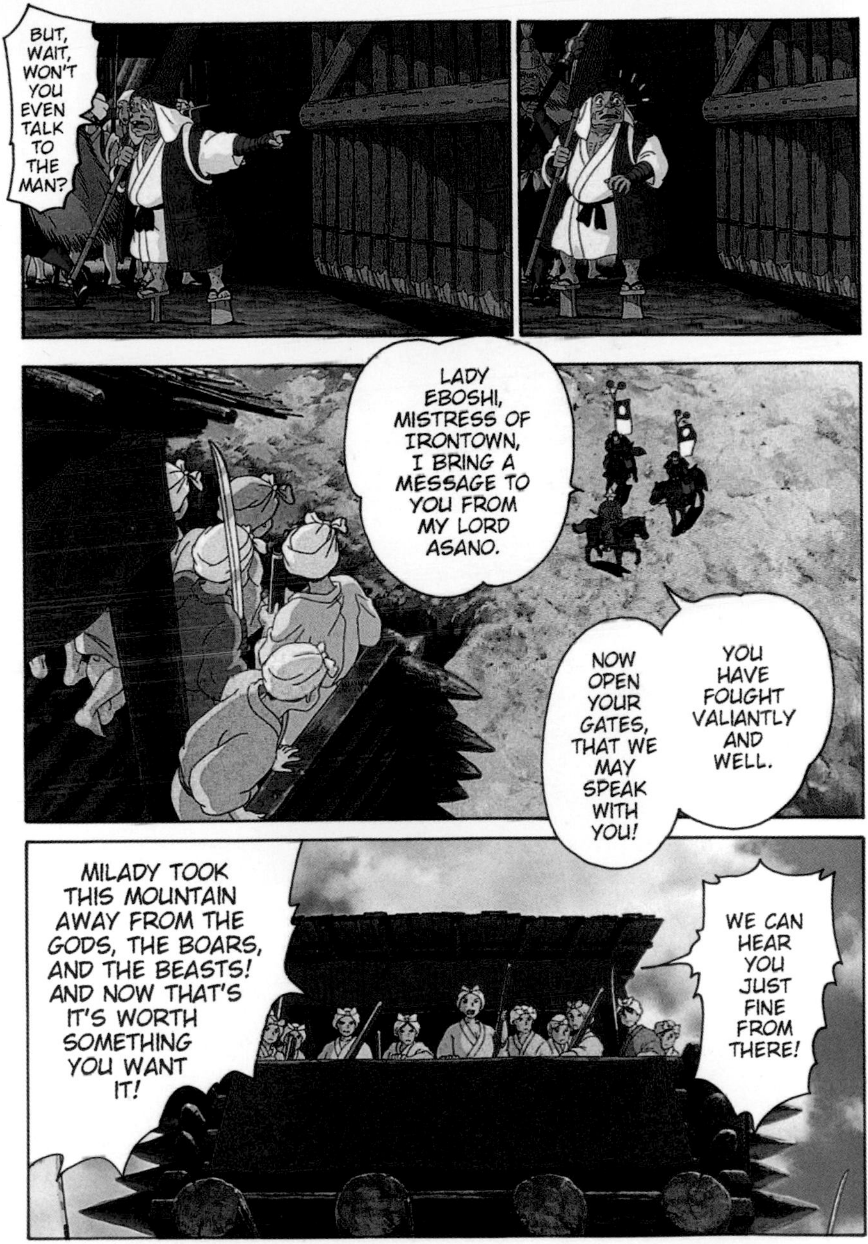
BUT, WAIT, WON'T YOU EVEN TALK TO THE MAN?
LADY EBOSHI, MISTRESS OF IRONTOWN, I BRING A MESSAGE TO YOU FROM MY LORD ASANO.
YOU HAVE FOUGHT VALIANTLY AND WELL.
NOW OPEN YOUR GATES, THAT WE MAY SPEAK WITH YOU!
WE CAN HEAR YOU JUST FINE FROM THERE!
MILADY TOOK THIS MOUNTAIN AWAY FROM THE GODS, THE BOARS, AND THE BEASTS! AND NOW THAT'S IT'S WORTH SOMETHING YOU WANT IT!

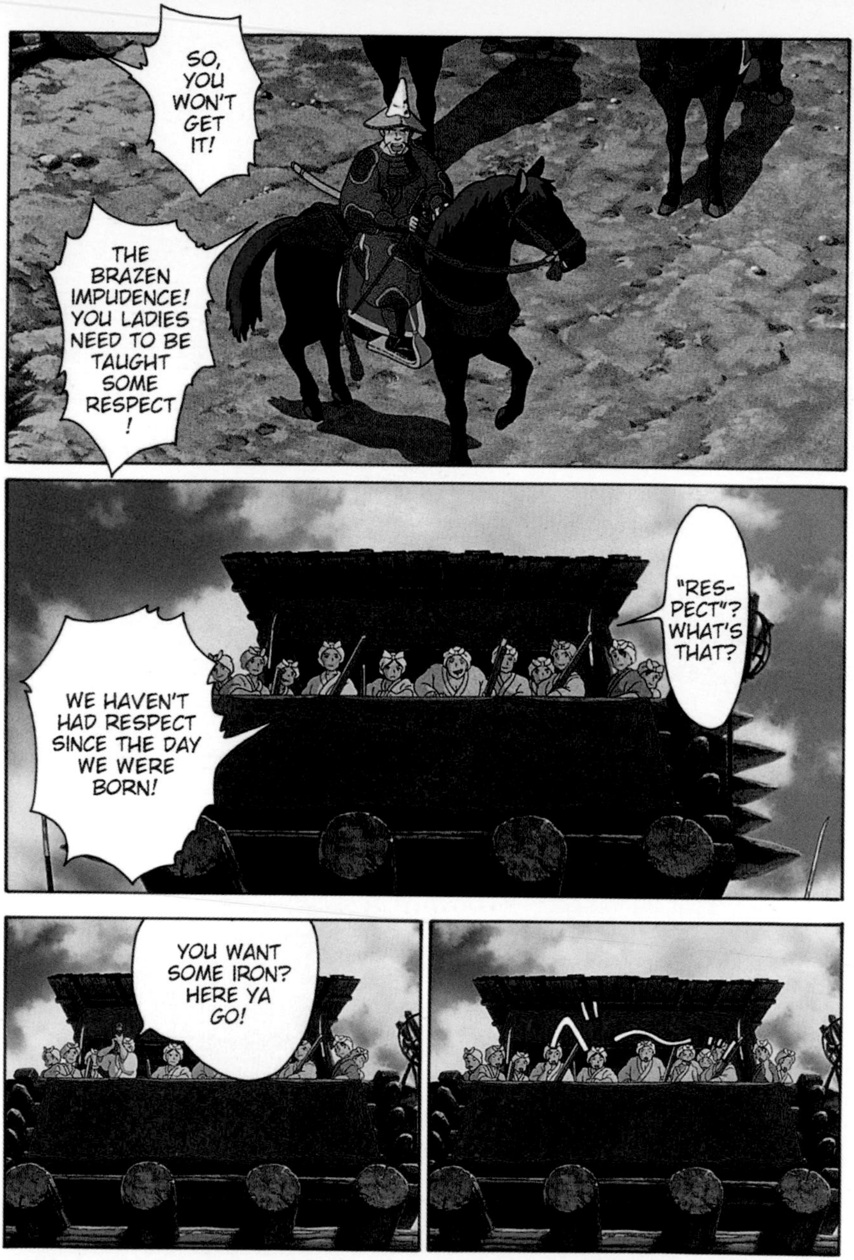
SO, YOU WON'T GET IT!
THE BRAZEN IMPUDENCE! YOU LADIES NEED TO BE TAUGHT SOME RESPECT!
"RES-PECT"? WHAT'S THAT?
WE HAVEN'T HAD RESPECT SINCE THE DAY WE WERE BORN!
YOU WANT SOME IRON? HERE YA GO!

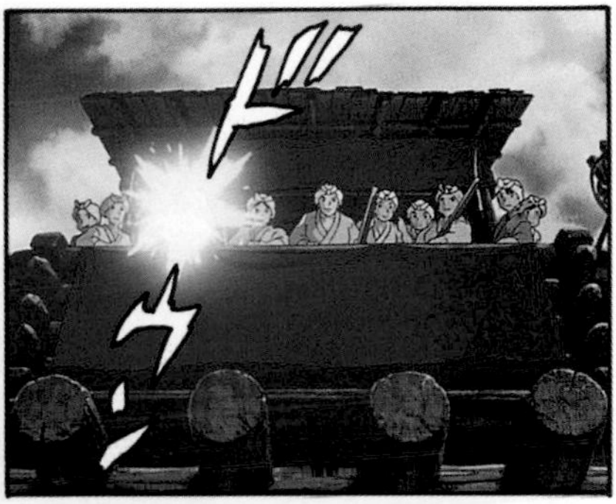
ドウン
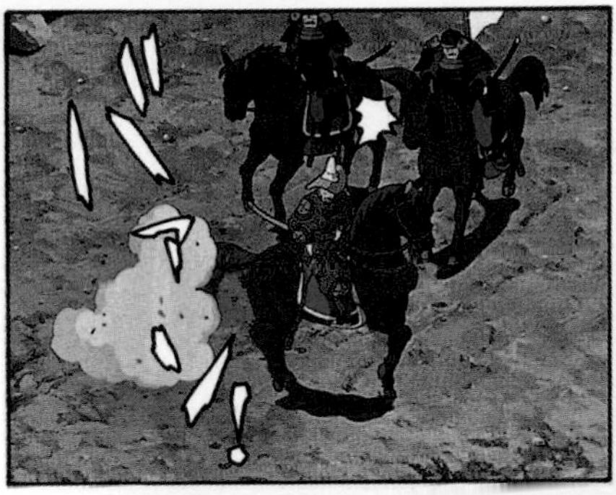
バアン!
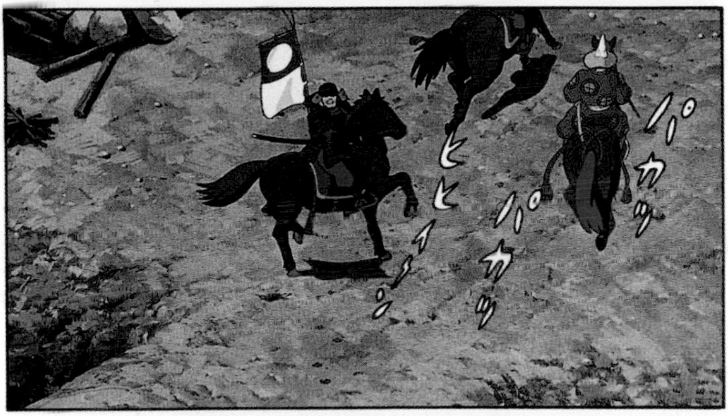
パカッ
ヒヒイィン
パカッ
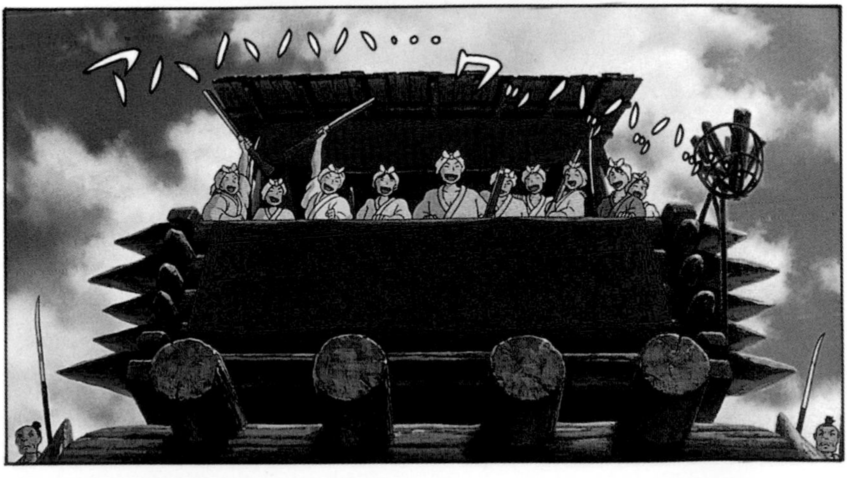
アハハハハハ・・・
ワッハハハ・・・

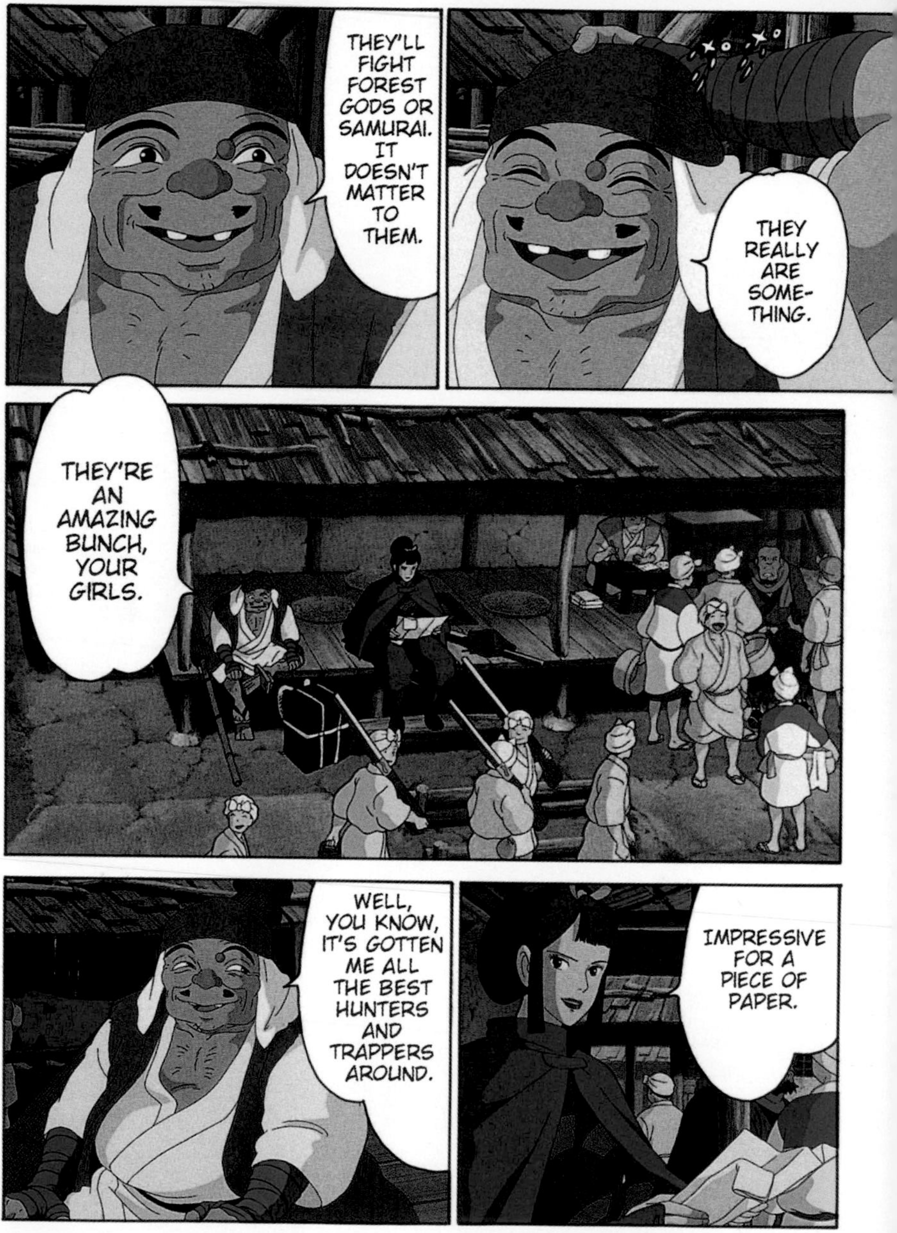
THEY REALLY ARE SOME-THING.
THEY'LL FIGHT FOREST GODS OR SAMURAI. IT DOESN'T MATTER TO THEM.
THEY'RE AN AMAZING BUNCH, YOUR GIRLS.
IMPRESSIVE FOR A PIECE OF PAPER.
WELL, YOU KNOW, IT'S GOTTEN ME ALL THE BEST HUNTERS AND TRAPPERS AROUND.

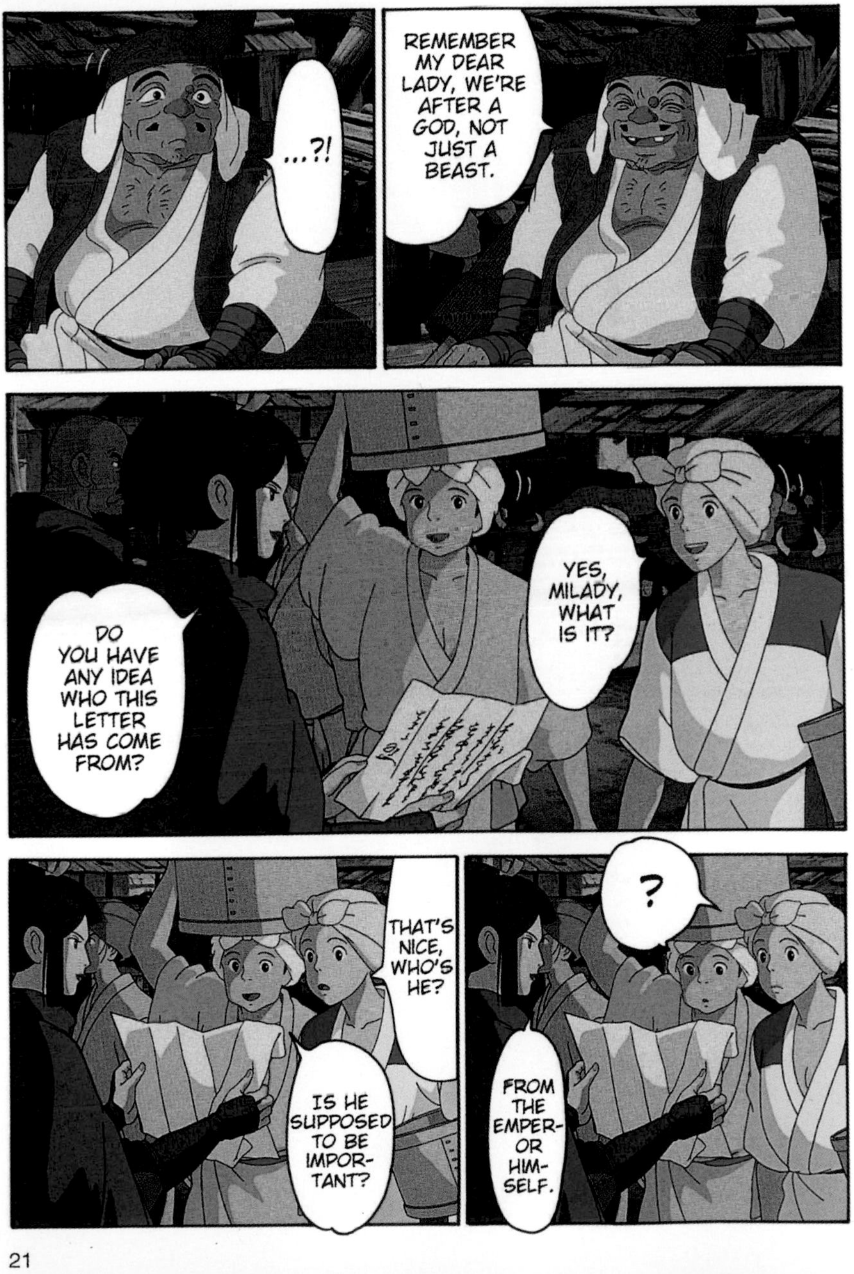
REMEMBER MY DEAR LADY, WE'RE AFTER A GOD, NOT JUST A BEAST.
...?!
YES, MILADY, WHAT IS IT?
DO YOU HAVE ANY IDEA WHO THIS LETTER HAS COME FROM?
?
FROM THE EMPEROR HIMSELF.
THAT'S NICE, WHO'S HE?
IS HE SUPPOSED TO BE IMPORTANT?

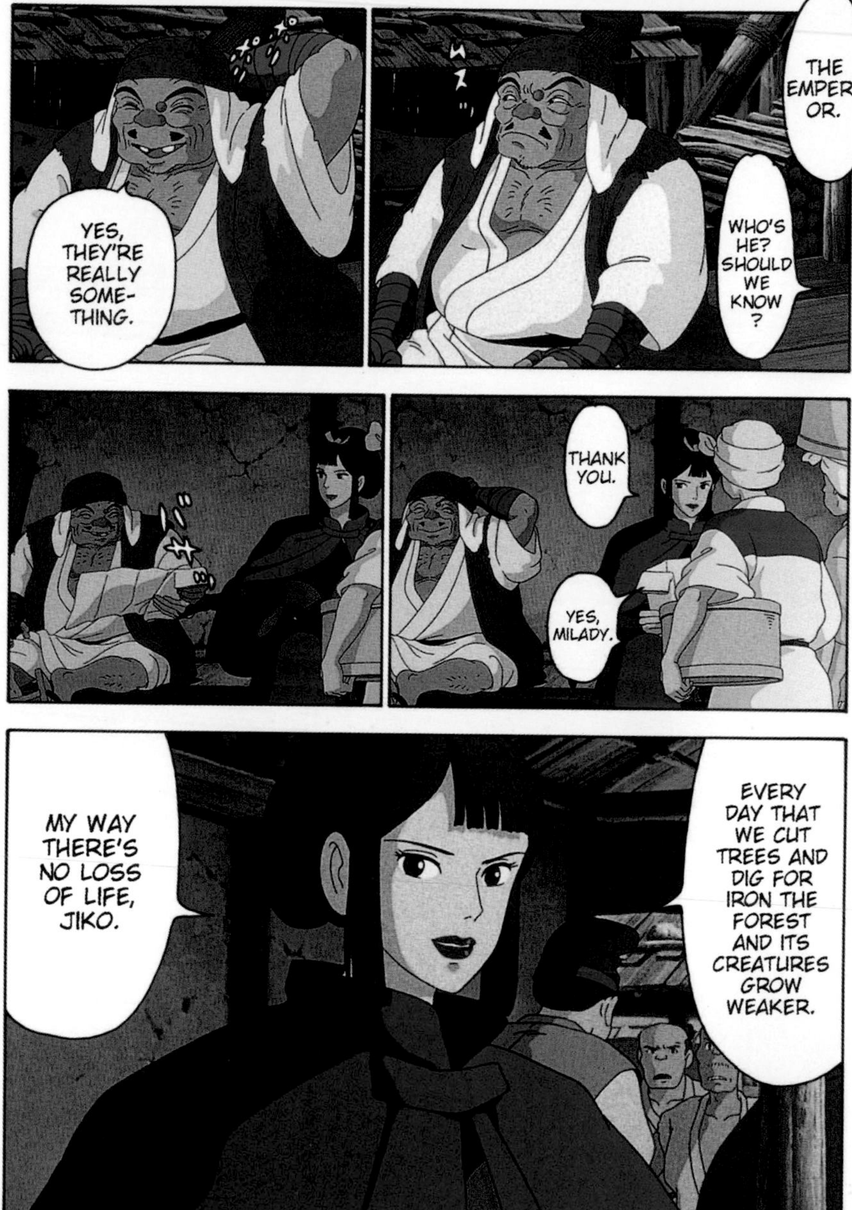
YES, THEY'RE REALLY SOMETHING.
WHO'S HE? SHOULD WE KNOW?
THE EMPEROR.
THANK YOU.
YES, MILADY.
MY WAY THERE'S NO LOSS OF LIFE, JIKO.
EVERY DAY THAT WE CUT TREES AND DIG FOR IRON THE FOREST AND ITS CREATURES GROW WEAKER.

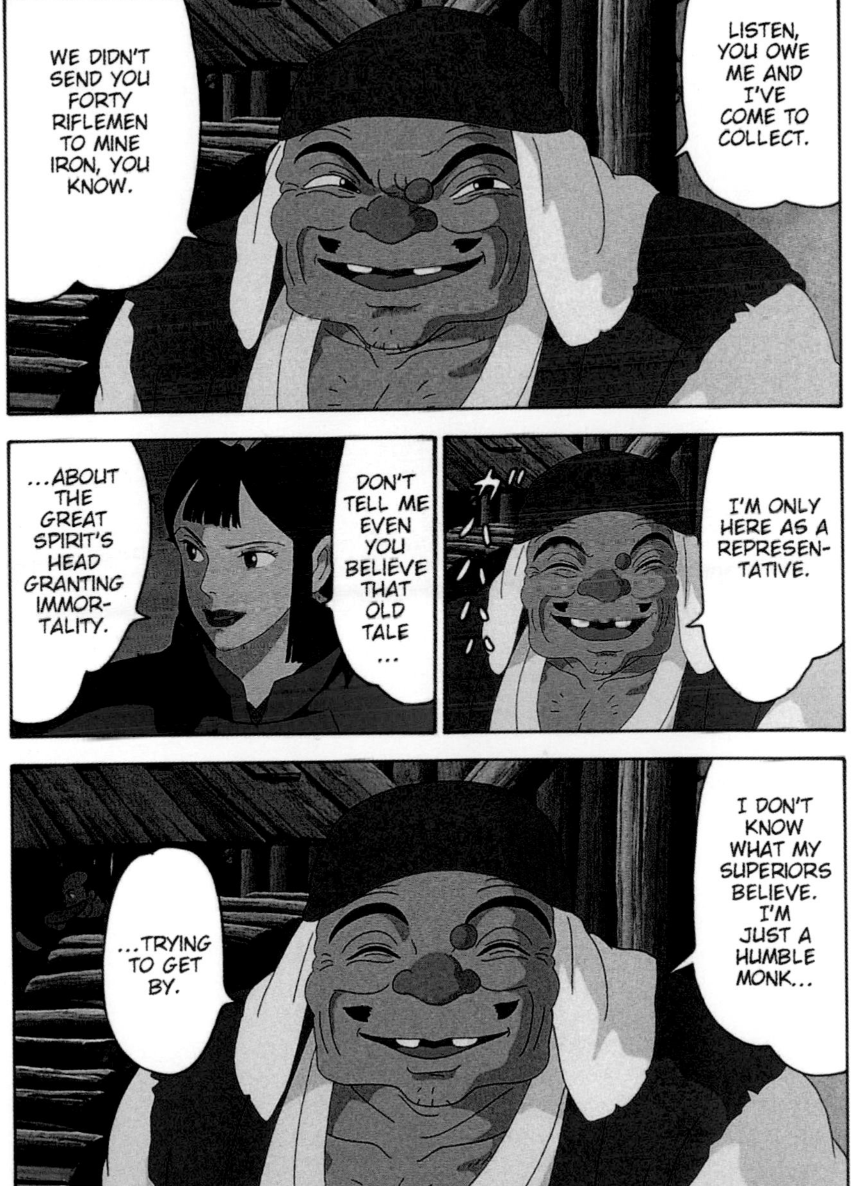
LISTEN, YOU OWE ME AND I'VE COME TO COLLECT.
WE DIDN'T SEND YOU FORTY RIFLEMEN TO MINE IRON, YOU KNOW.
I'M ONLY HERE AS A REPRESEN-TATIVE.
DON'T TELL ME EVEN YOU BELIEVE THAT OLD TALE ...
...ABOUT THE GREAT SPIRIT'S HEAD GRANTING IMMOR-TALITY.
I DON'T KNOW WHAT MY SUPERIORS BELIEVE. I'M JUST A HUMBLE MONK...
...TRYING TO GET BY.

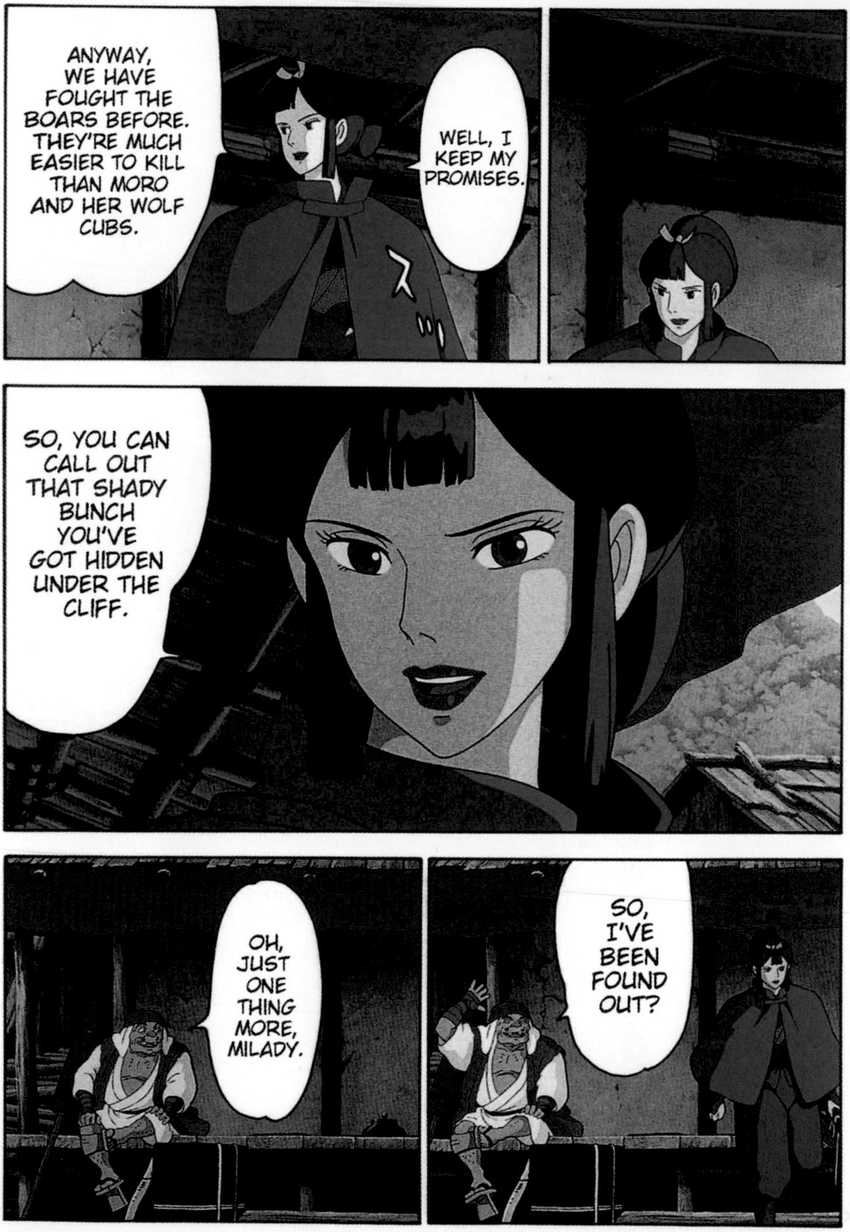
ANYWAY, WE HAVE FOUGHT THE BOARS BEFORE. THEY'RE MUCH EASIER TO KILL THAN MORO AND HER WOLF CUBS.
WELL, I KEEP MY PROMISES.
SO, YOU CAN CALL OUT THAT SHADY BUNCH YOU'VE GOT HIDDEN UNDER THE CLIFF.
OH, JUST ONE THING MORE, MILADY.
SO, I'VE BEEN FOUND OUT?

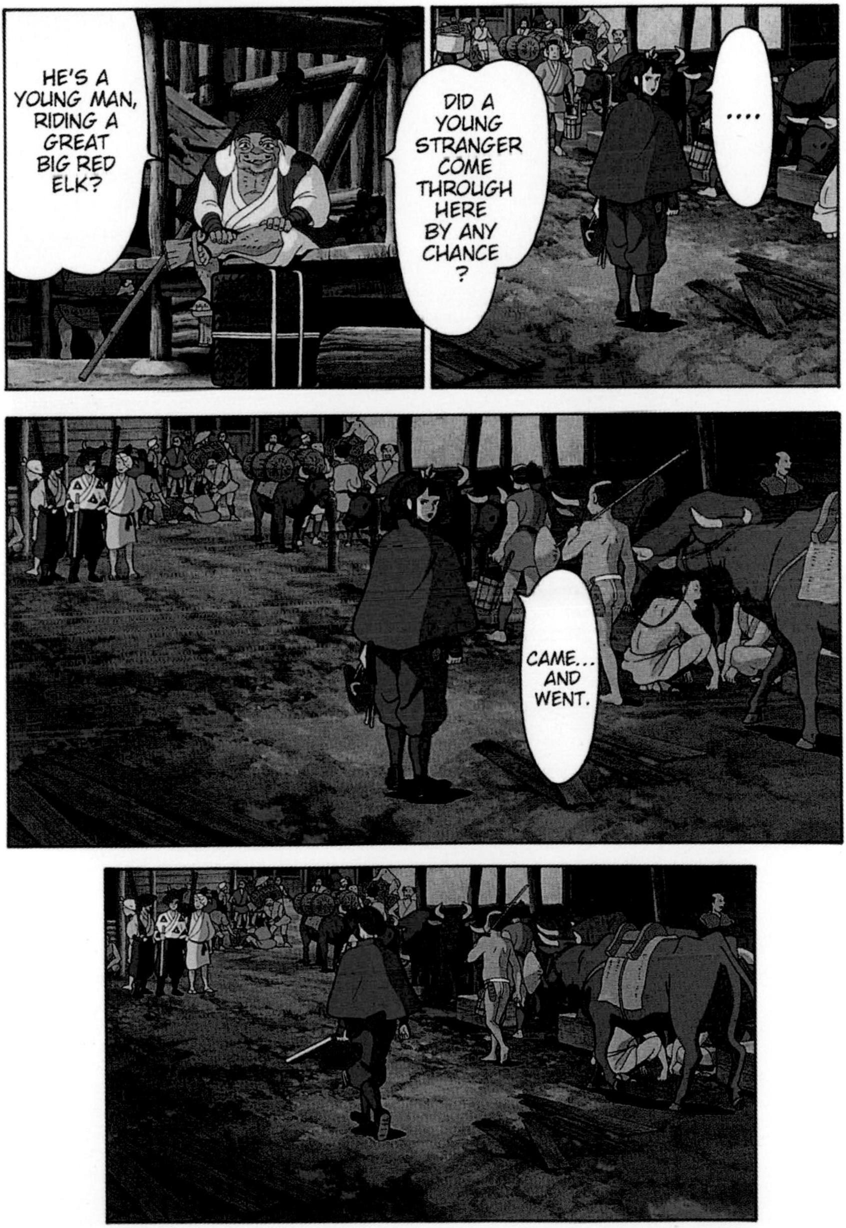
....
DID A YOUNG STRANGER COME THROUGH HERE BY ANY CHANCE ?
HE'S A YOUNG MAN, RIDING A GREAT BIG RED ELK?
CAME... AND WENT.

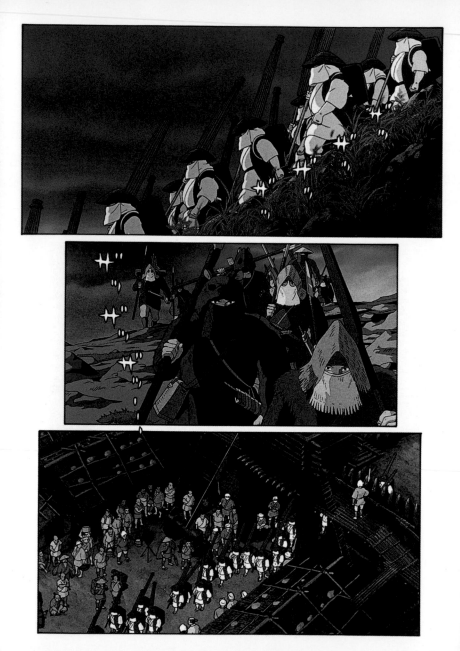

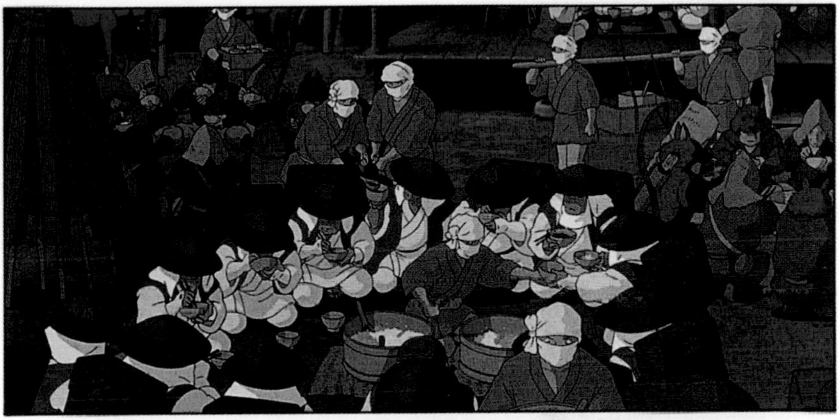

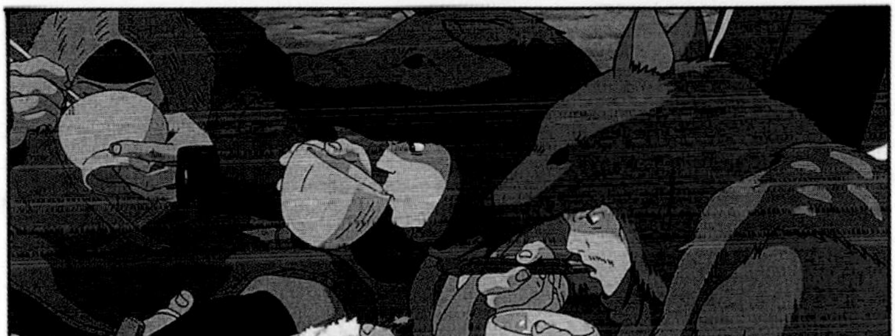

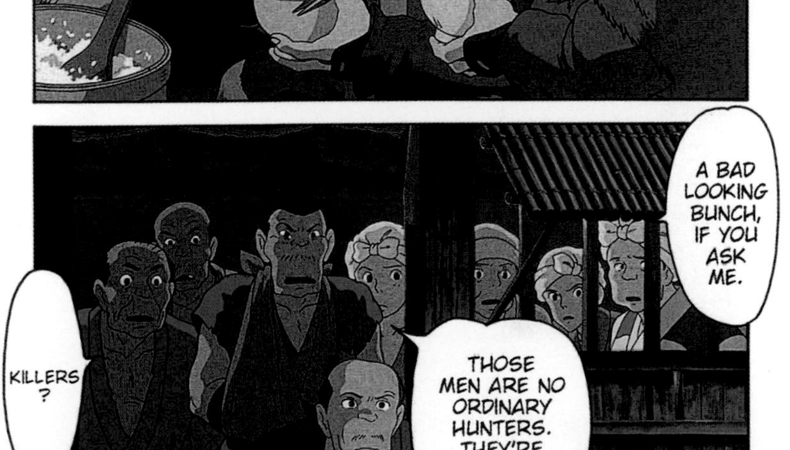
A BAD LOOKING BUNCH, IF YOU ASK ME.
THOSE MEN ARE NO ORDINARY HUNTERS. THEY'RE KILLERS.
KILLERS?

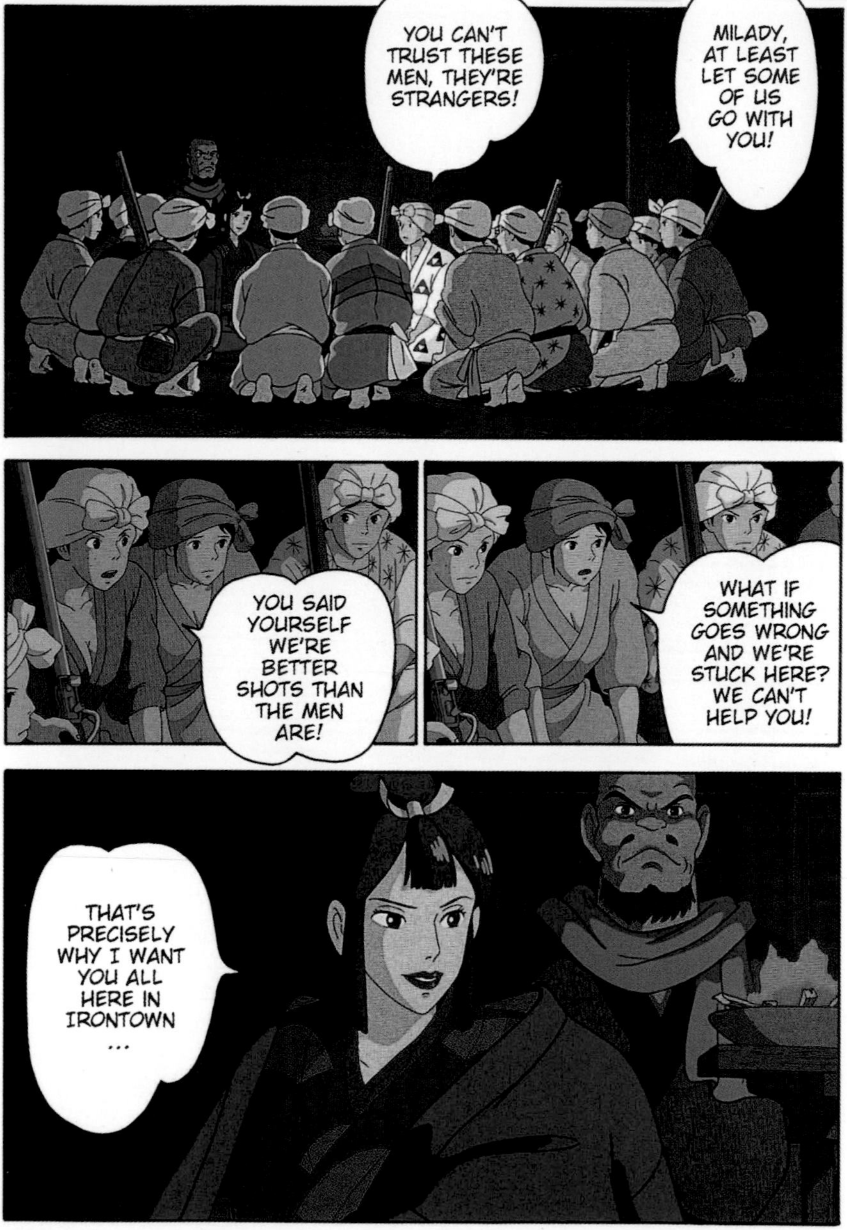
YOU CAN'T TRUST THESE MEN, THEY'RE STRANGERS!
MILADY, AT LEAST LET SOME OF US GO WITH YOU!
YOU SAID YOURSELF WE'RE BETTER SHOTS THAN THE MEN ARE!
WHAT IF SOMETHING GOES WRONG AND WE'RE STUCK HERE? WE CAN'T HELP YOU!
THAT'S PRECISELY WHY I WANT YOU ALL HERE IN IRONTOWN ...

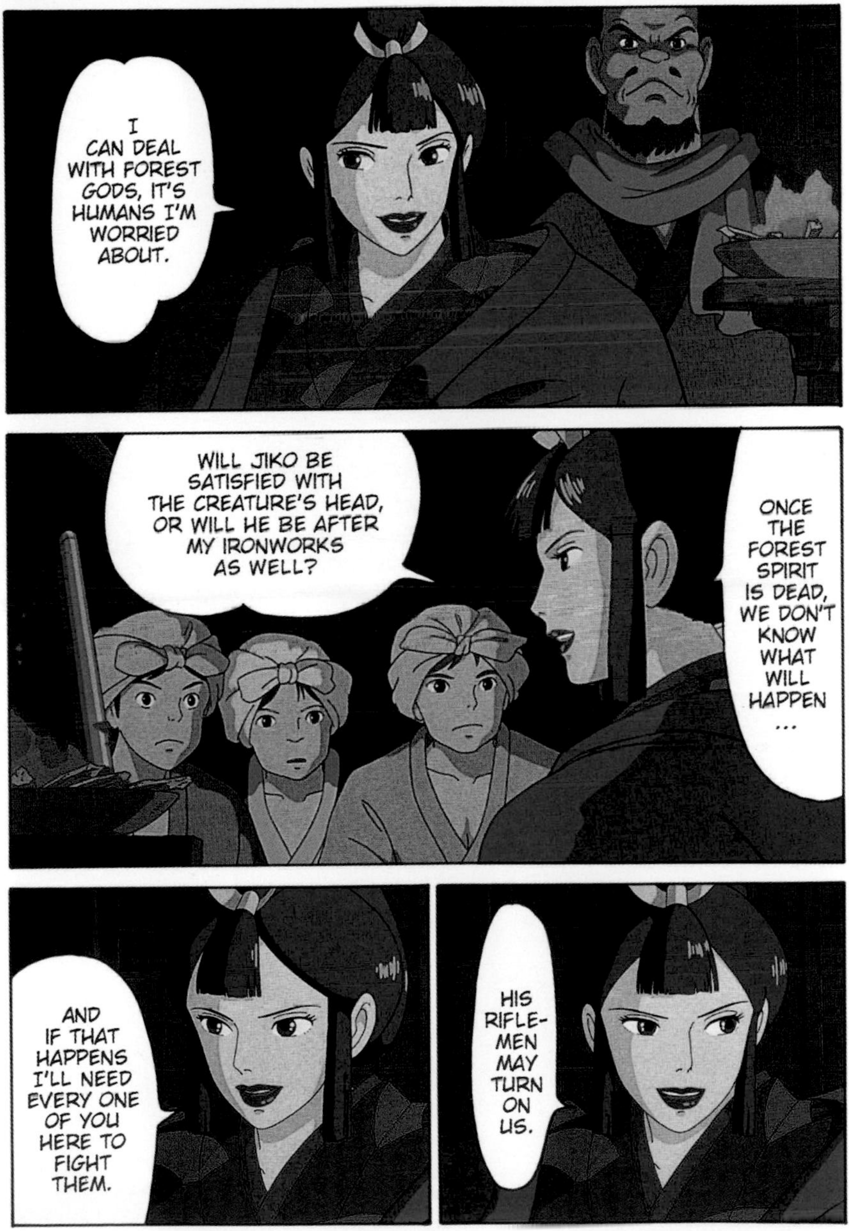
I CAN DEAL WITH FOREST GODS, IT'S HUMANS I'M WORRIED ABOUT.
ONCE THE FOREST SPIRIT IS DEAD, WE DON'T KNOW WHAT WILL HAPPEN ...
WILL JIKO BE SATISFIED WITH THE CREATURE'S HEAD, OR WILL HE BE AFTER MY IRONWORKS AS WELL?
HIS RIFLE-MEN MAY TURN ON US.
AND IF THAT HAPPENS I'LL NEED EVERY ONE OF YOU HERE TO FIGHT THEM.

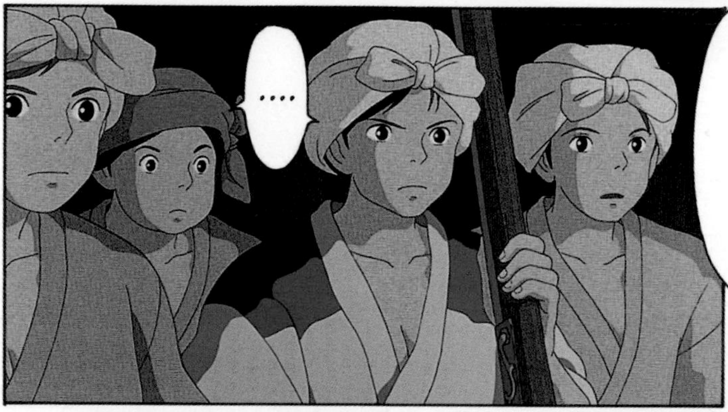
REMEMBER, YOU CAN'T TRUST MEN.
....
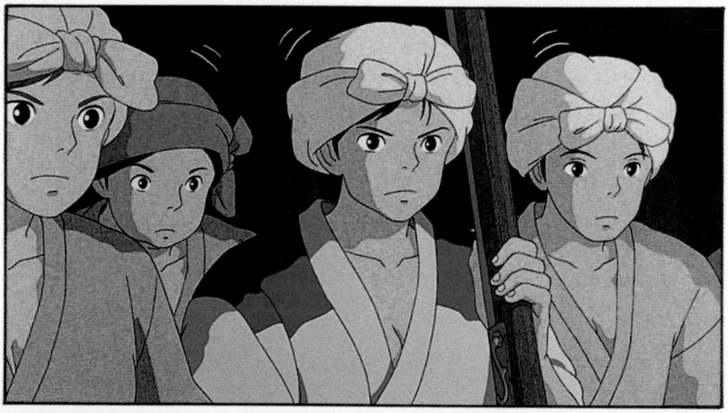
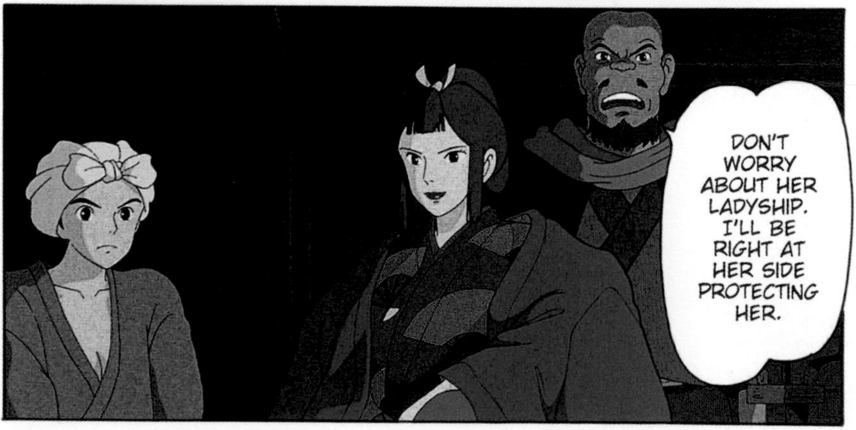
DON'T WORRY ABOUT HER LADYSHIP. I'LL BE RIGHT AT HER SIDE PROTECTING HER.

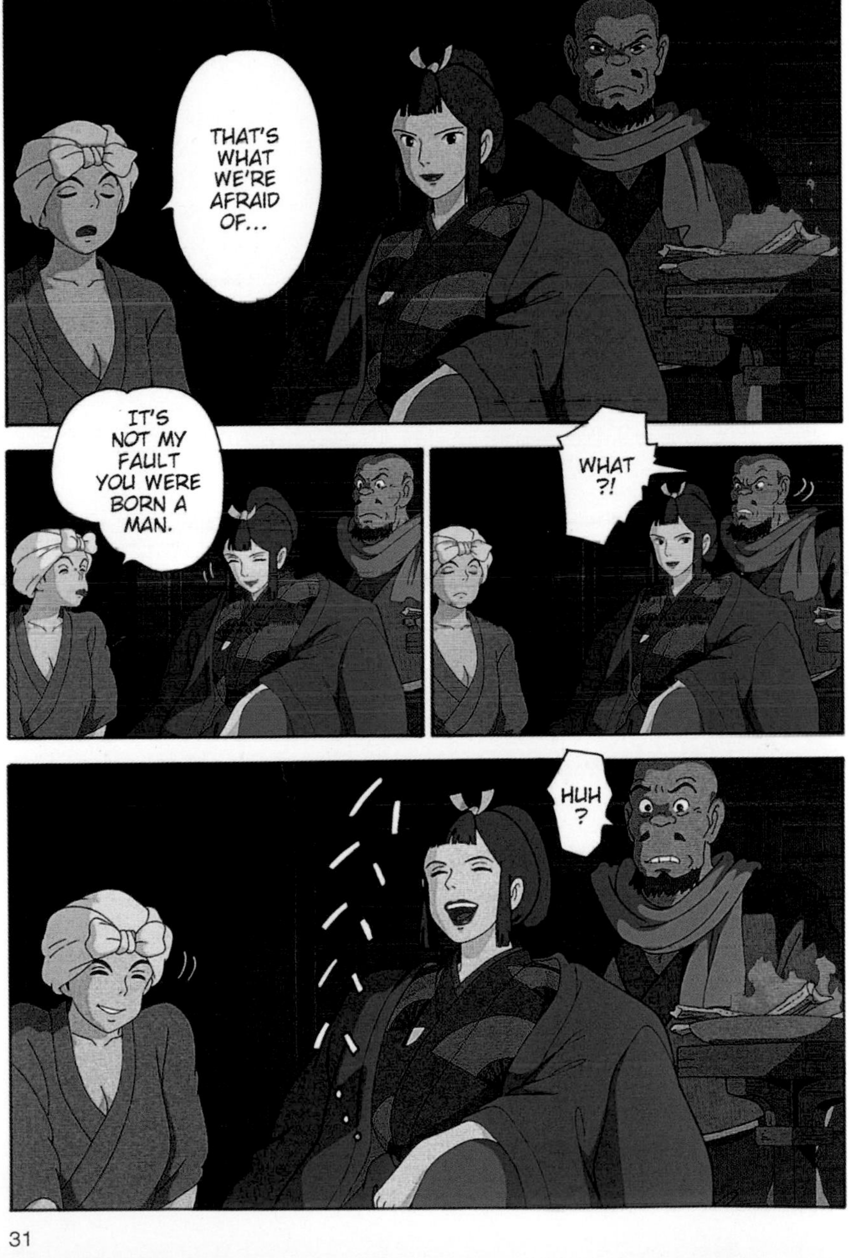
THAT'S WHAT WE'RE AFRAID OF...
IT'S NOT MY FAULT YOU WERE BORN A MAN.
WHAT ?!
HUH ?

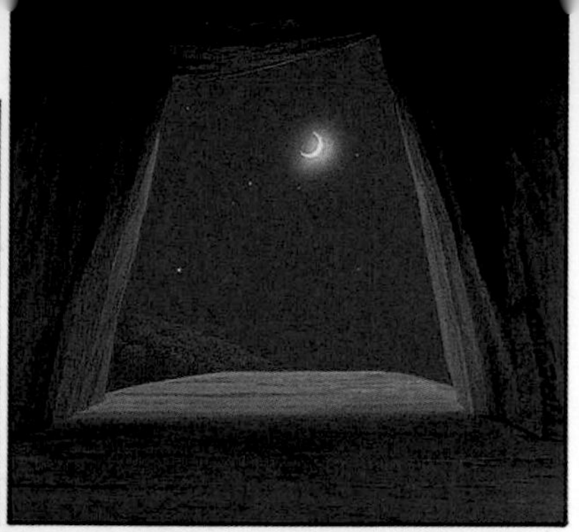

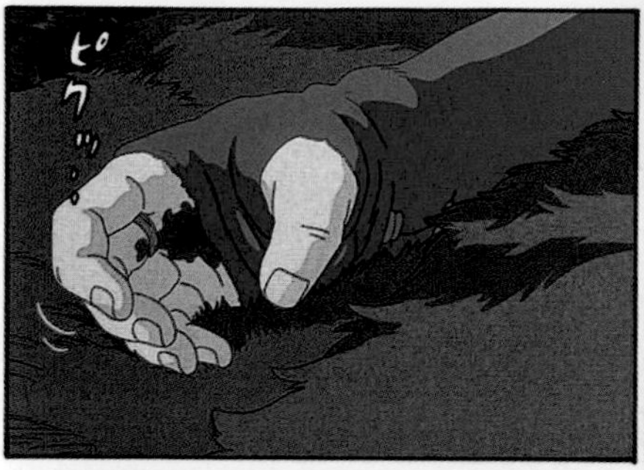
ピクッ…

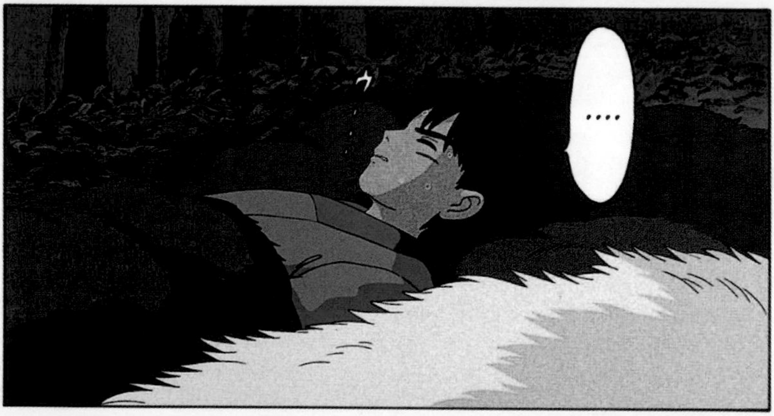
ウ
....

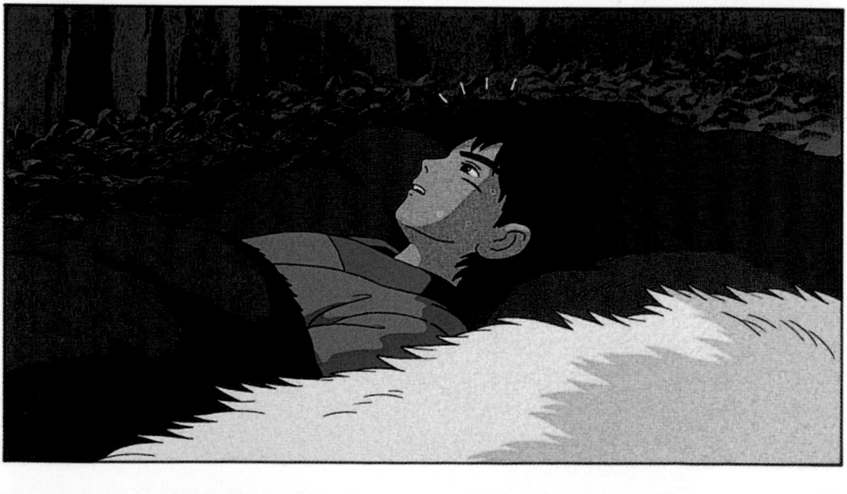

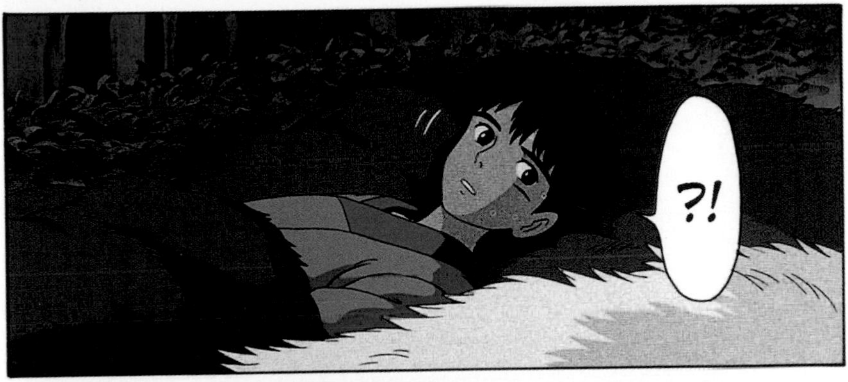
?!
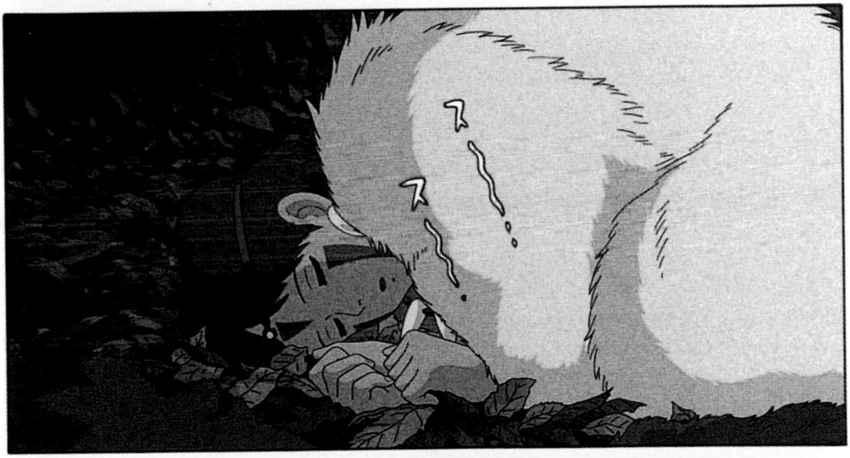
ス〜〜
ス〜〜
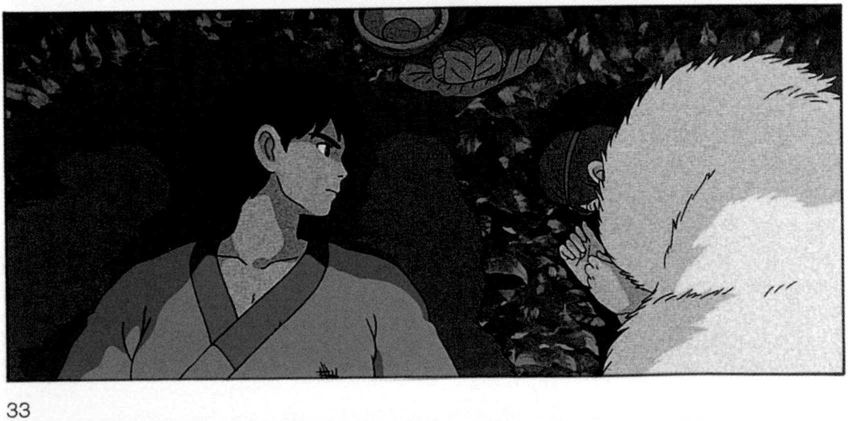

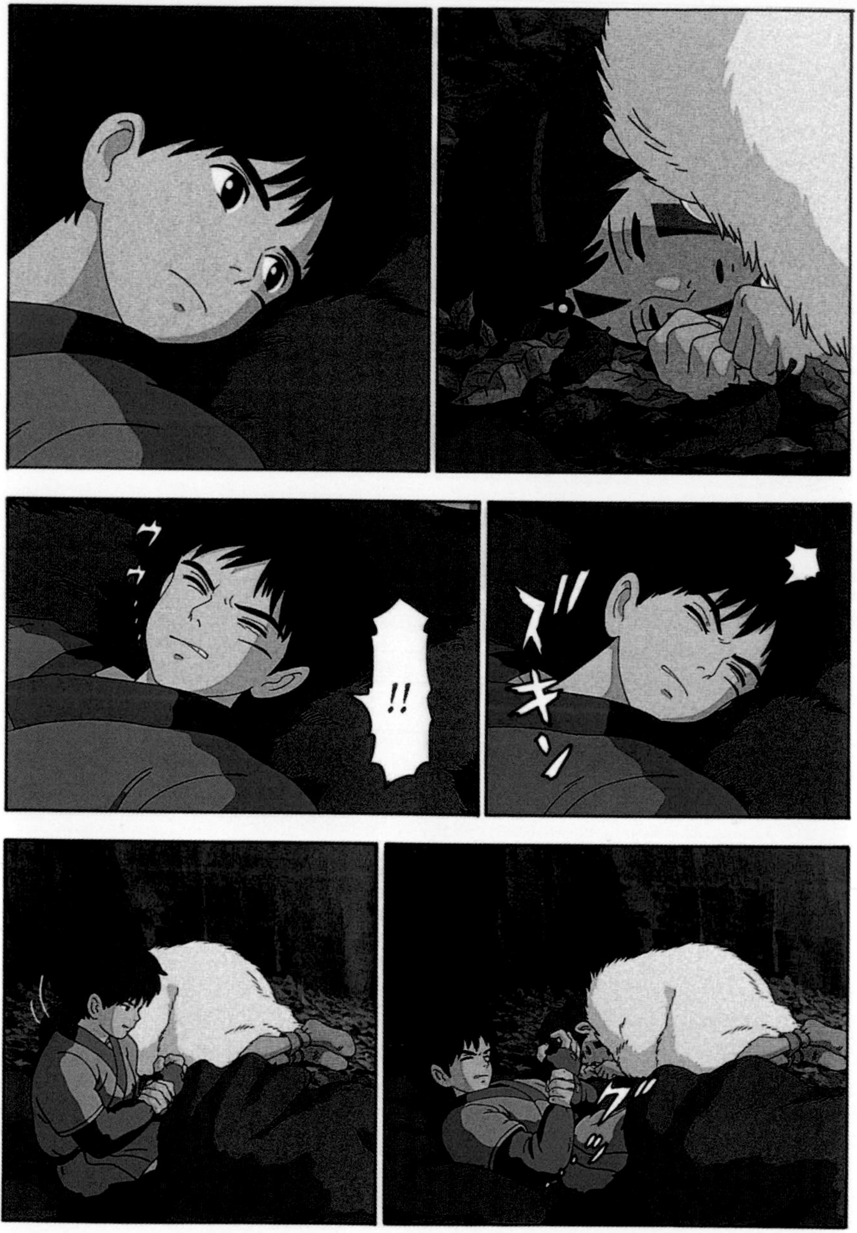
ズキン
ウウ…
!!
グ

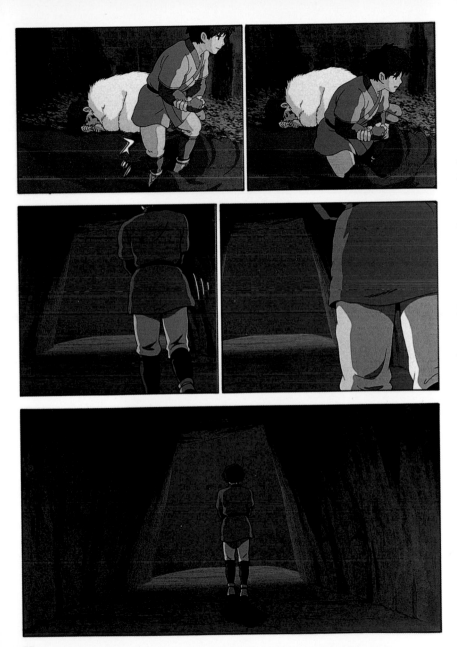

35

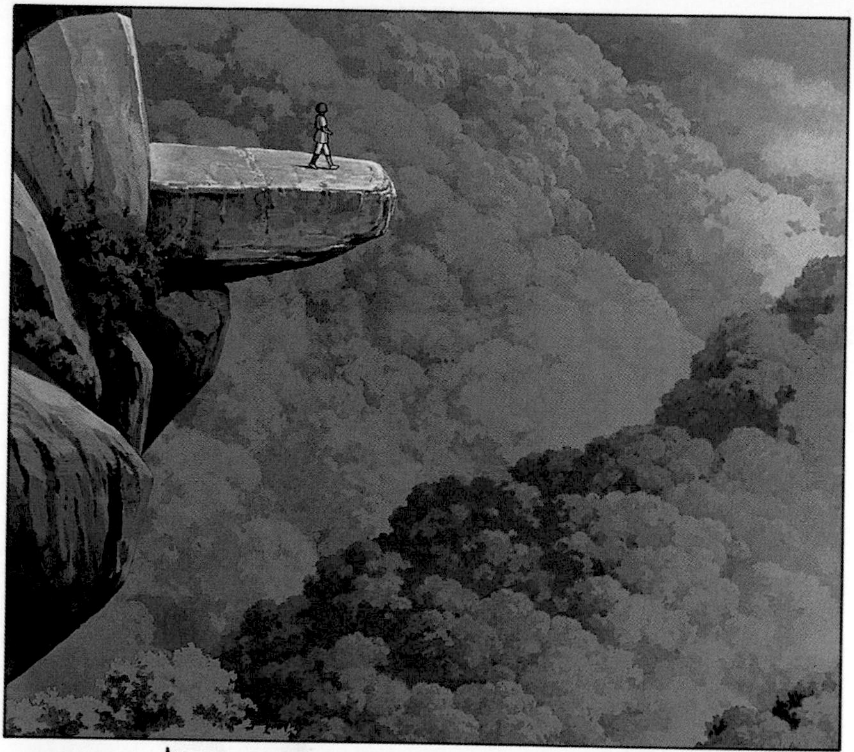
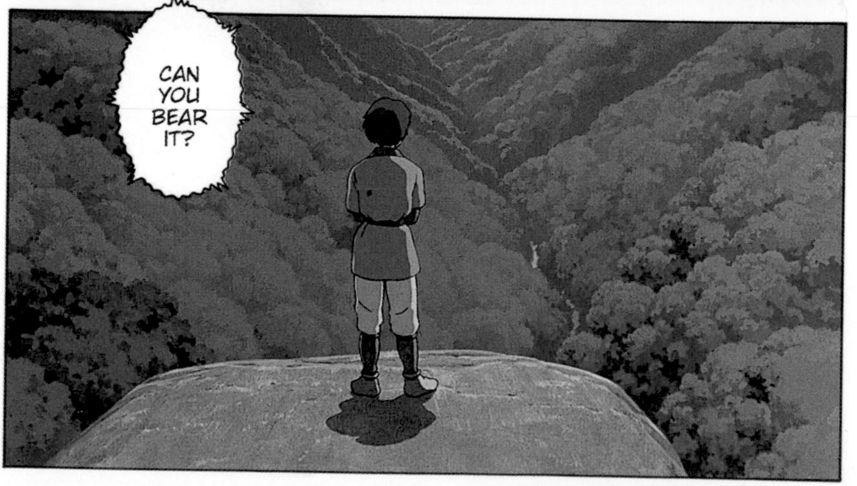
CAN YOU BEAR IT?

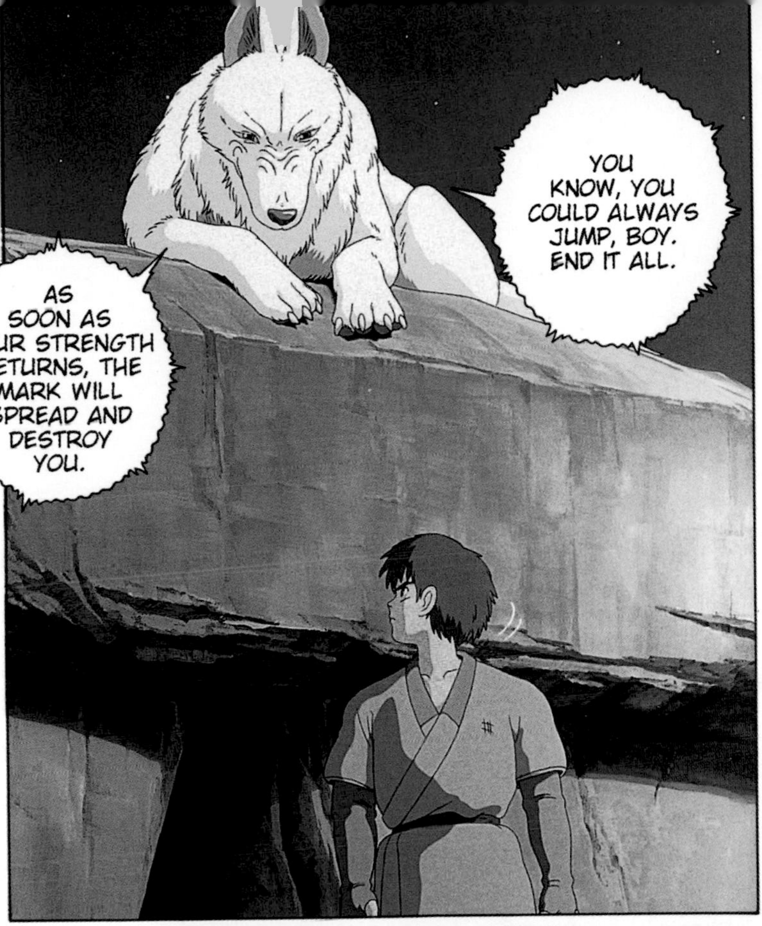
YOU KNOW, YOU COULD ALWAYS JUMP, BOY. END IT ALL.
AS SOON AS YOUR STRENGTH RETURNS, THE MARK WILL SPREAD AND DESTROY YOU.

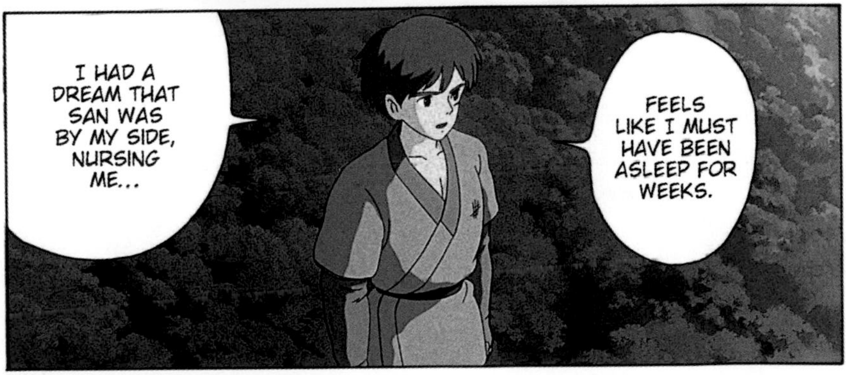
FEELS LIKE I MUST HAVE BEEN ASLEEP FOR WEEKS.
I HAD A DREAM THAT SAN WAS BY MY SIDE, NURSING ME...

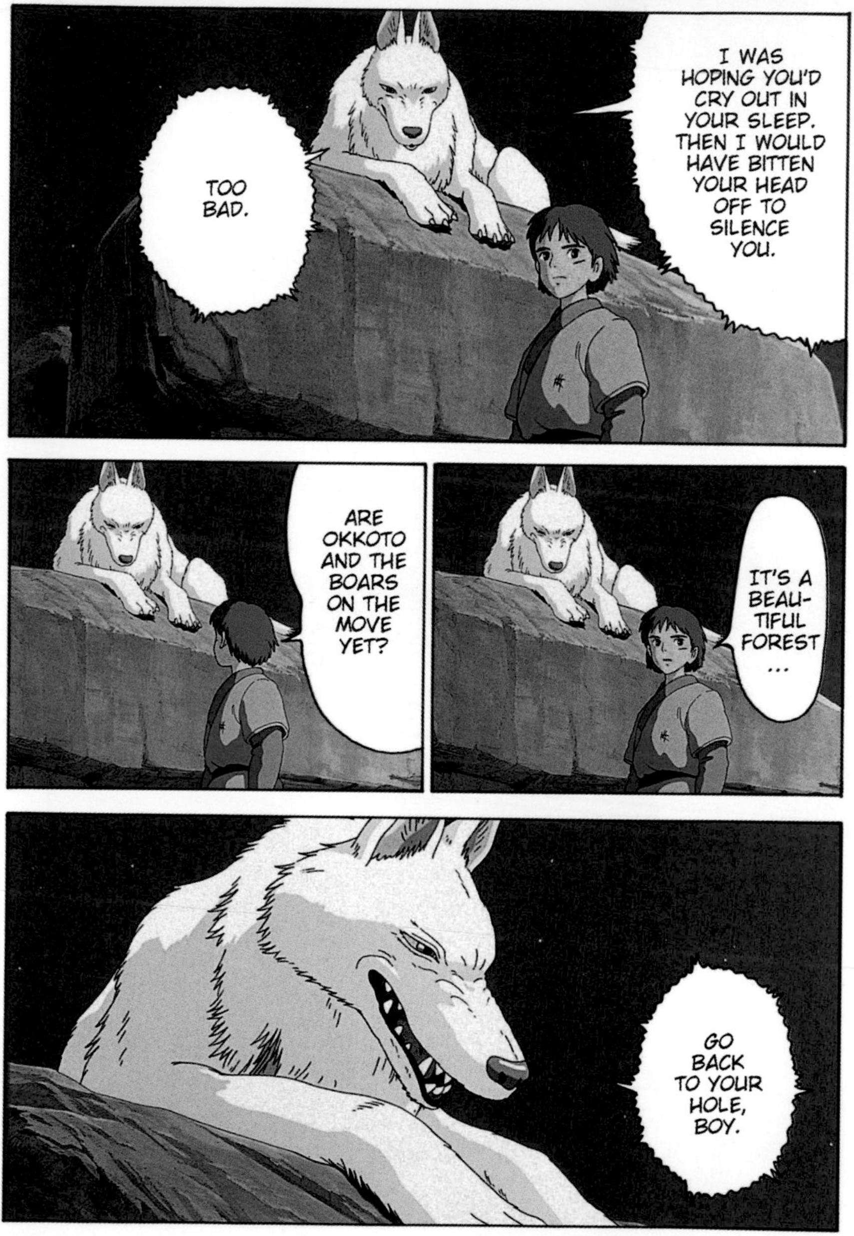
TOO BAD.
I WAS HOPING YOU'D CRY OUT IN YOUR SLEEP. THEN I WOULD HAVE BITTEN YOUR HEAD OFF TO SILENCE YOU.
ARE OKKOTO AND THE BOARS ON THE MOVE YET?
IT'S A BEAU-TIFUL FOREST ...
GO BACK TO YOUR HOLE, BOY.

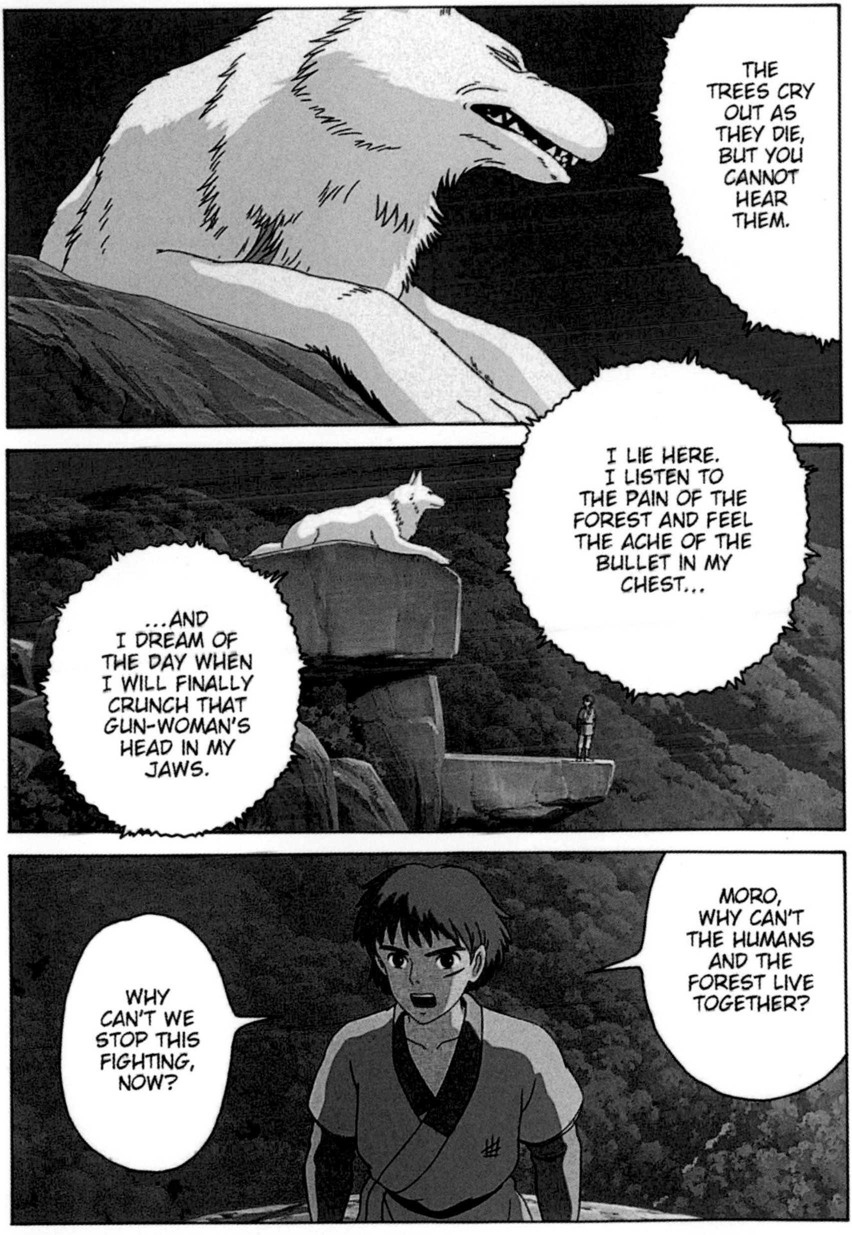
THE TREES CRY OUT AS THEY DIE, BUT YOU CANNOT HEAR THEM.
I LIE HERE. I LISTEN TO THE PAIN OF THE FOREST AND FEEL THE ACHE OF THE BULLET IN MY CHEST...
...AND I DREAM OF THE DAY WHEN I WILL FINALLY CRUNCH THAT GUN-WOMAN'S HEAD IN MY JAWS.
MORO, WHY CAN'T THE HUMANS AND THE FOREST LIVE TOGETHER?
WHY CAN'T WE STOP THIS FIGHTING, NOW?

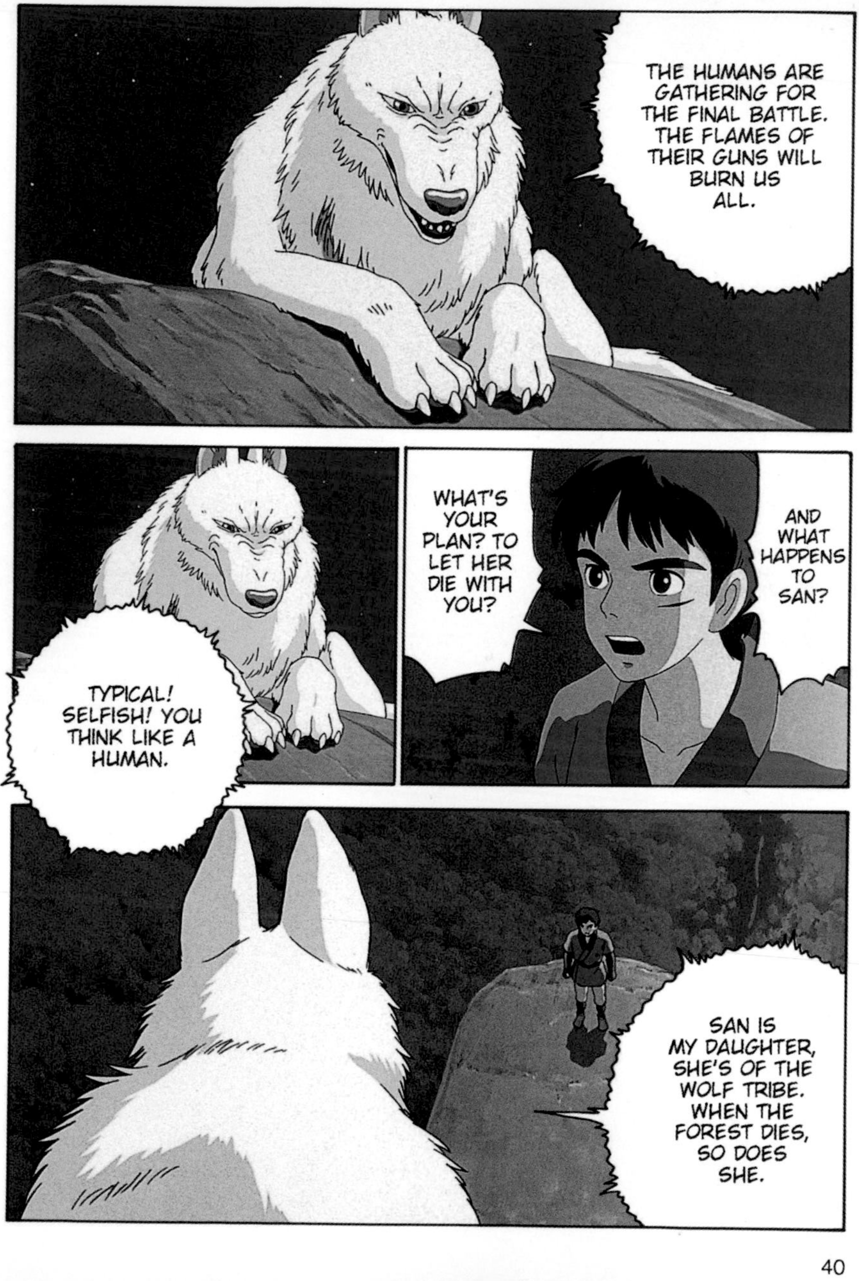
THE HUMANS ARE GATHERING FOR THE FINAL BATTLE. THE FLAMES OF THEIR GUNS WILL BURN US ALL.
WHAT'S YOUR PLAN? TO LET HER DIE WITH YOU?
AND WHAT HAPPENS TO SAN?
TYPICAL! SELFISH! YOU THINK LIKE A HUMAN.
SAN IS MY DAUGHTER, SHE'S OF THE WOLF TRIBE. WHEN THE FOREST DIES, SO DOES SHE.

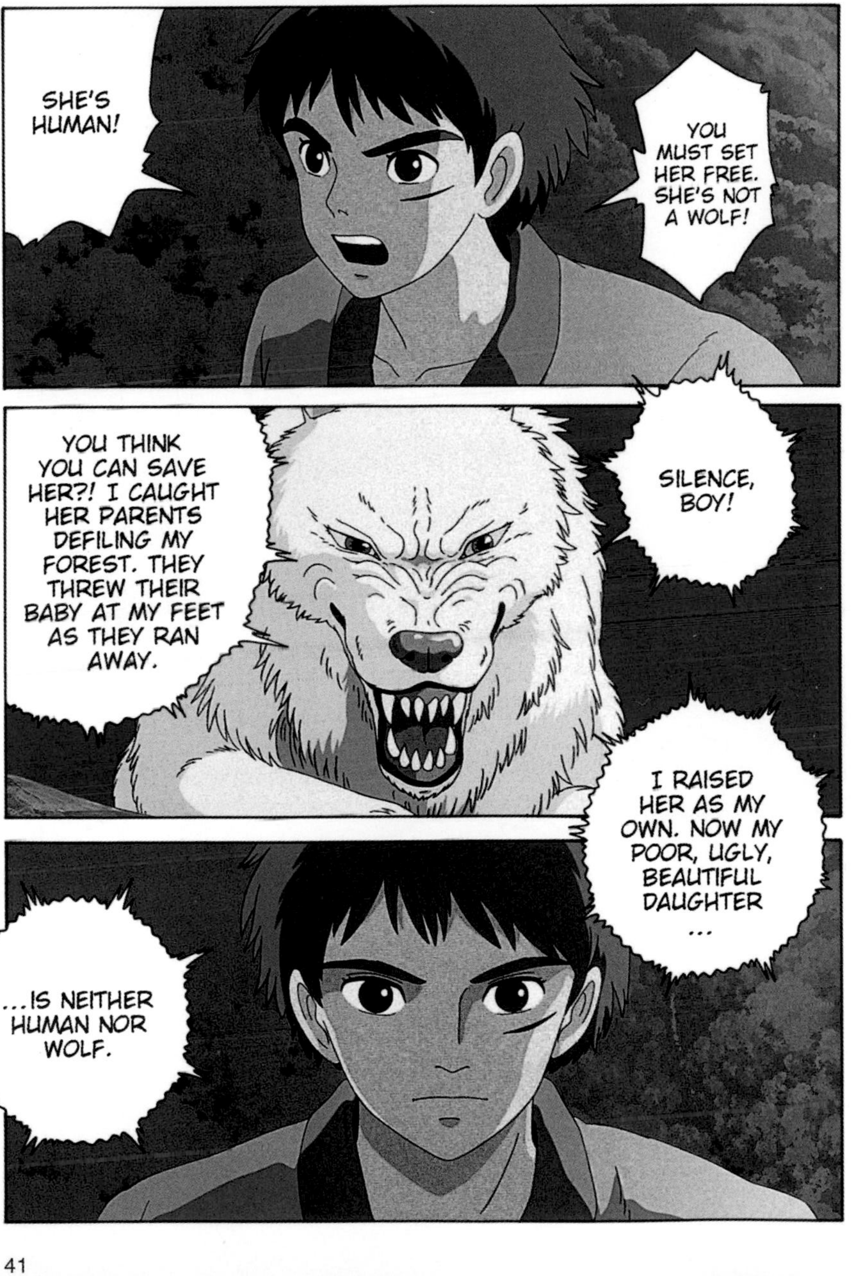
YOU MUST SET HER FREE. SHE'S NOT A WOLF!
SHE'S HUMAN!
SILENCE, BOY!
YOU THINK YOU CAN SAVE HER?! I CAUGHT HER PARENTS DEFILING MY FOREST. THEY THREW THEIR BABY AT MY FEET AS THEY RAN AWAY.
I RAISED HER AS MY OWN. NOW MY POOR, UGLY, BEAUTIFUL DAUGHTER ...
...IS NEITHER HUMAN NOR WOLF.

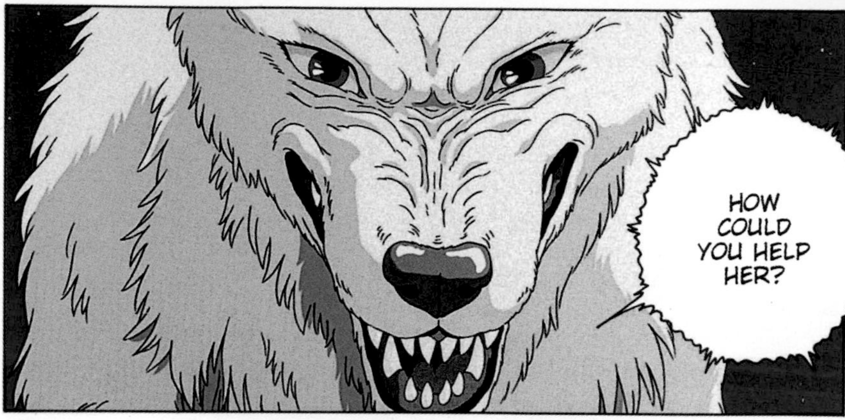
HOW COULD YOU HELP HER?

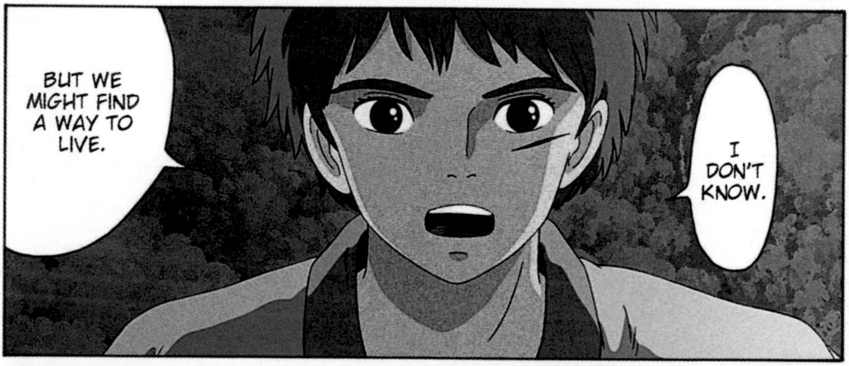
I DON'T KNOW.
BUT WE MIGHT FIND A WAY TO LIVE.

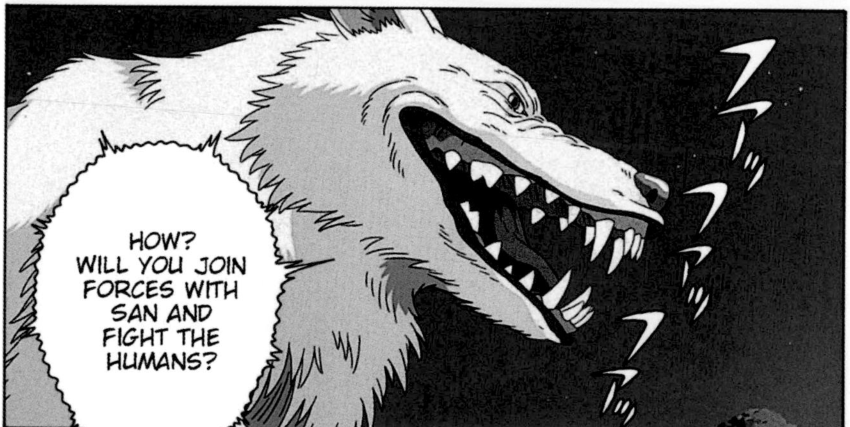
HOW? WILL YOU JOIN FORCES WITH SAN AND FIGHT THE HUMANS?

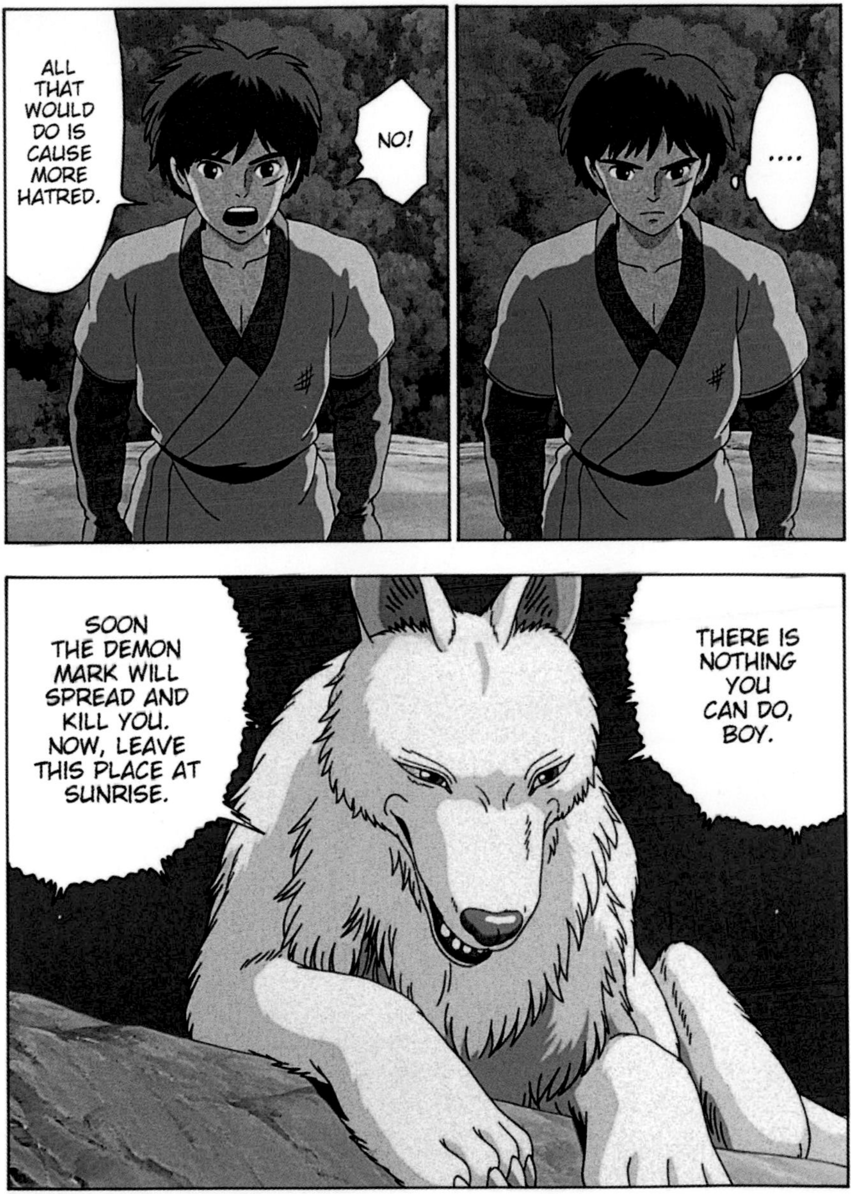
....
NO!
ALL THAT WOULD DO IS CAUSE MORE HATRED.
THERE IS NOTHING YOU CAN DO, BOY.
SOON THE DEMON MARK WILL SPREAD AND KILL YOU. NOW, LEAVE THIS PLACE AT SUNRISE.

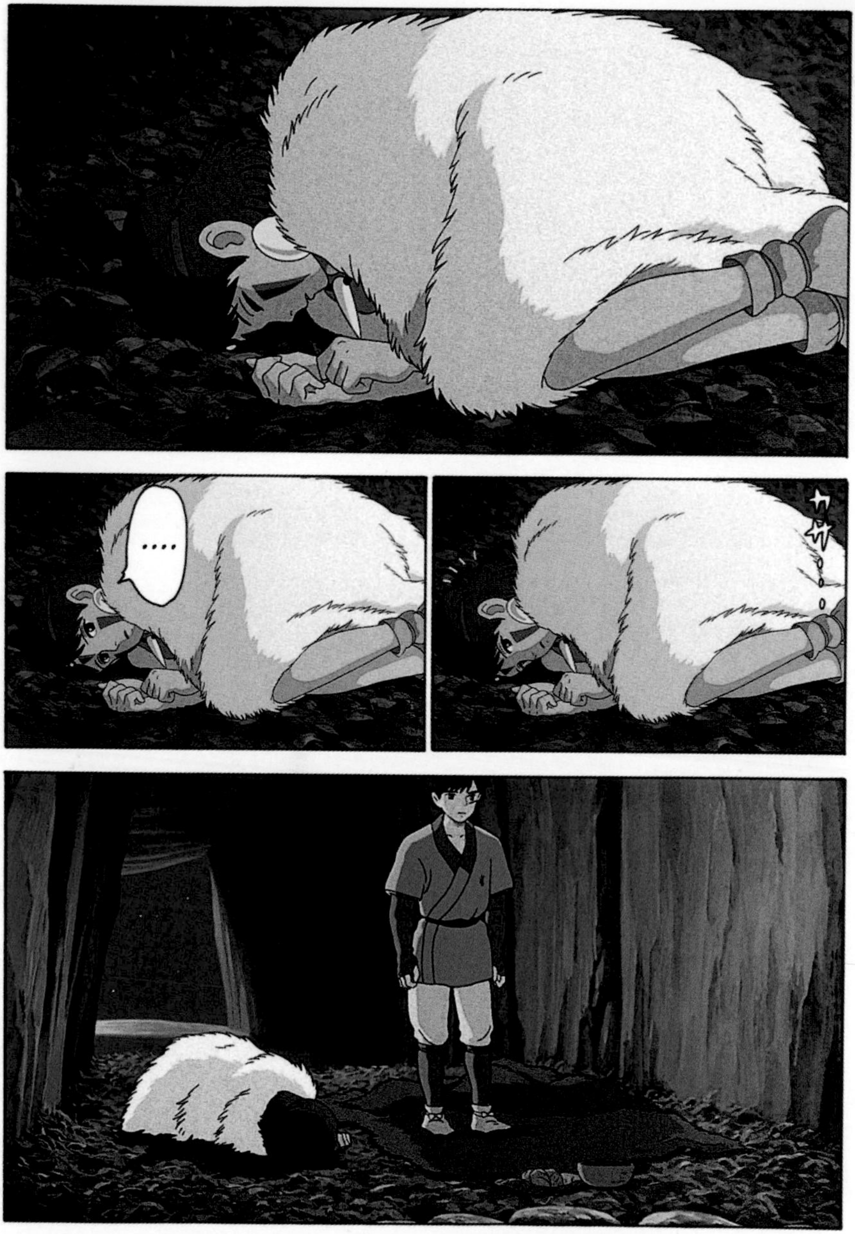

....

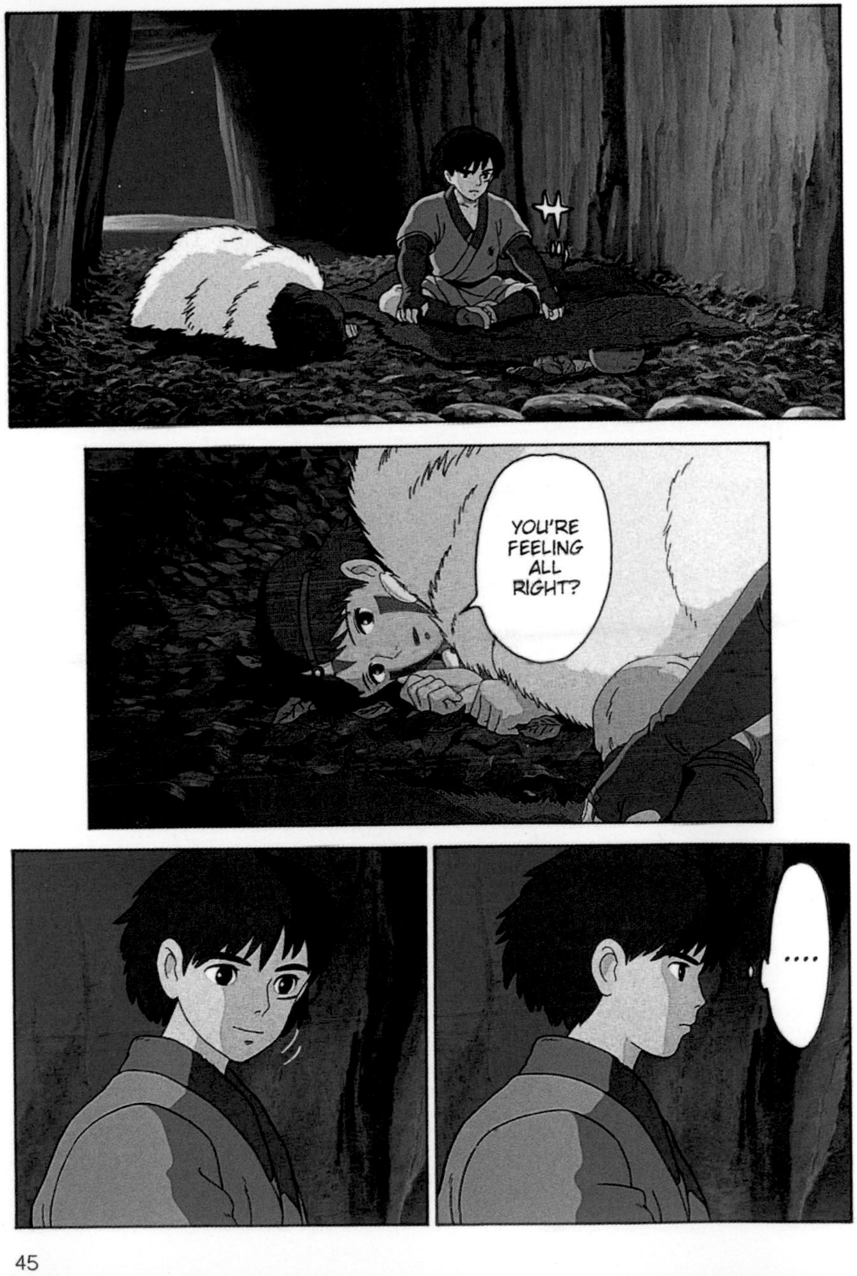
YOU'RE FEELING ALL RIGHT?
....

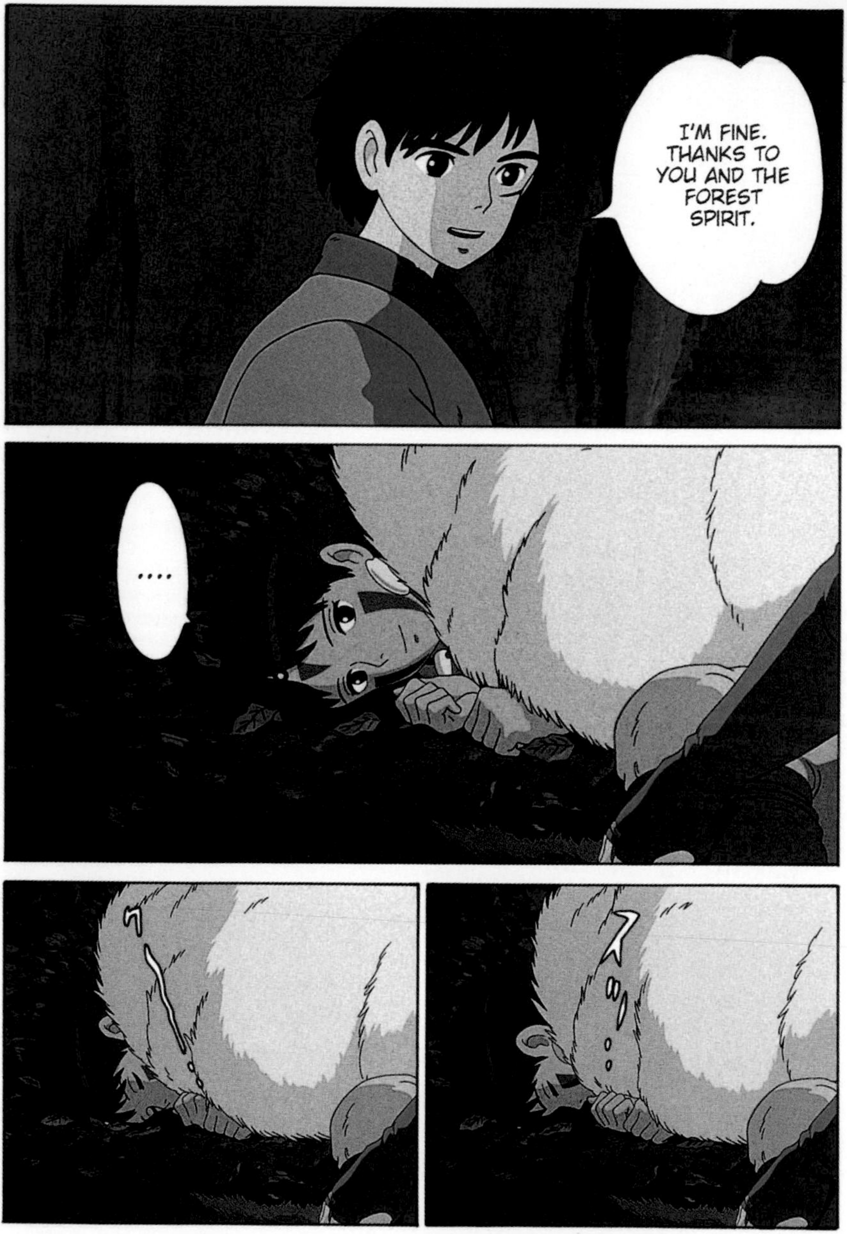
I'M FINE. THANKS TO YOU AND THE FOREST SPIRIT.
....

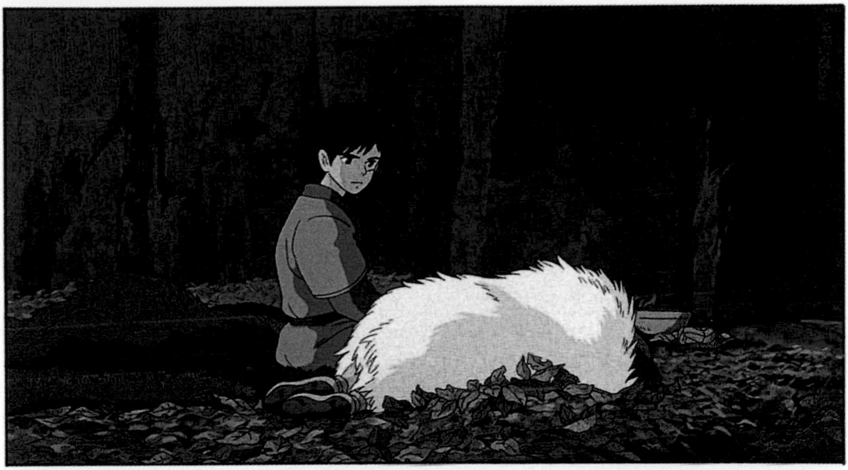

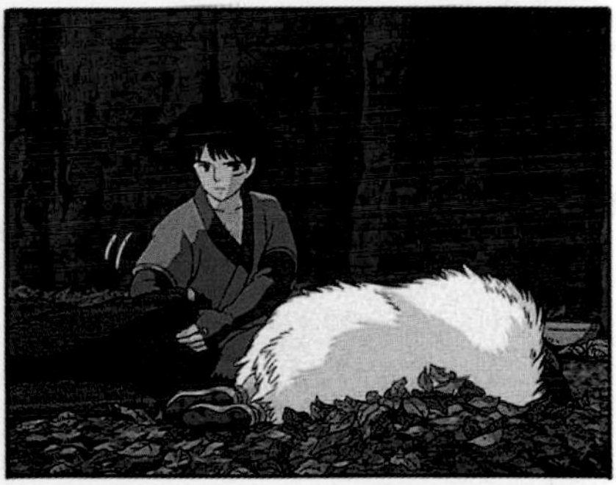

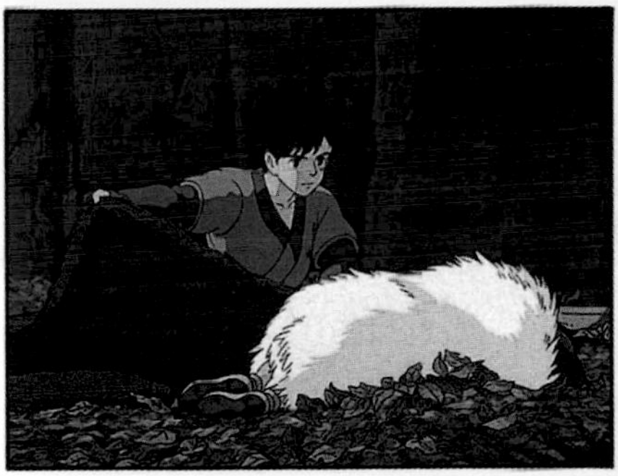

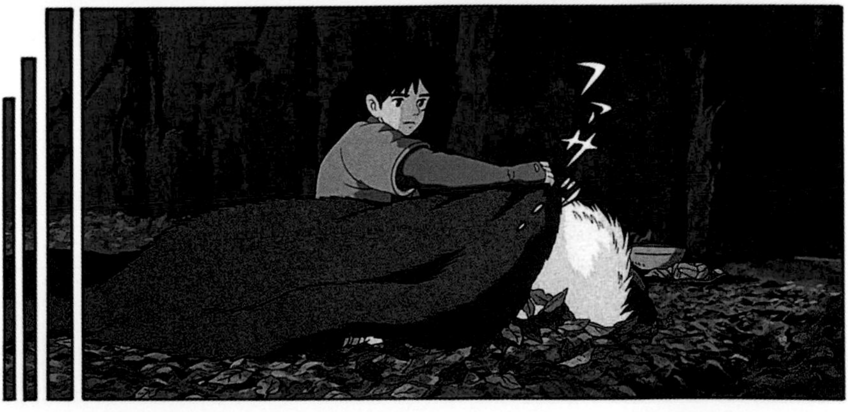
ファサ

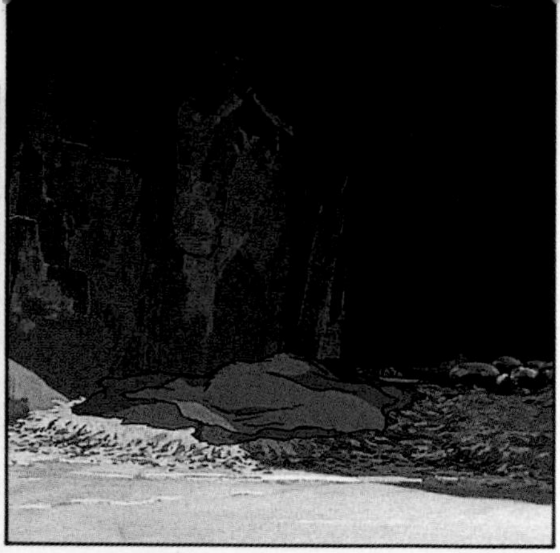
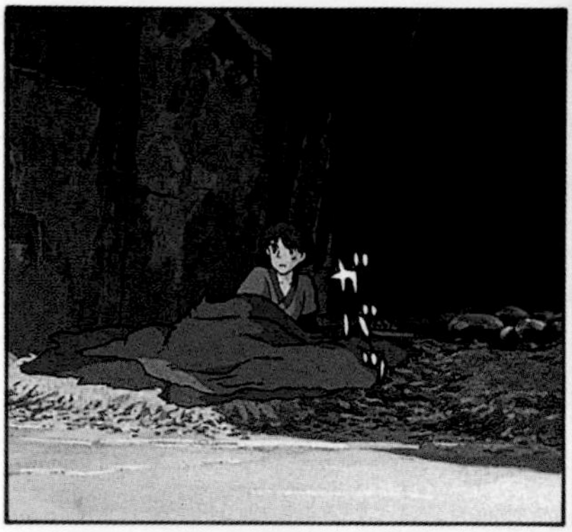
ガバッ
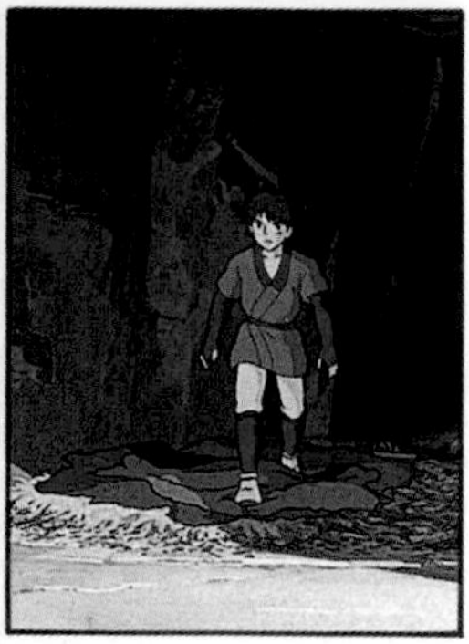
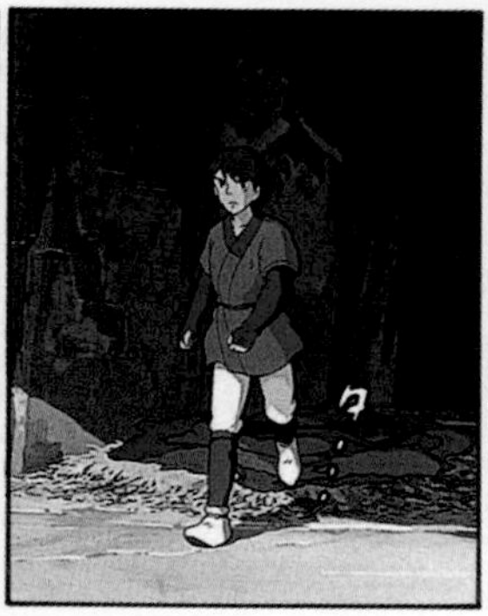
クッ
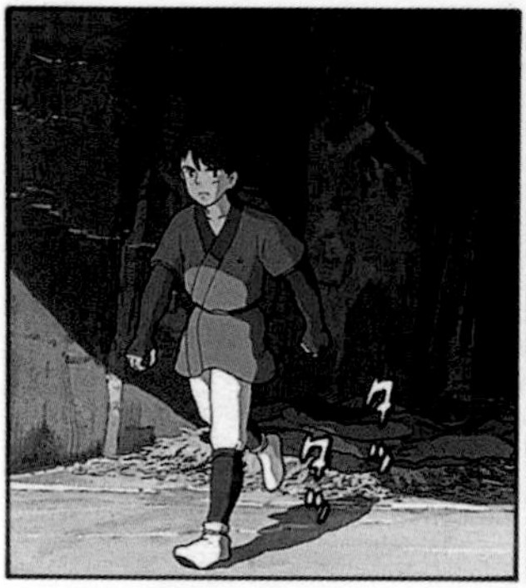
クッ クッ
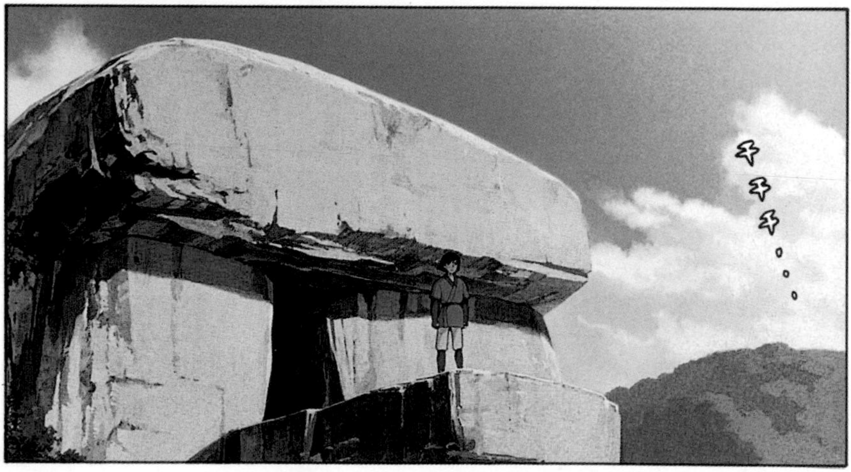
チチチ。。。

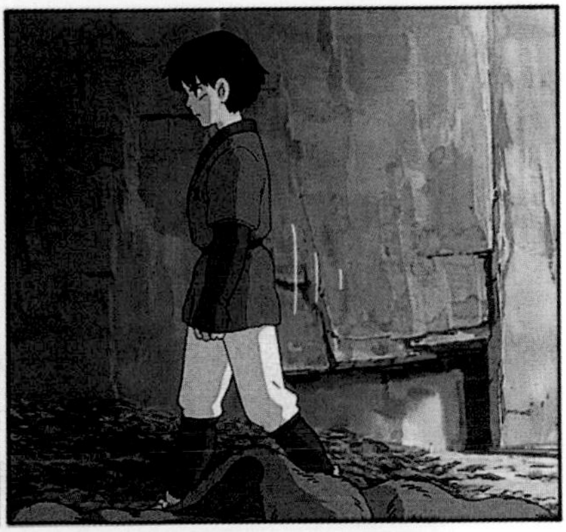

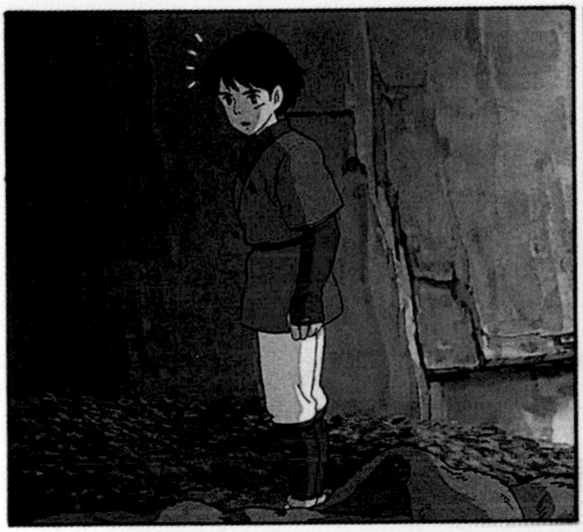

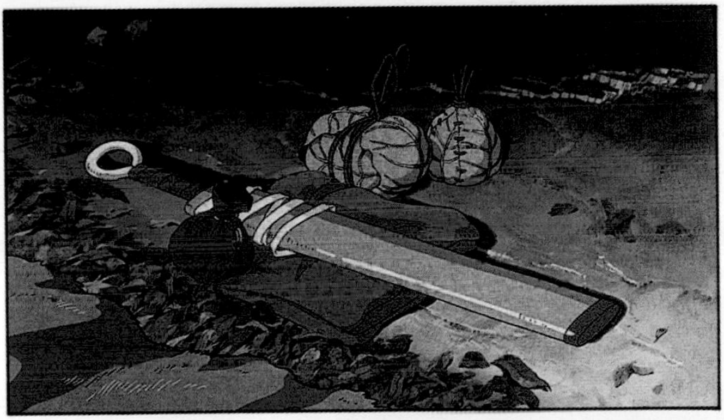

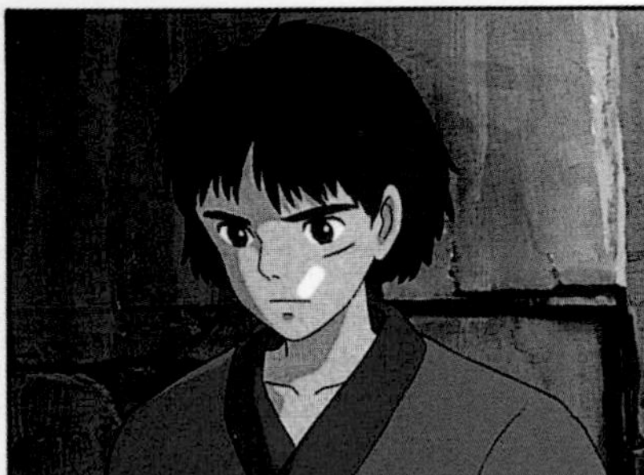

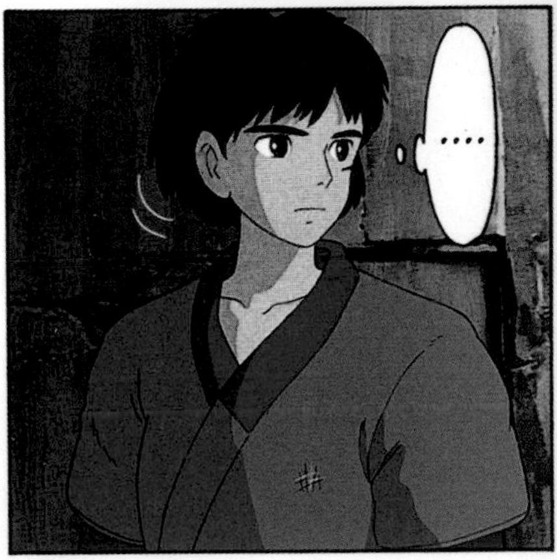
.....

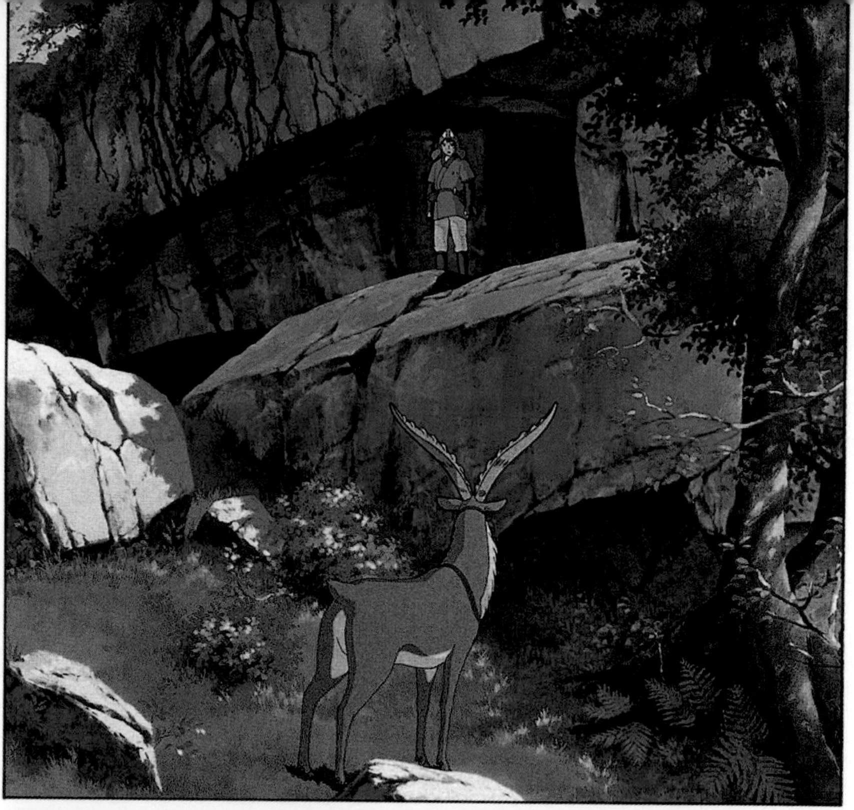

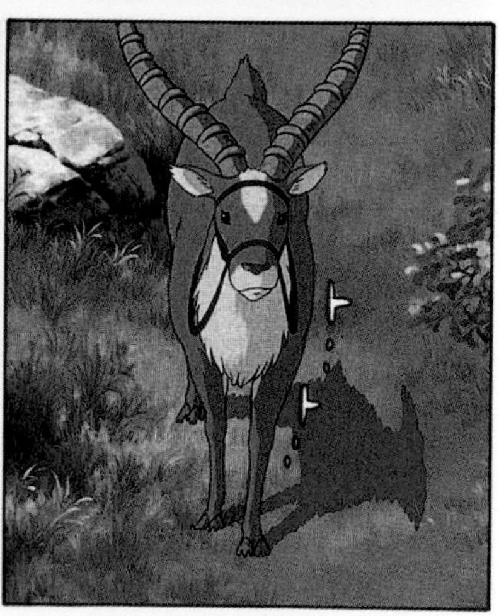

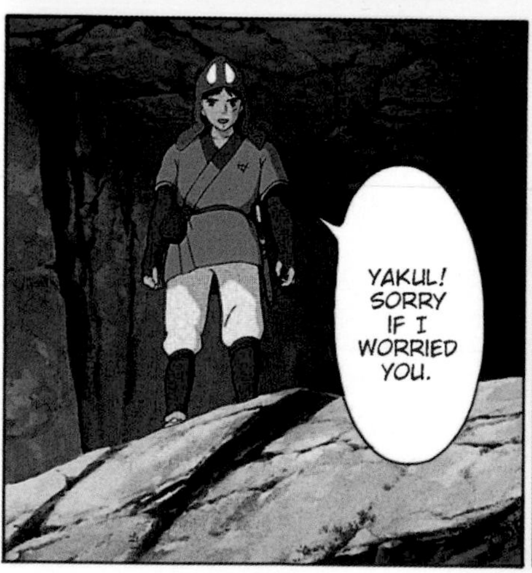
YAKUL! SORRY IF I WORRIED YOU.

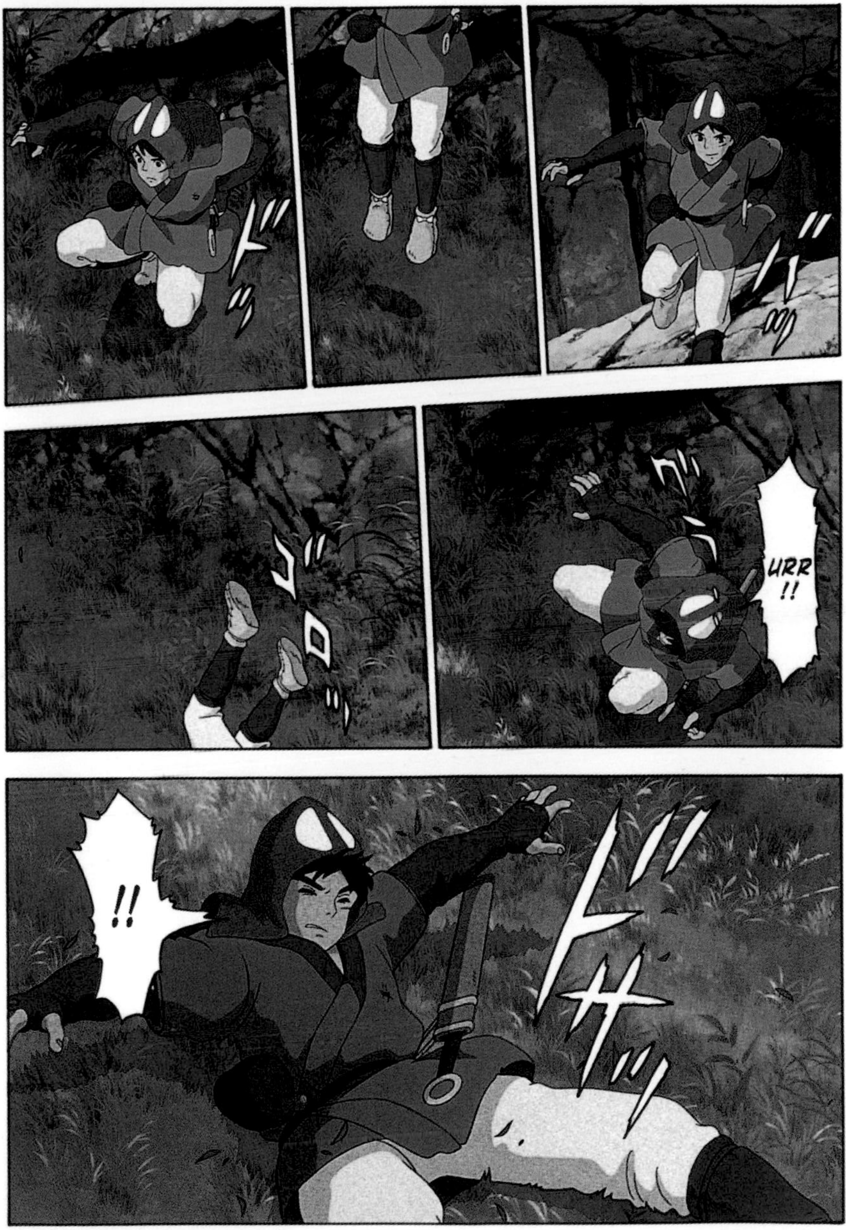
URR !!
!!

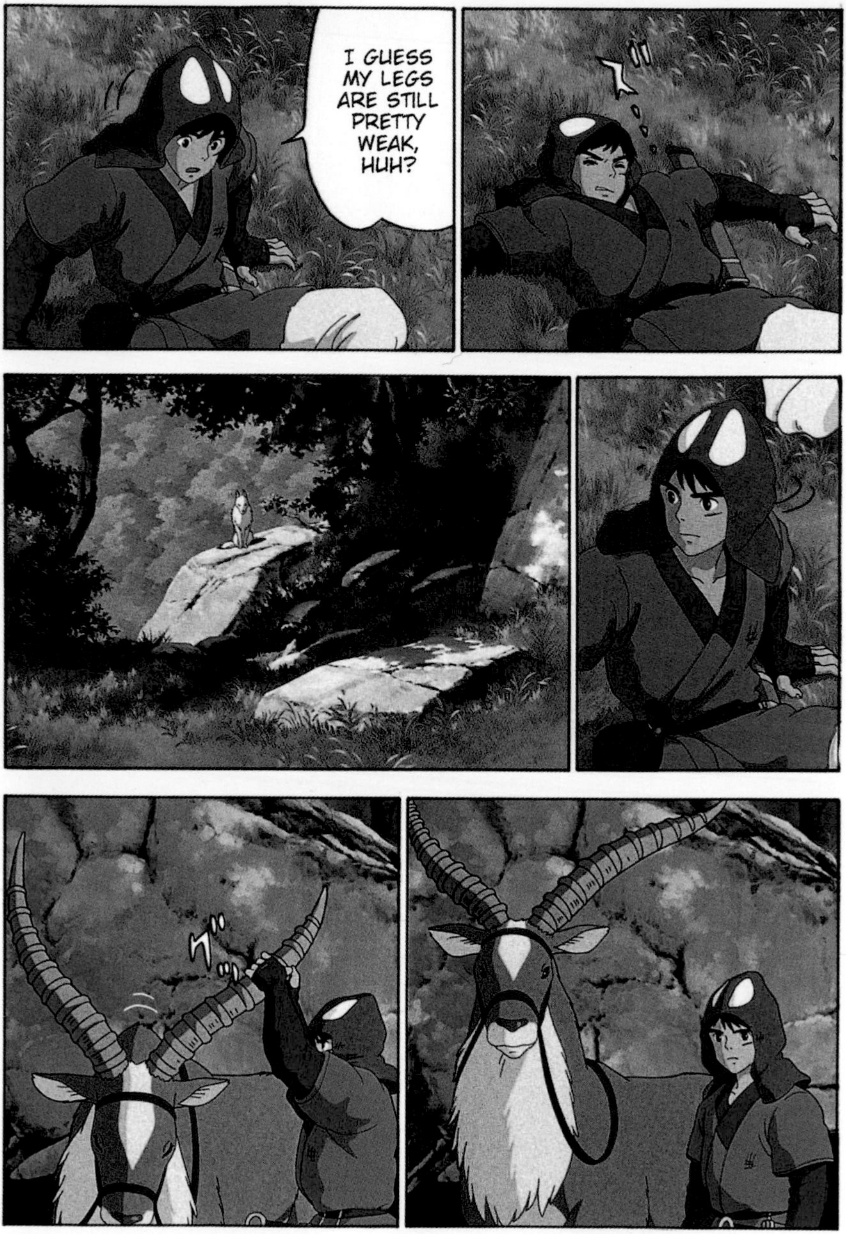
I GUESS MY LEGS ARE STILL PRETTY WEAK, HUH?

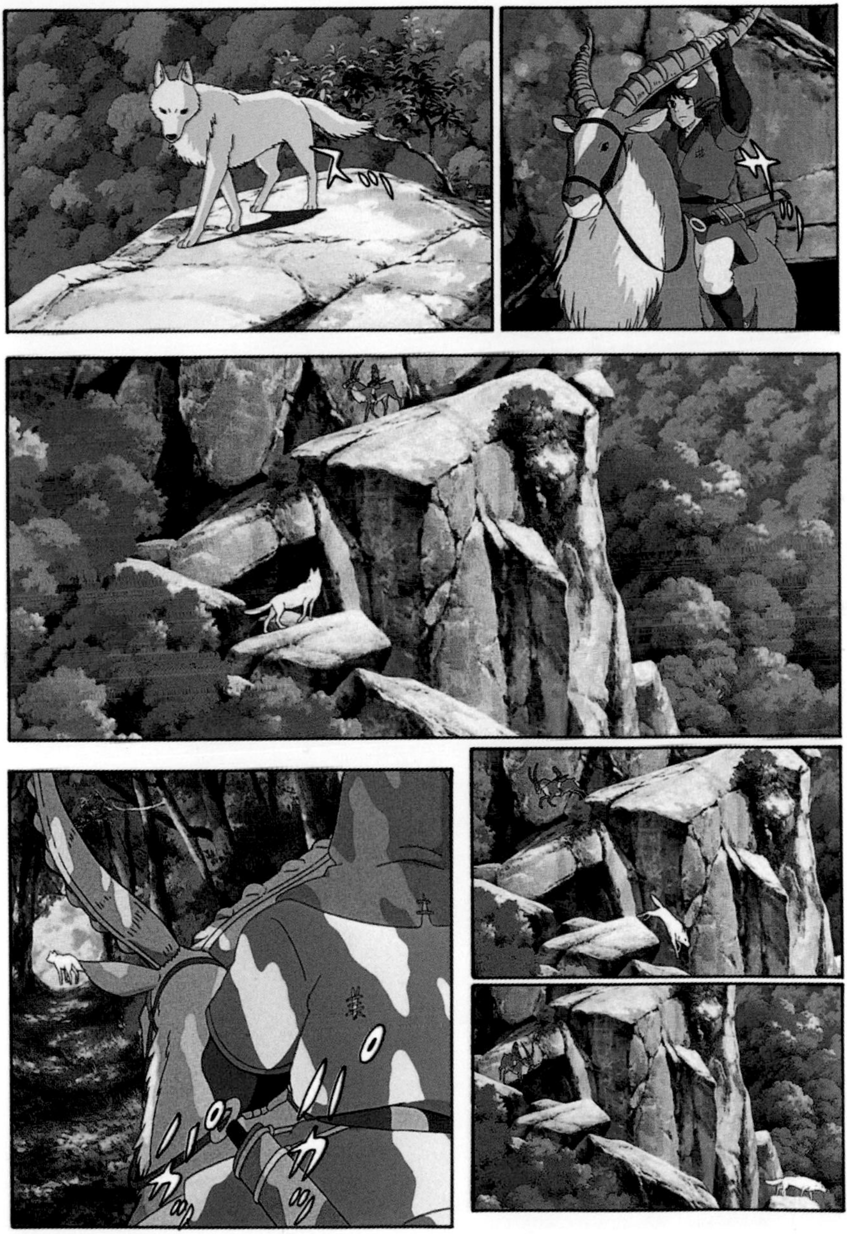

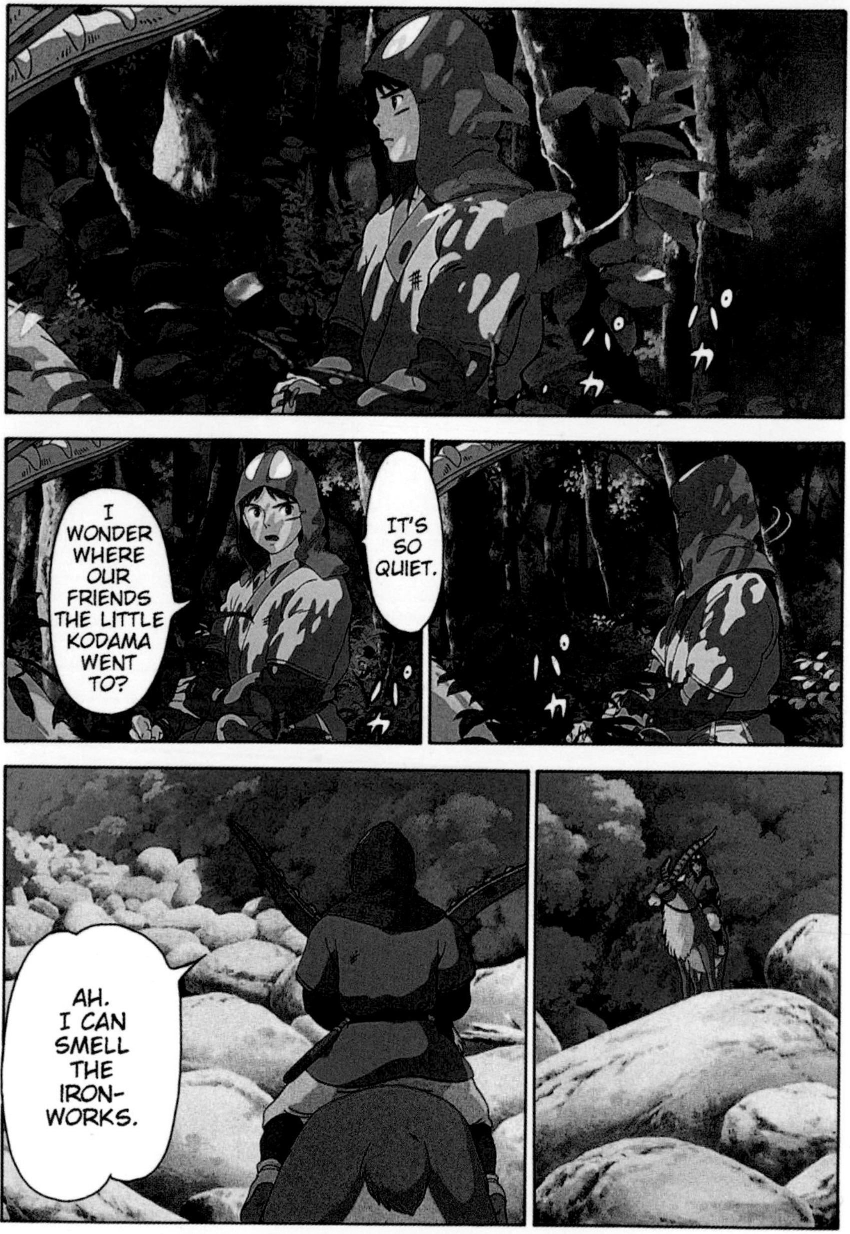
IT'S SO QUIET.
I WONDER WHERE OUR FRIENDS THE LITTLE KODAMA WENT TO?
AH. I CAN SMELL THE IRON-WORKS.

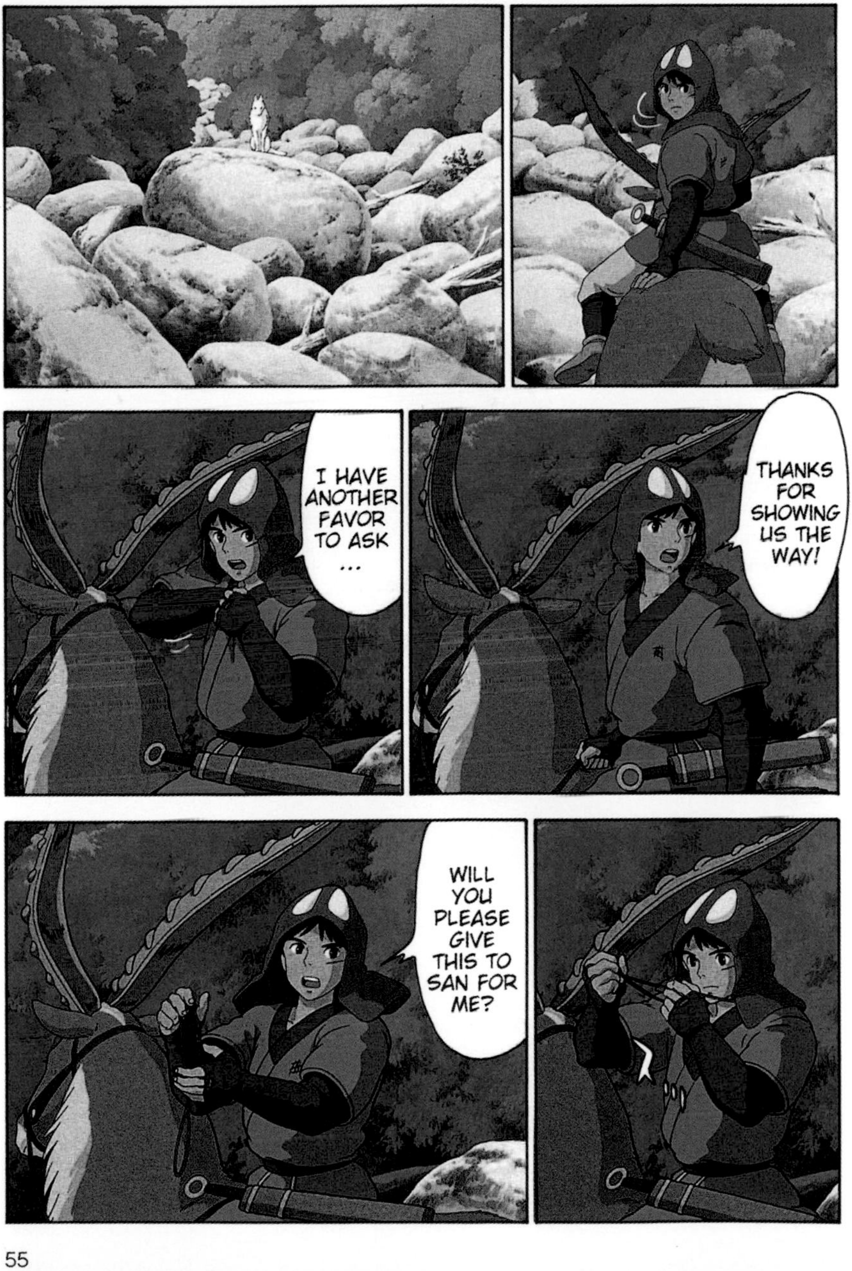
THANKS FOR SHOWING US THE WAY!
I HAVE ANOTHER FAVOR TO ASK ...
WILL YOU PLEASE GIVE THIS TO SAN FOR ME?

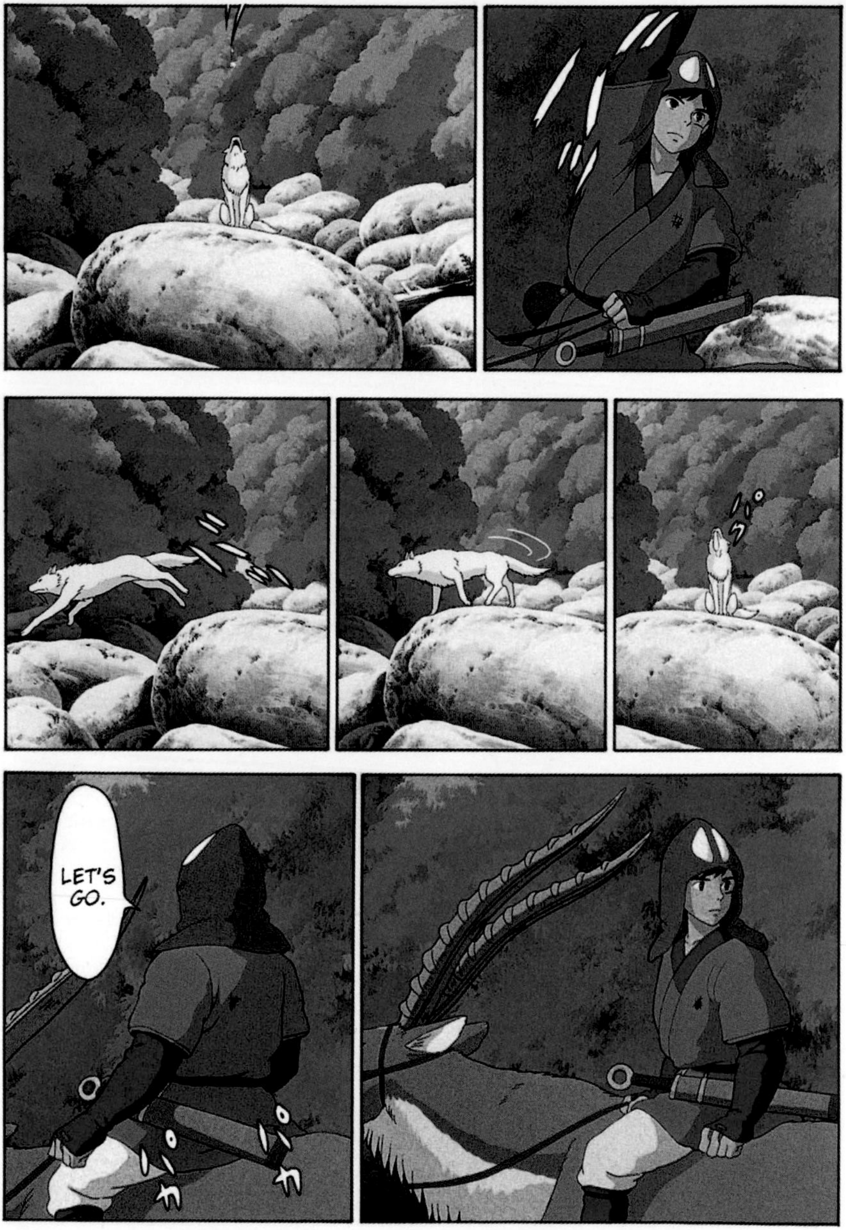
LET'S GO.

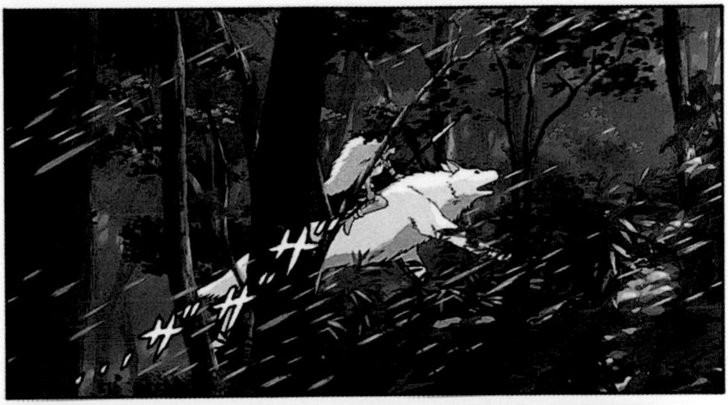
ザッ ザッ ザッ
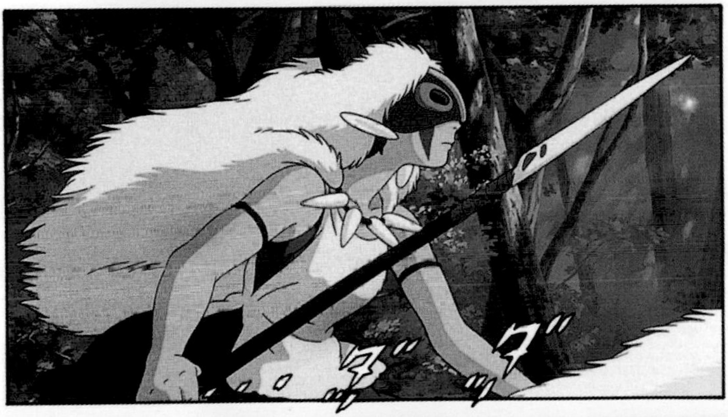
ダッ ダッ
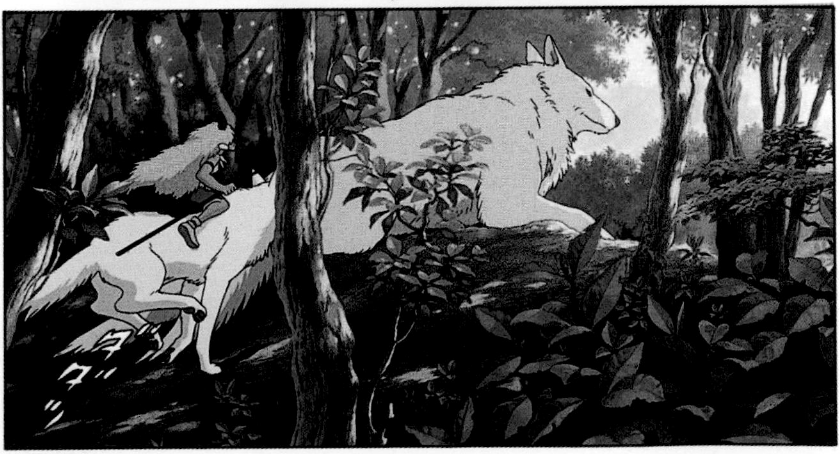
ダッ ダッ

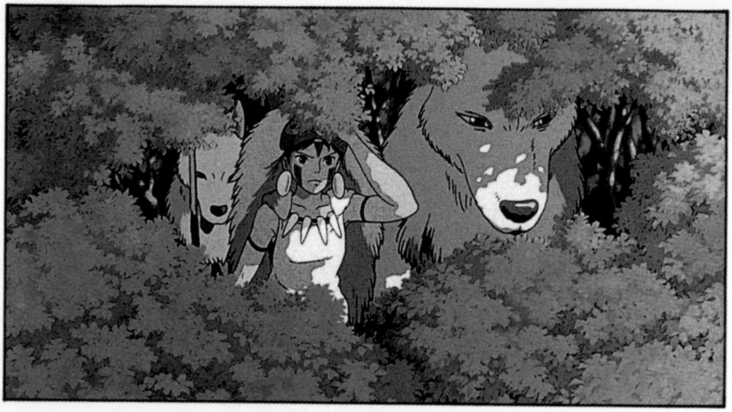
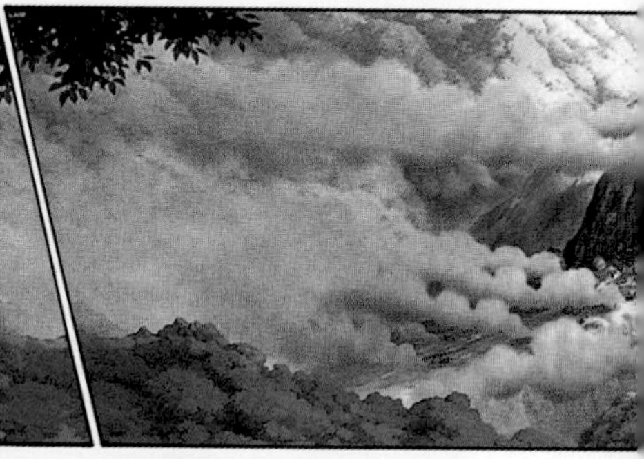
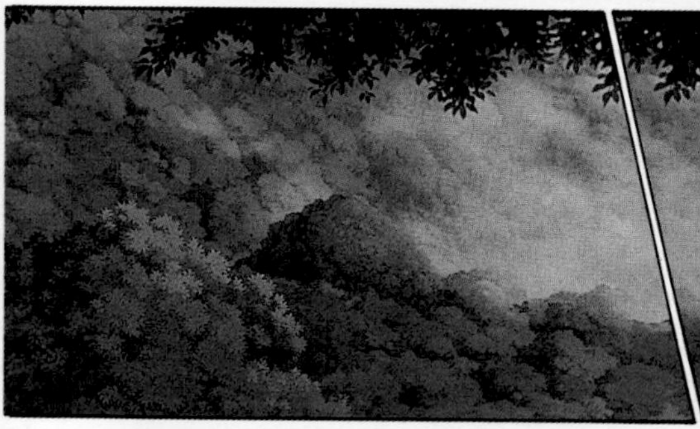
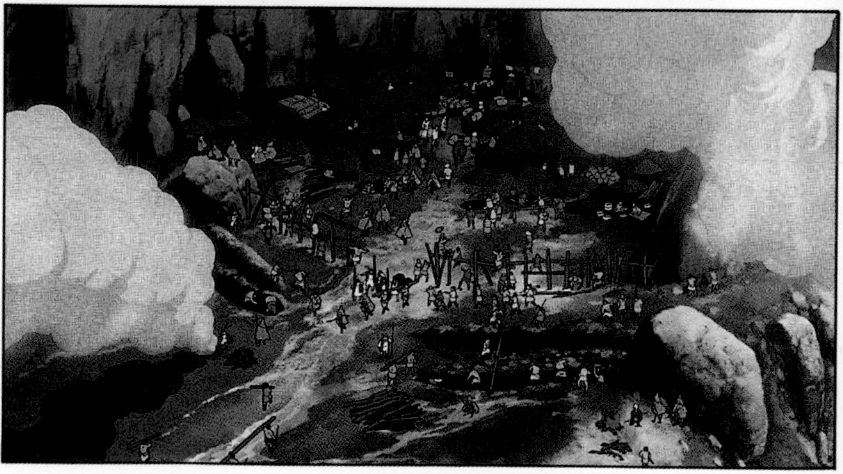

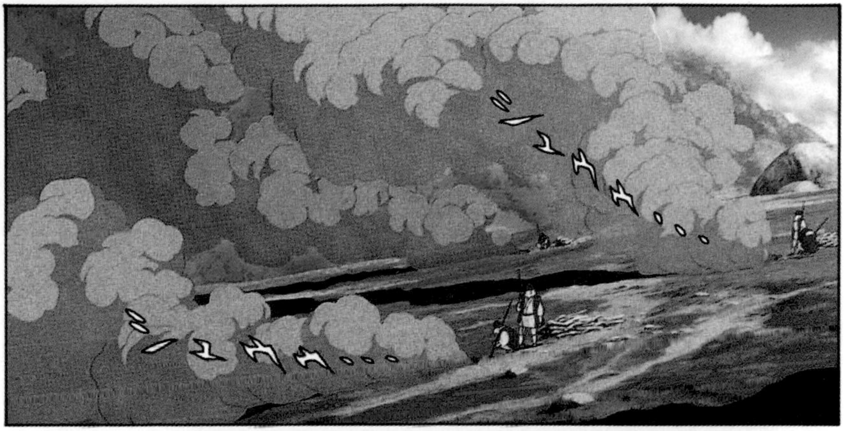

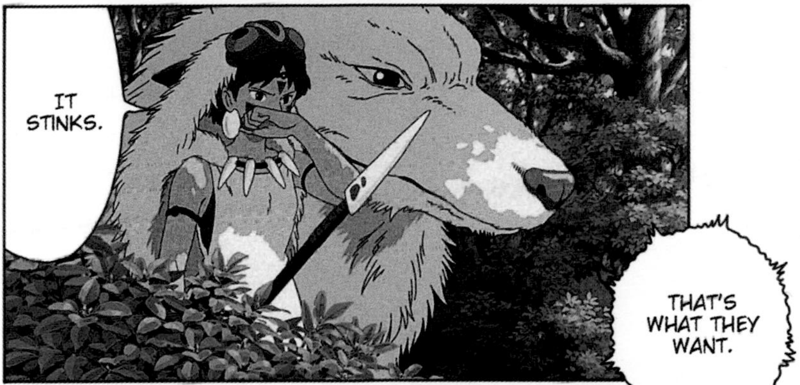
IT STINKS.
THAT'S WHAT THEY WANT.

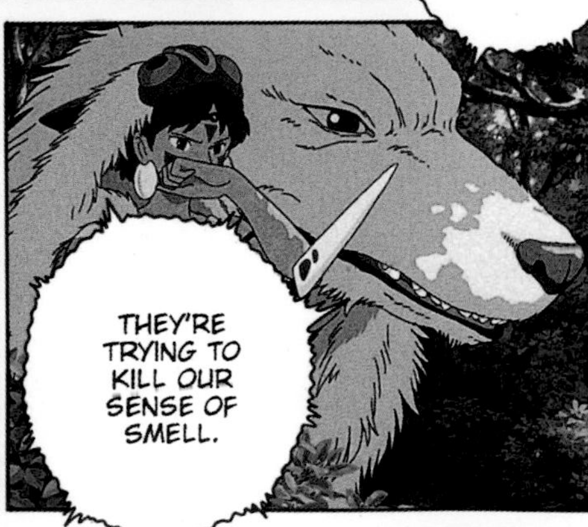
THEY'RE TRYING TO KILL OUR SENSE OF SMELL.

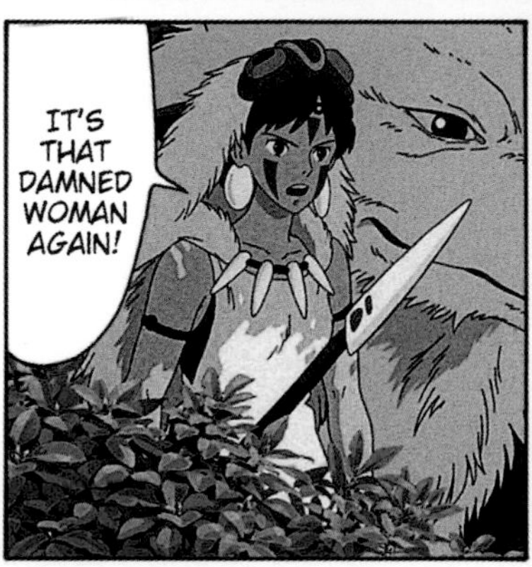
IT'S THAT DAMNED WOMAN AGAIN!

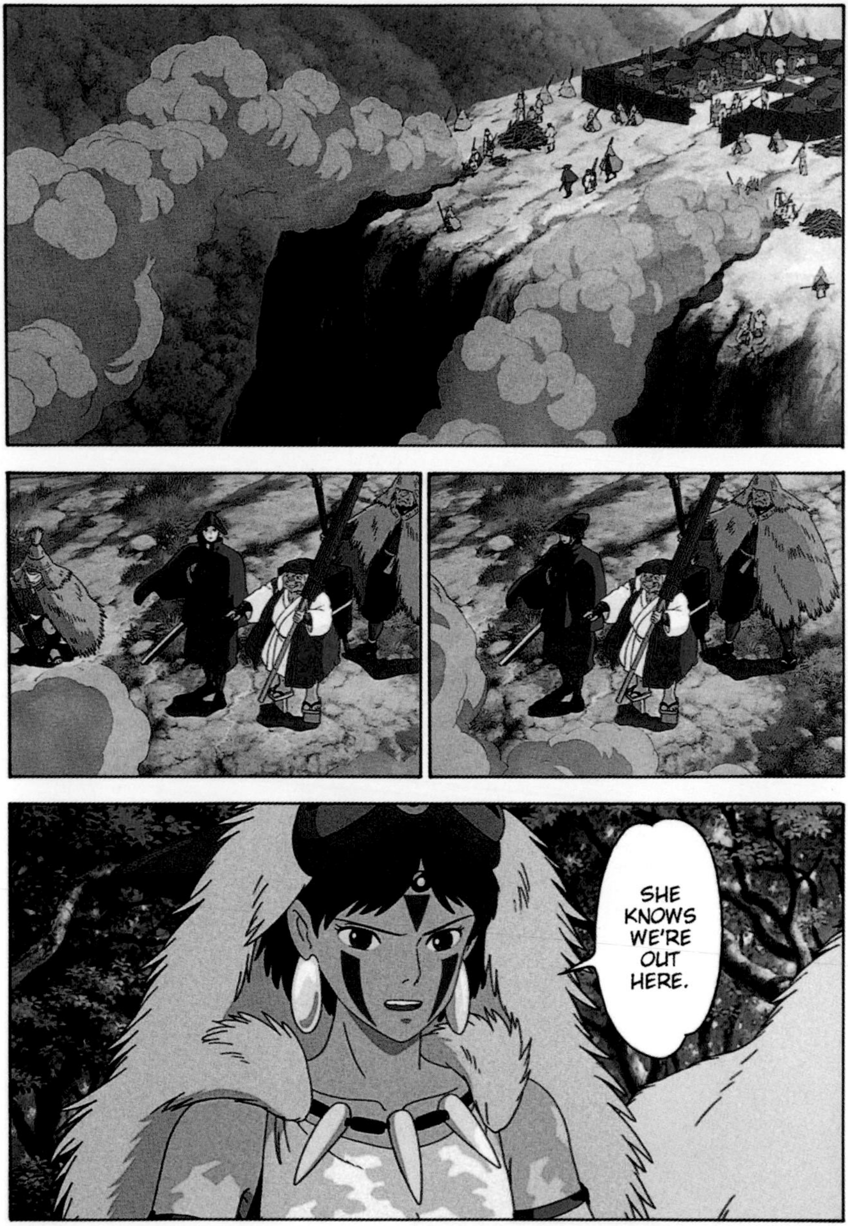
SHE KNOWS WE'RE OUT HERE.

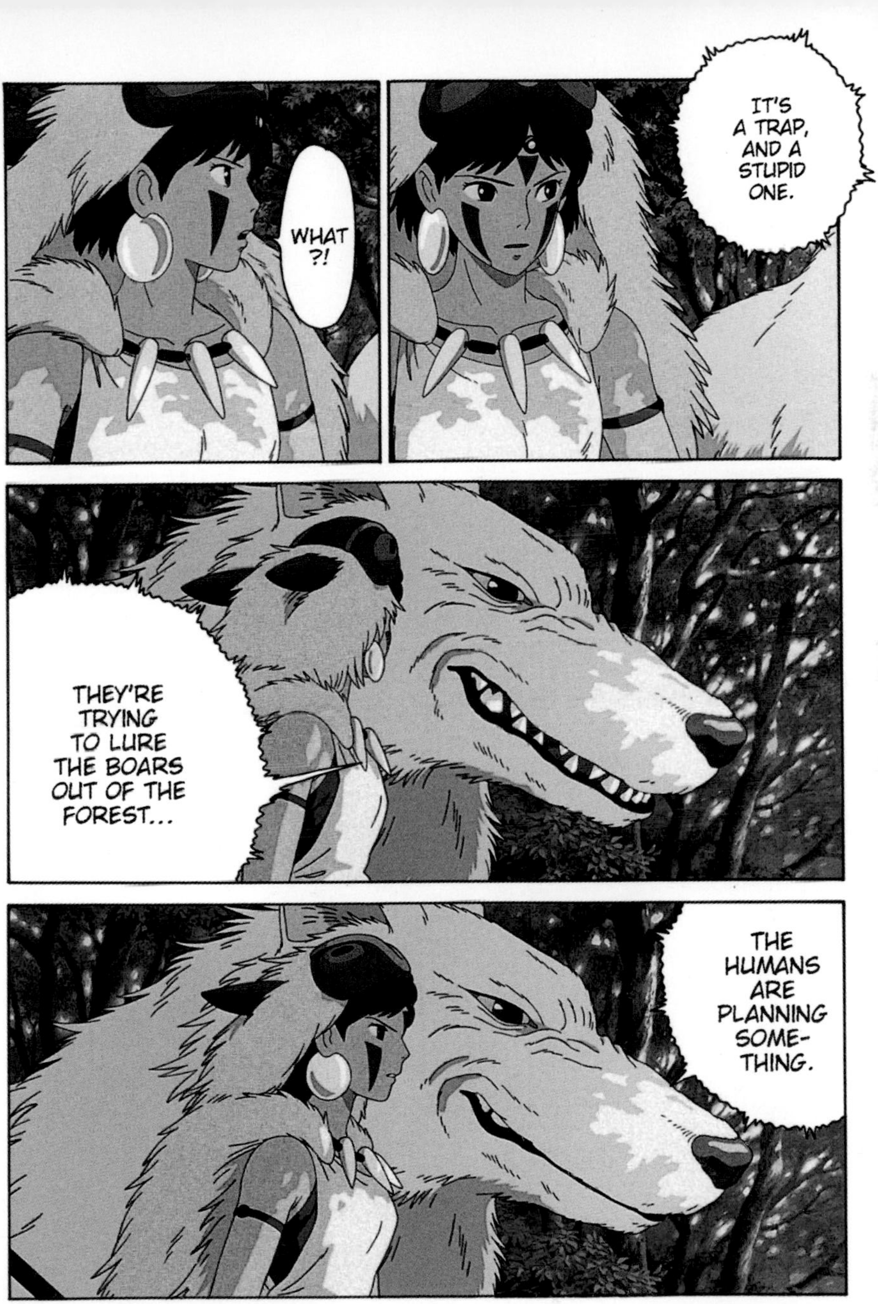
WHAT?!
IT'S A TRAP, AND A STUPID ONE.
THEY'RE TRYING TO LURE THE BOARS OUT OF THE FOREST...
THE HUMANS ARE PLANNING SOME-THING.

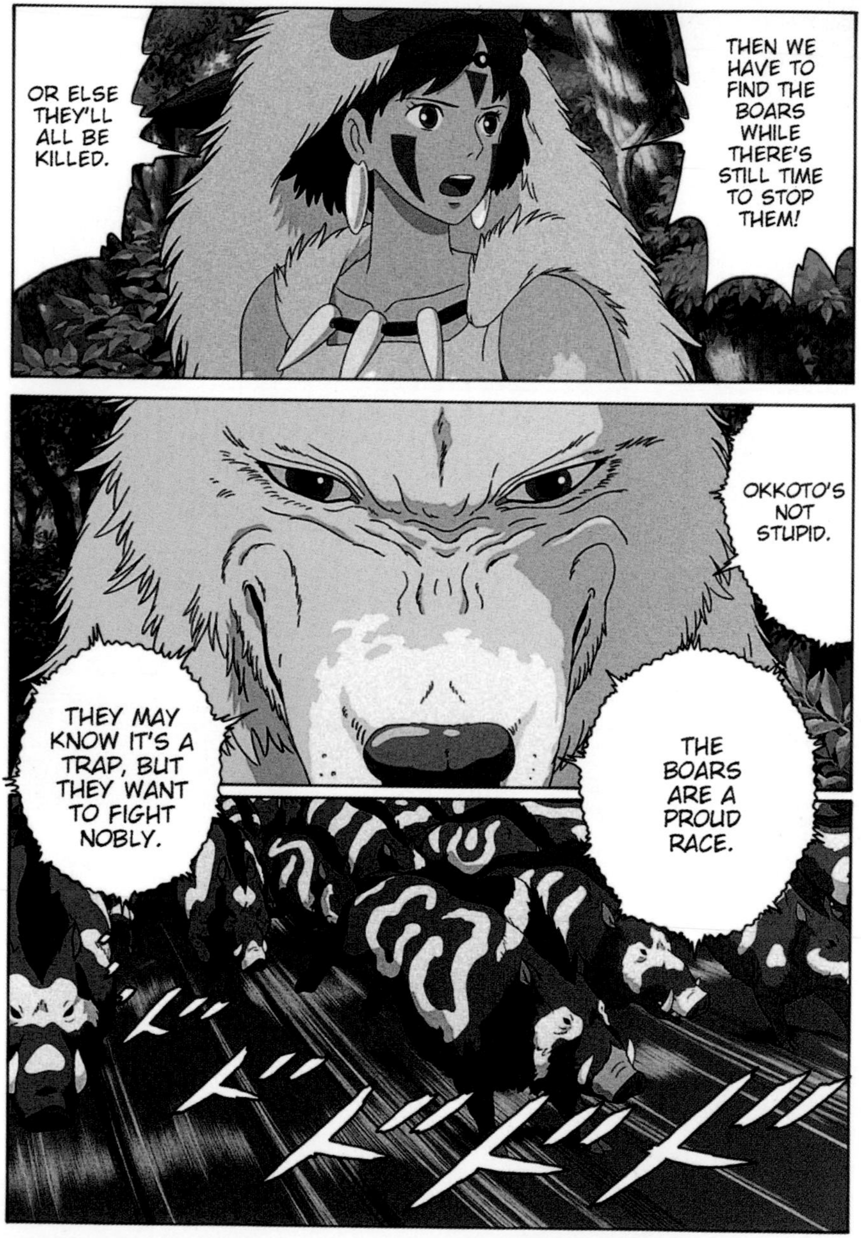
THEN WE HAVE TO FIND THE BOARS WHILE THERE'S STILL TIME TO STOP THEM!
OR ELSE THEY'LL ALL BE KILLED.
OKKOTO'S NOT STUPID.
THE BOARS ARE A PROUD RACE.
THEY MAY KNOW IT'S A TRAP, BUT THEY WANT TO FIGHT NOBLY.

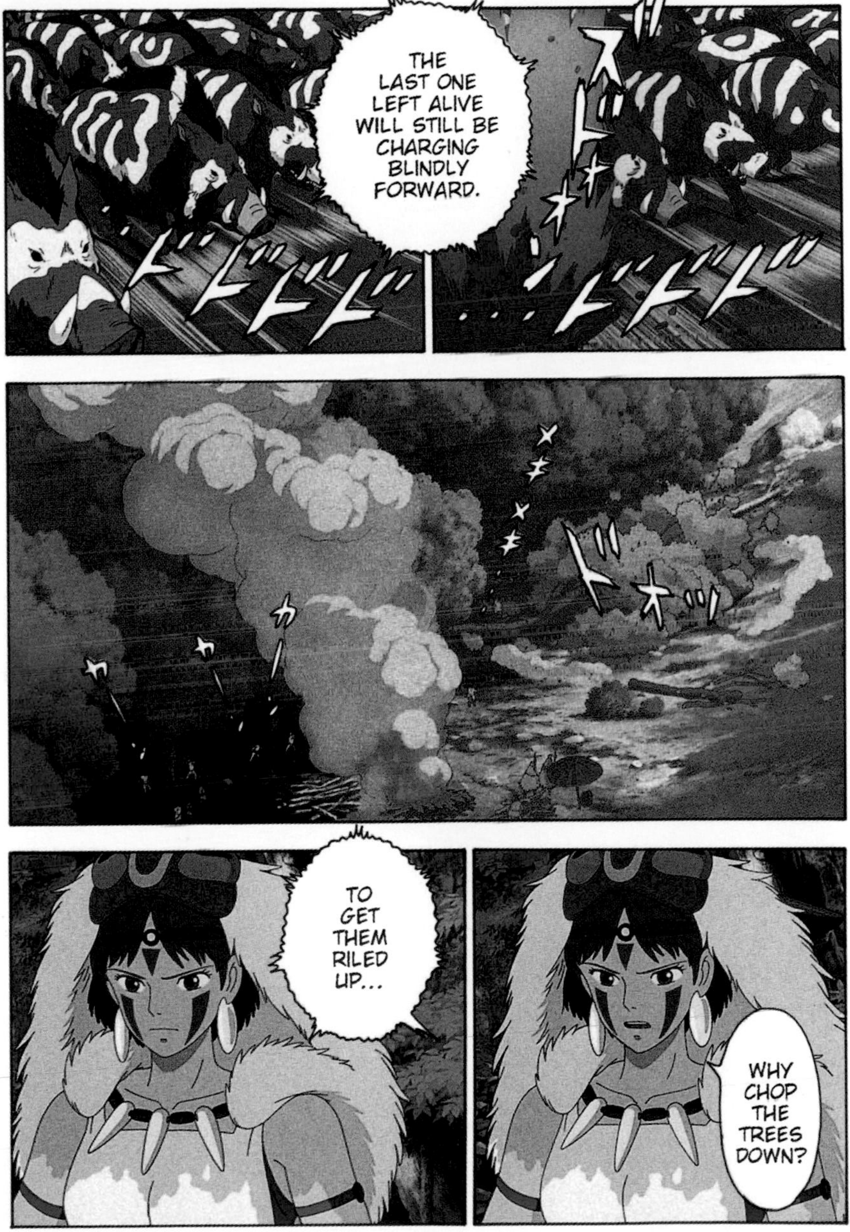
THE LAST ONE LEFT ALIVE WILL STILL BE CHARGING BLINDLY FORWARD.
WHY CHOP THE TREES DOWN?
TO GET THEM RILED UP...

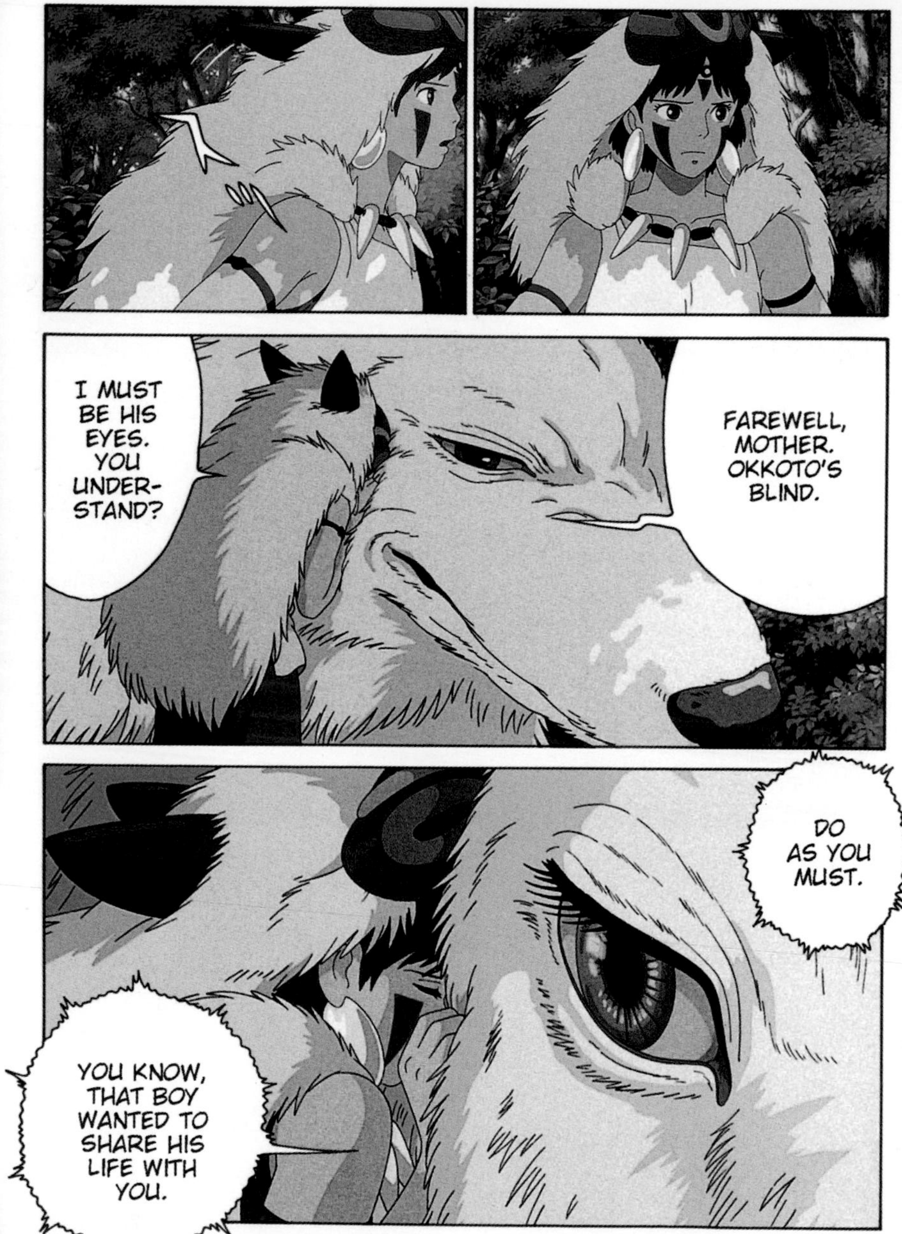
FAREWELL, MOTHER. OKKOTO'S BLIND.
I MUST BE HIS EYES. YOU UNDER-STAND?
DO AS YOU MUST.
YOU KNOW, THAT BOY WANTED TO SHARE HIS LIFE WITH YOU.

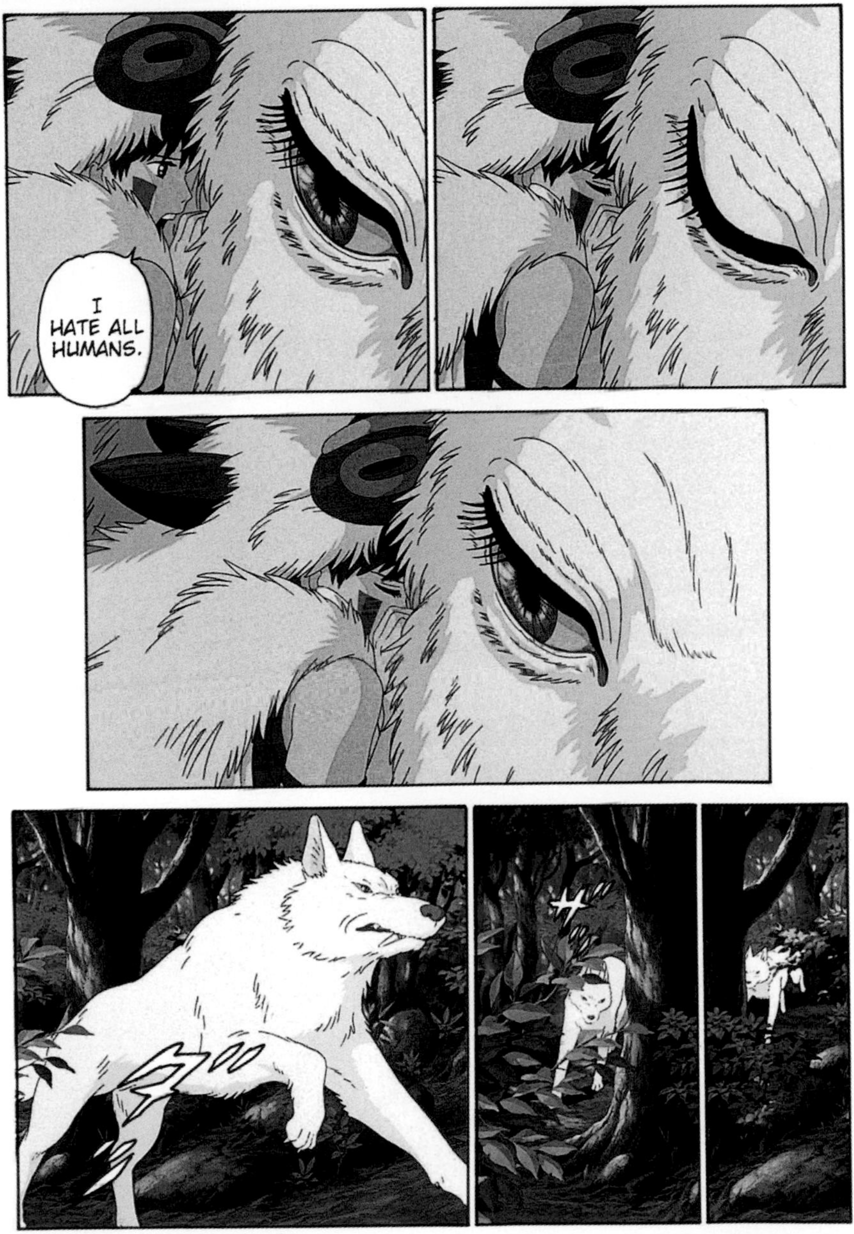
I HATE ALL HUMANS.

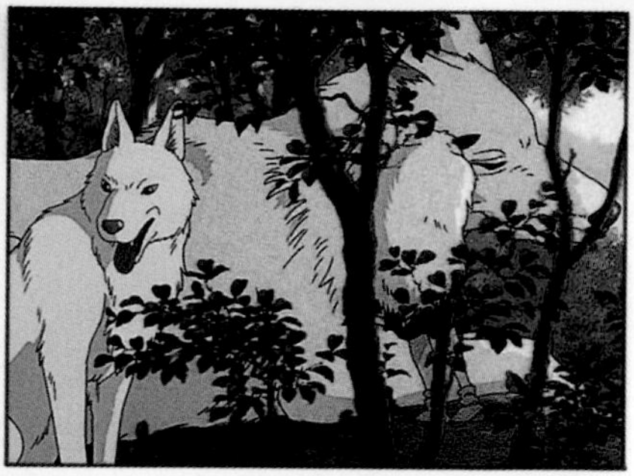
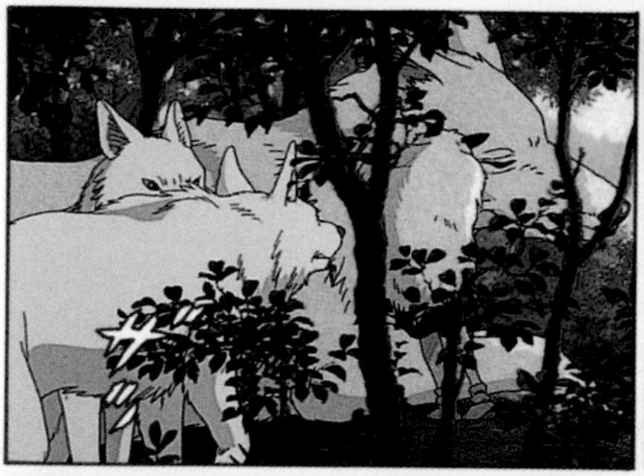
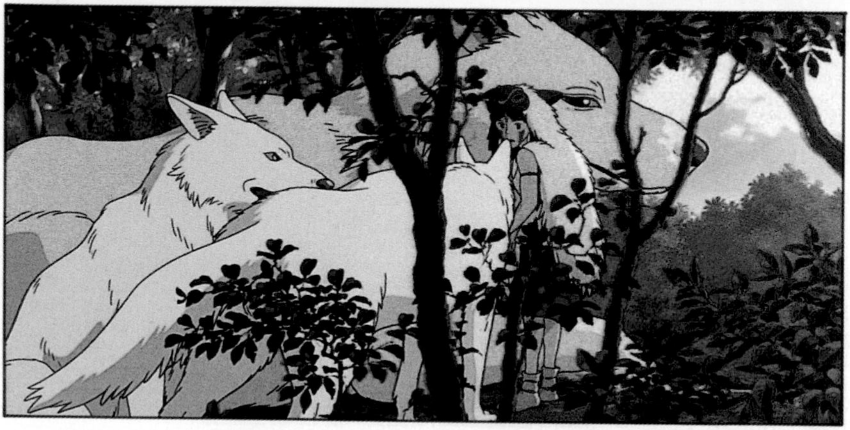
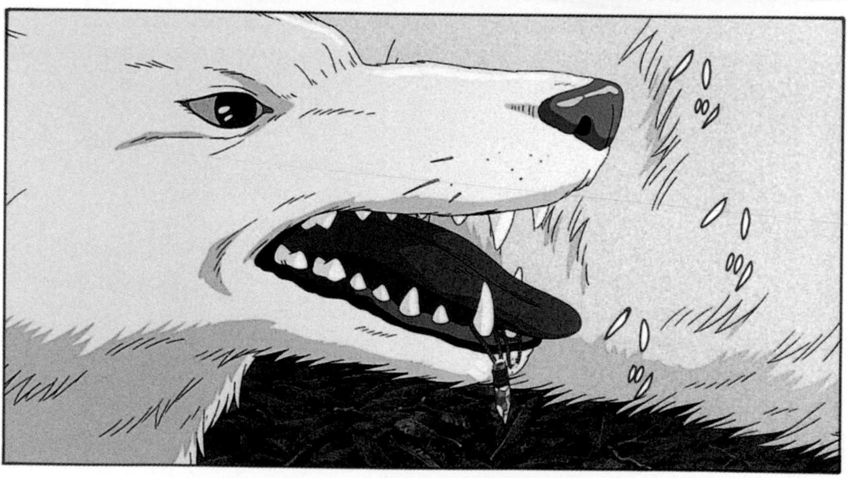

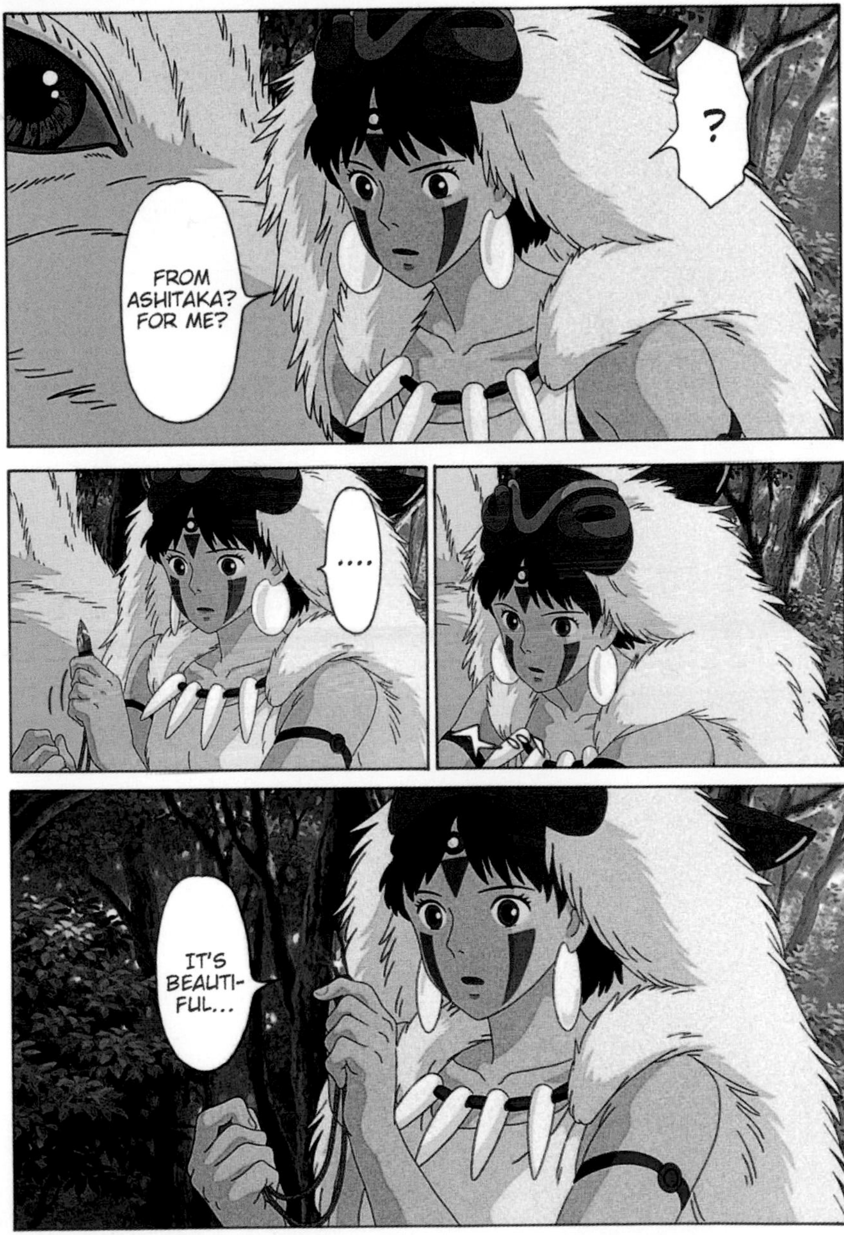
?
FROM ASHITAKA? FOR ME?
....
IT'S BEAUTI-FUL...

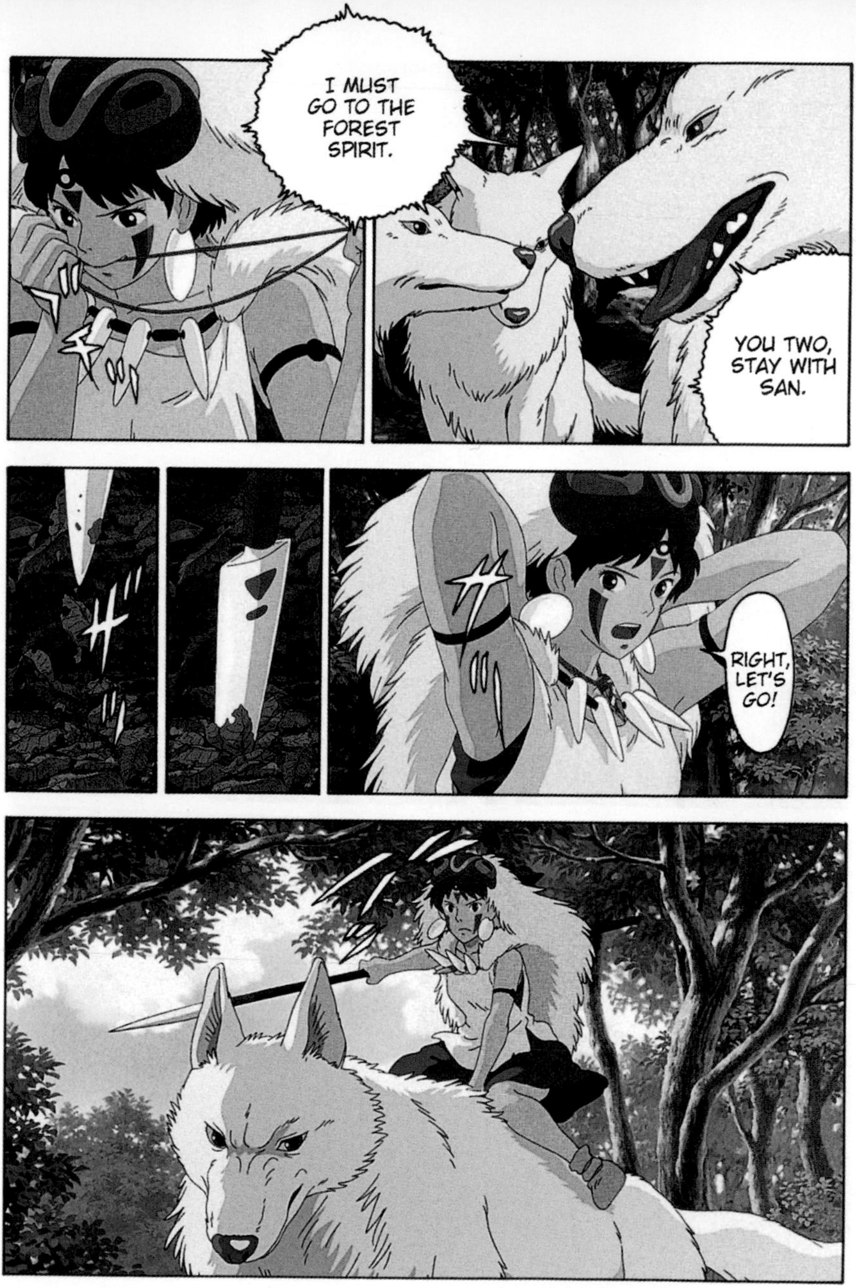
I MUST GO TO THE FOREST SPIRIT.
YOU TWO, STAY WITH SAN.
RIGHT, LET'S GO!

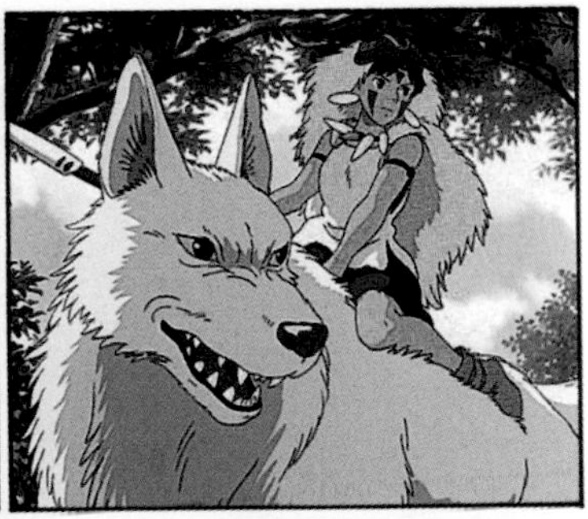
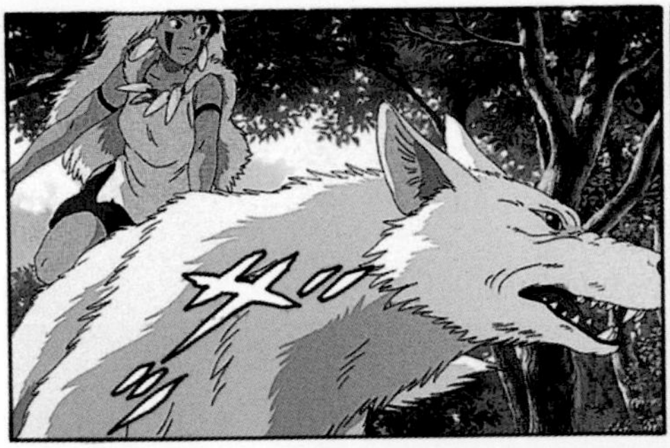
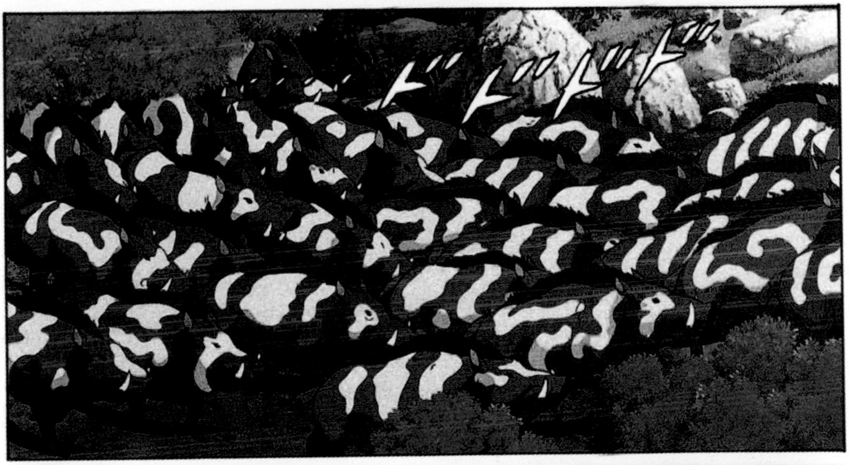
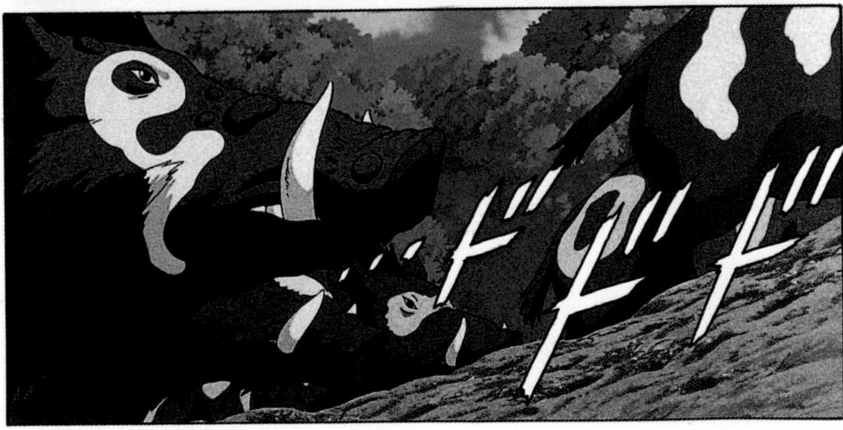

ベチャ
ズズズ…
ベチャ
ベチャ
ドドドドド…

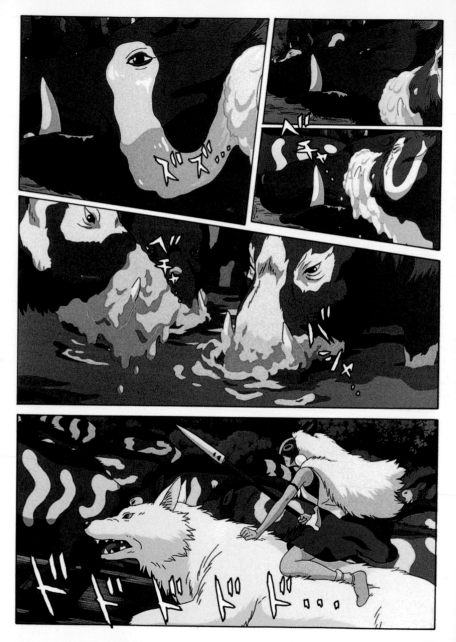

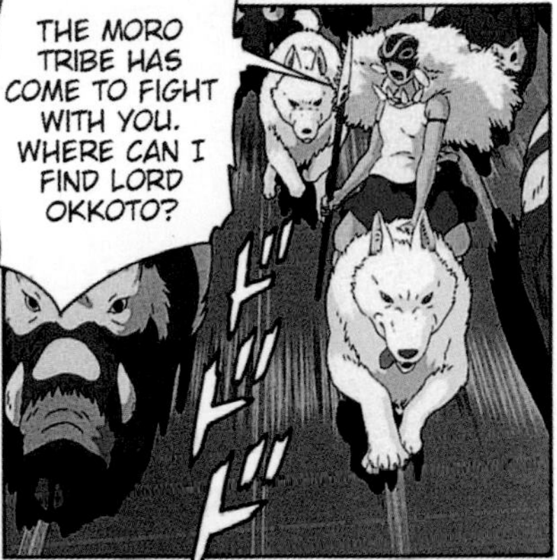
THE MORO TRIBE HAS COME TO FIGHT WITH YOU. WHERE CAN I FIND LORD OKKOTO?
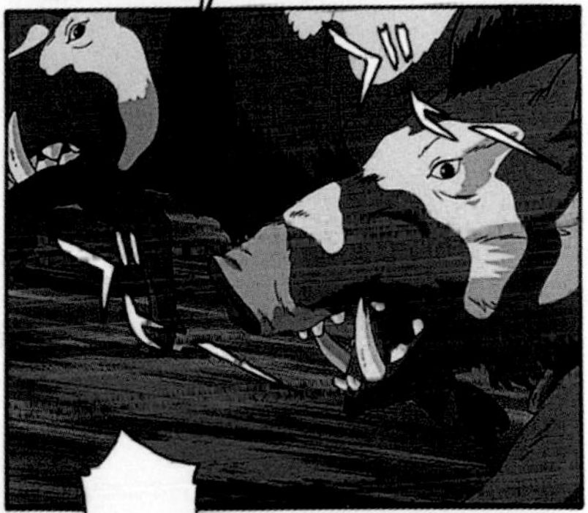
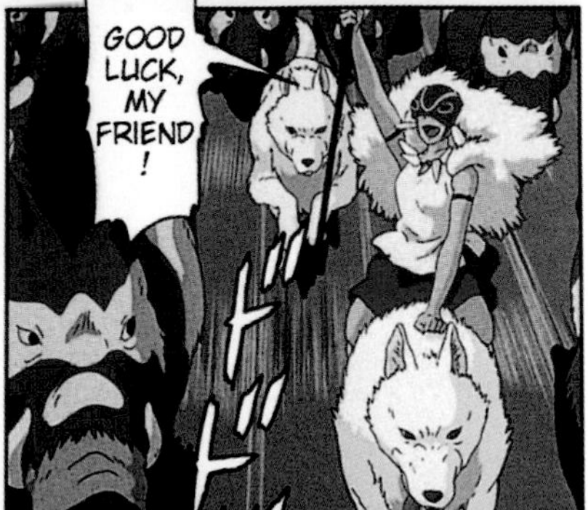
GOOD LUCK, MY FRIEND!
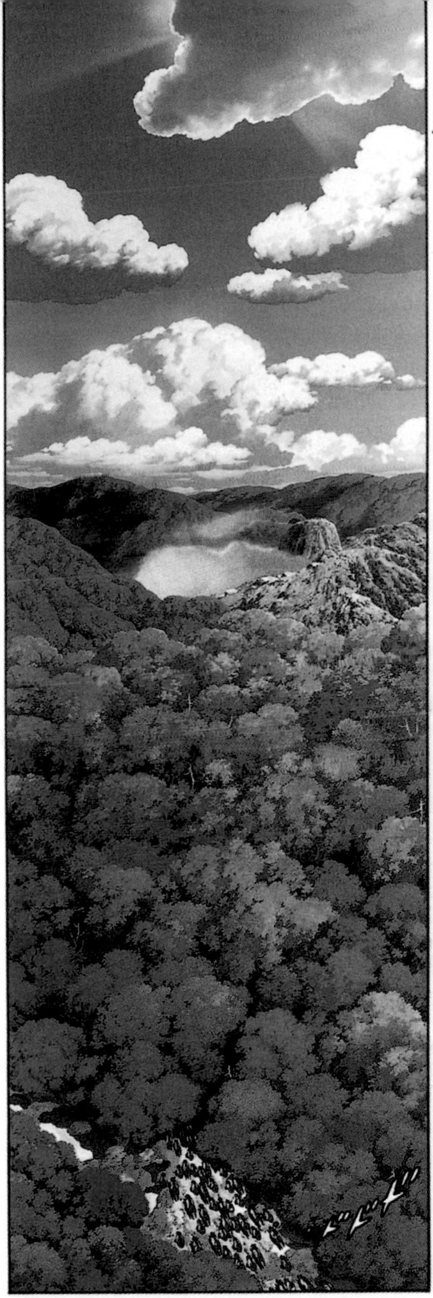

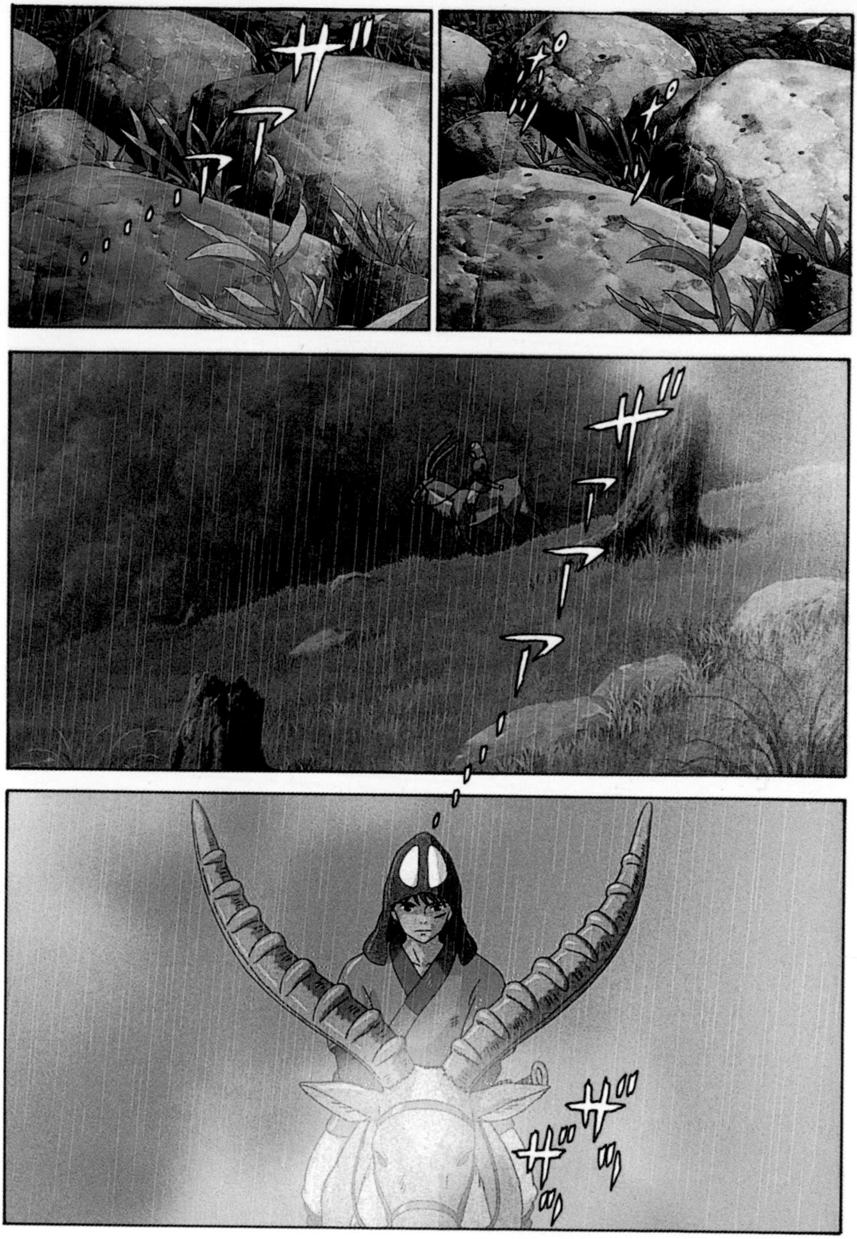
ポ
ポ
ザァァ……
ザァァァァ……
ザッ
ザッ

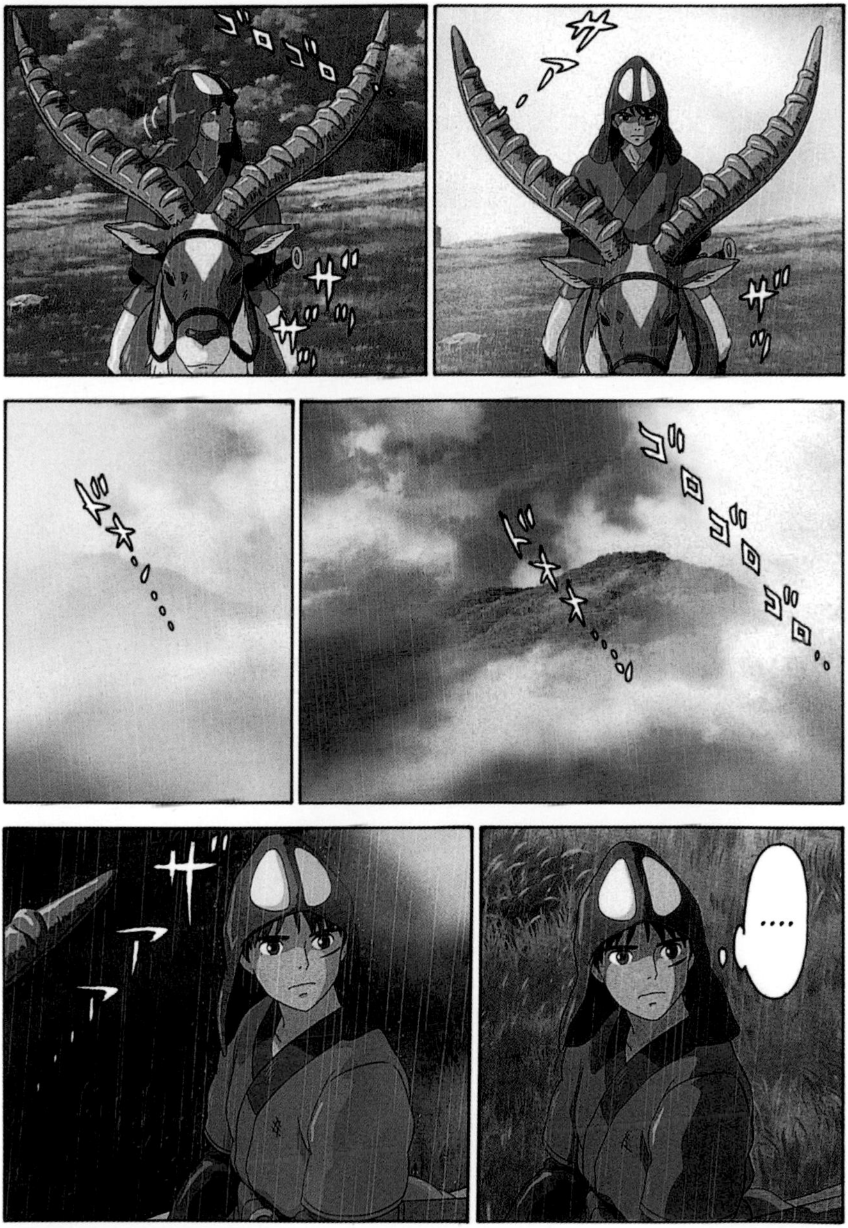
ザァ…
ザッ
ゴロゴロ
ザッ
ザッ
ゴロゴロゴロ‥
ドォ……
ドォ……
….
ザァァ

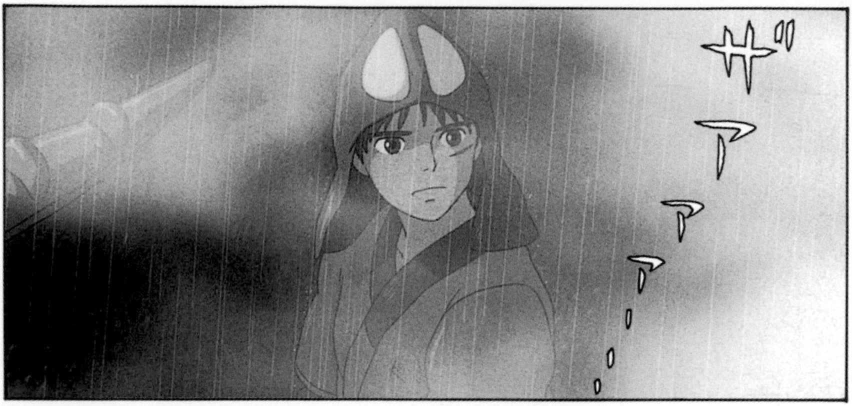
ザァァァ…
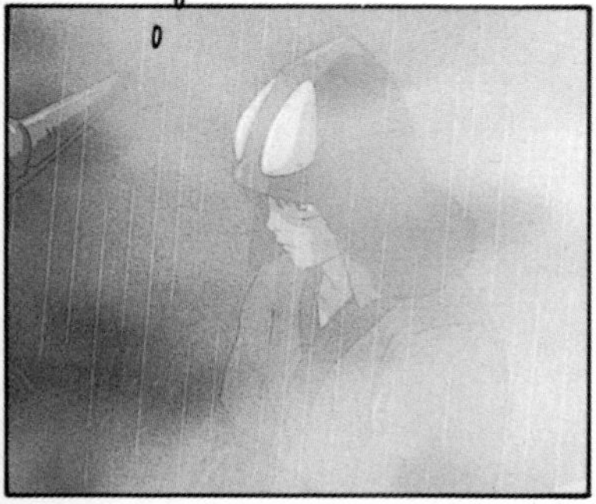
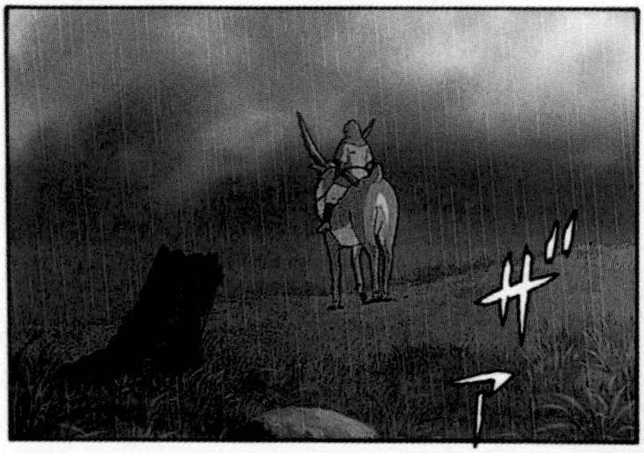
ザァ
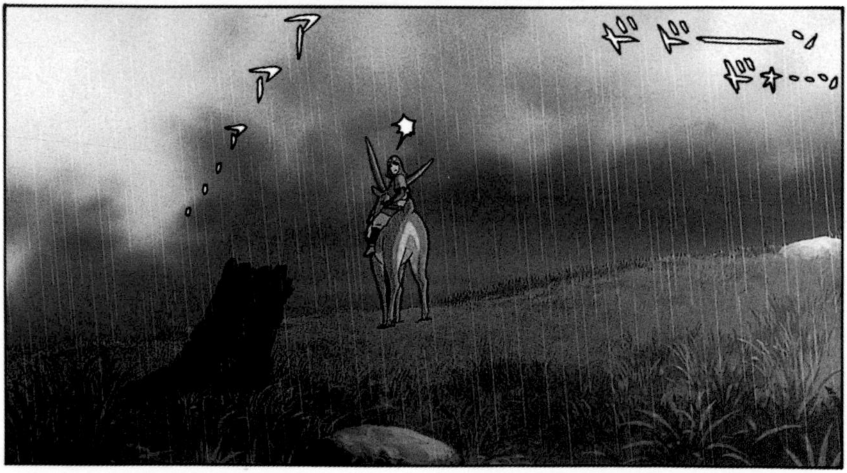
ァァァ…
ドドーーッ
ドォ…

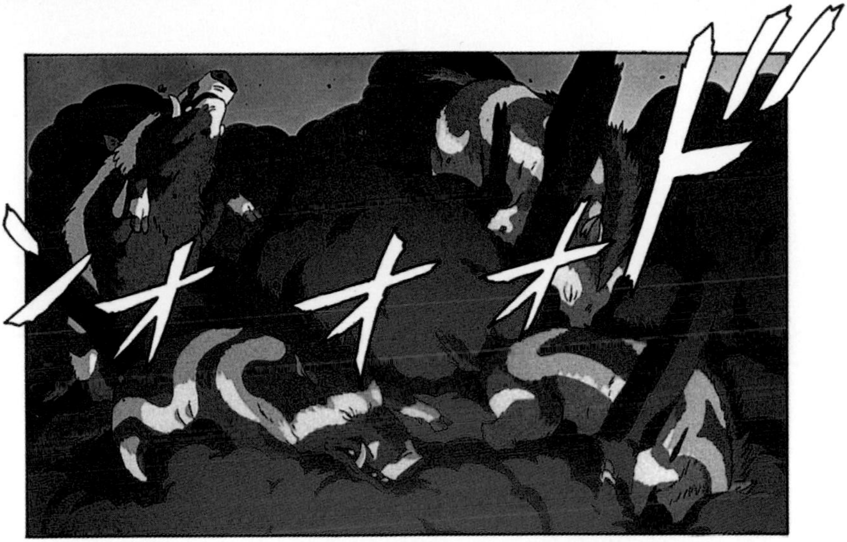
ドオオオン

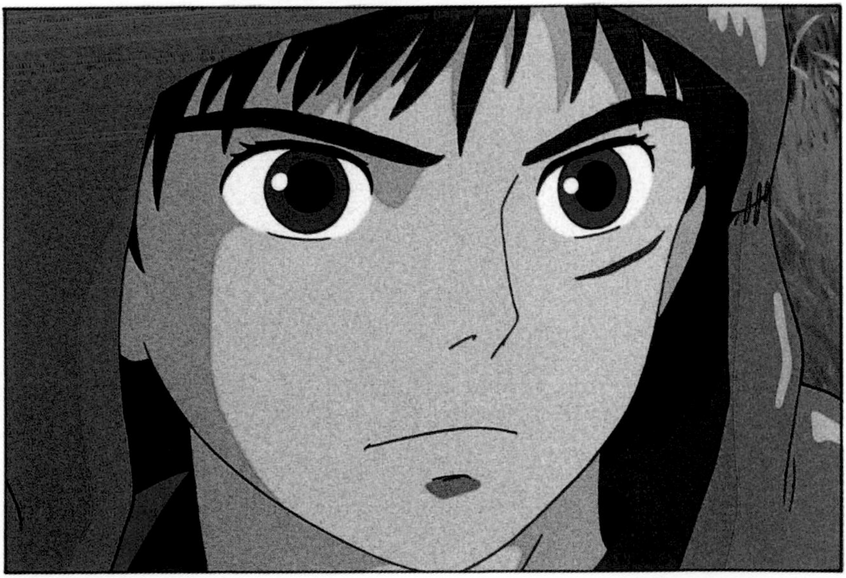

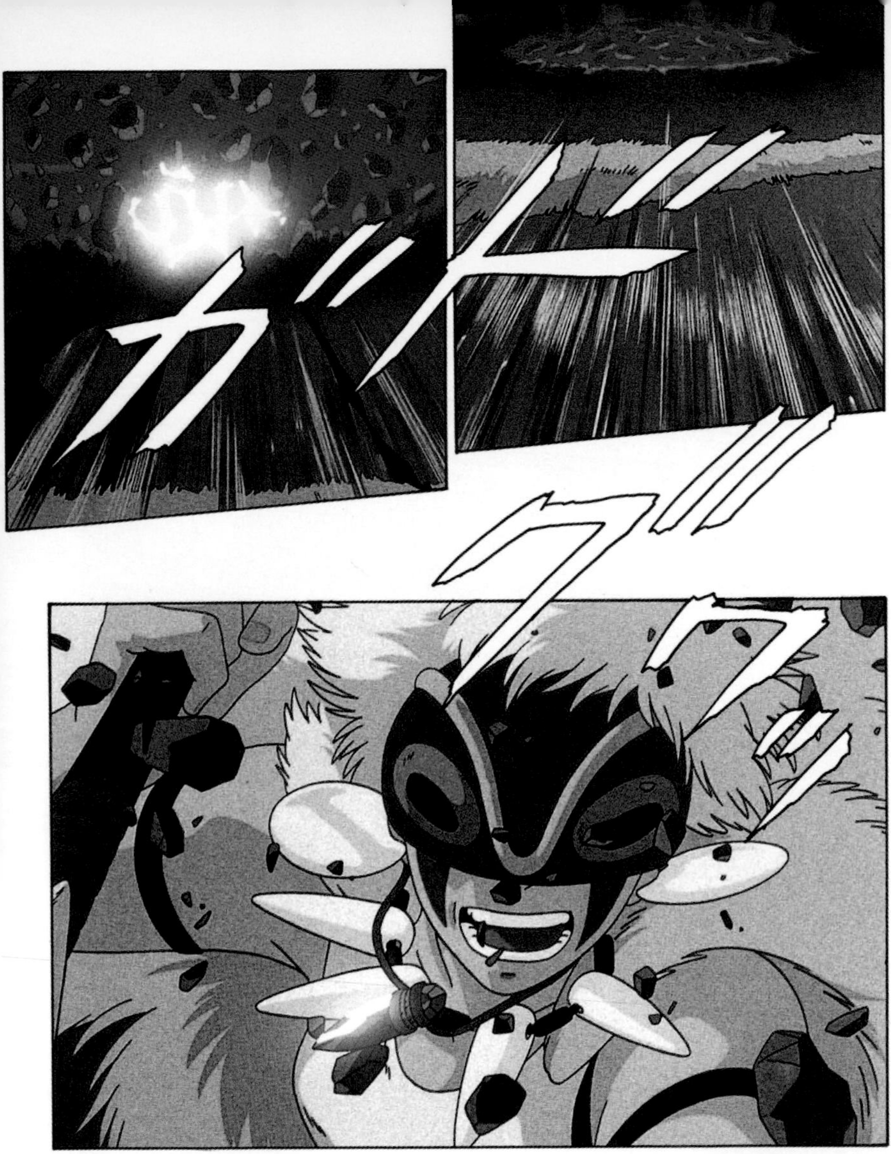
ガド
グワッ

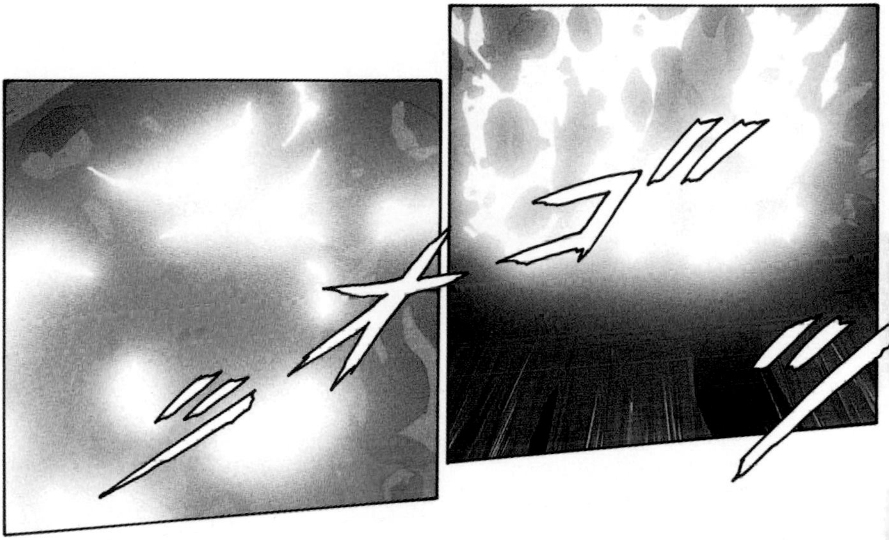

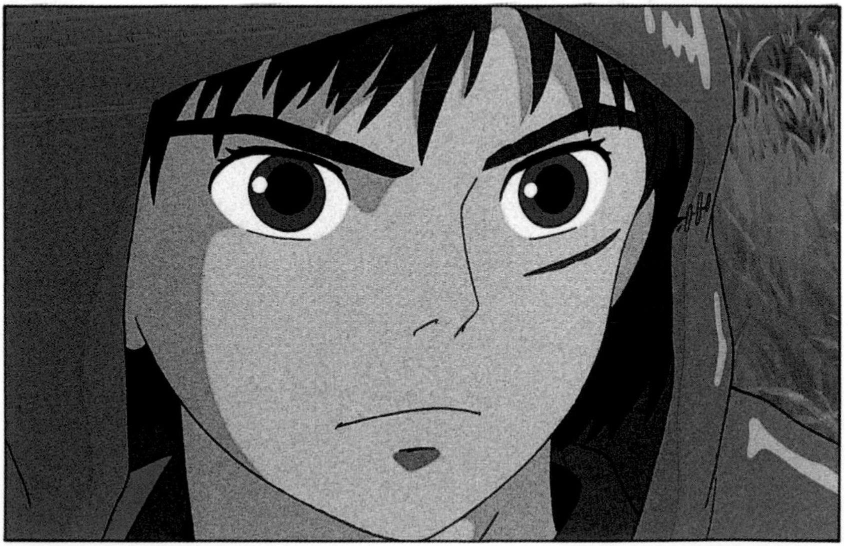

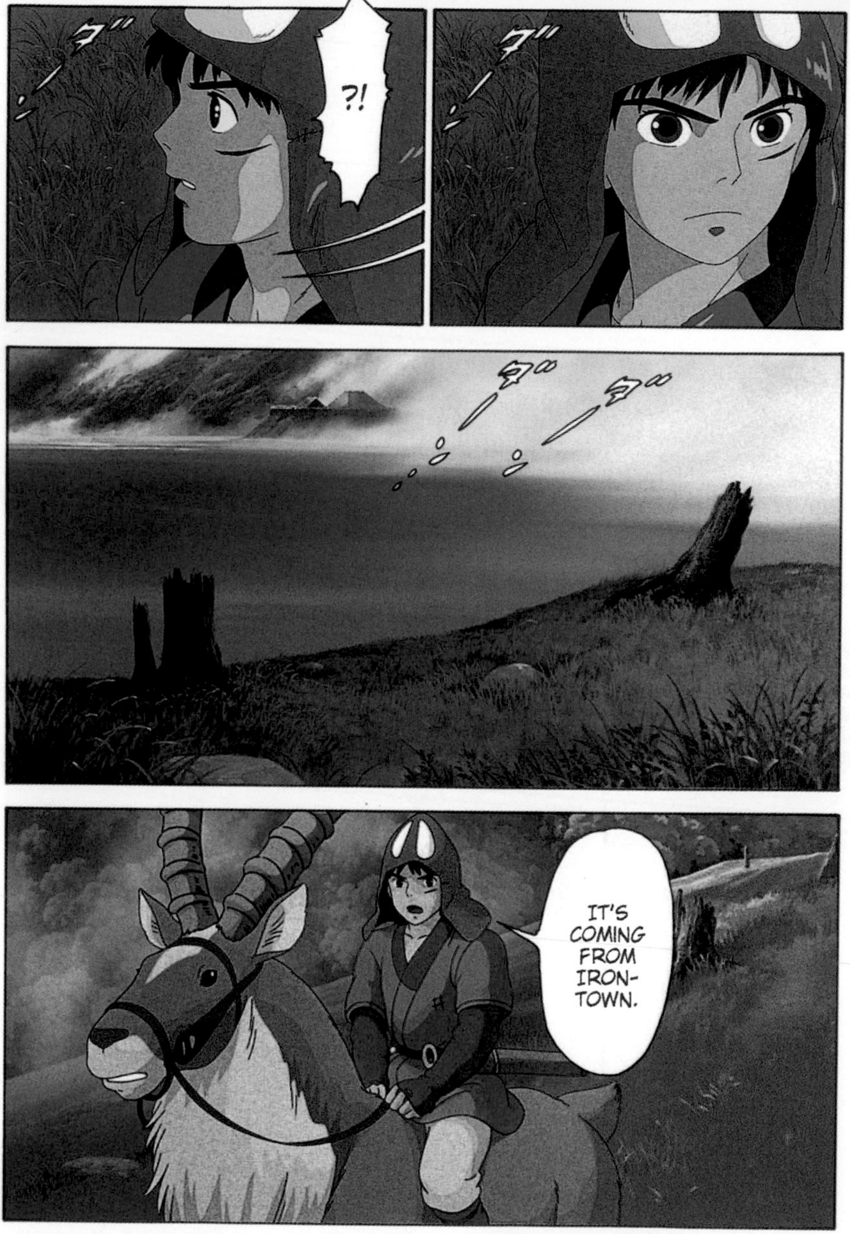
?!
IT'S COMING FROM IRON-TOWN.

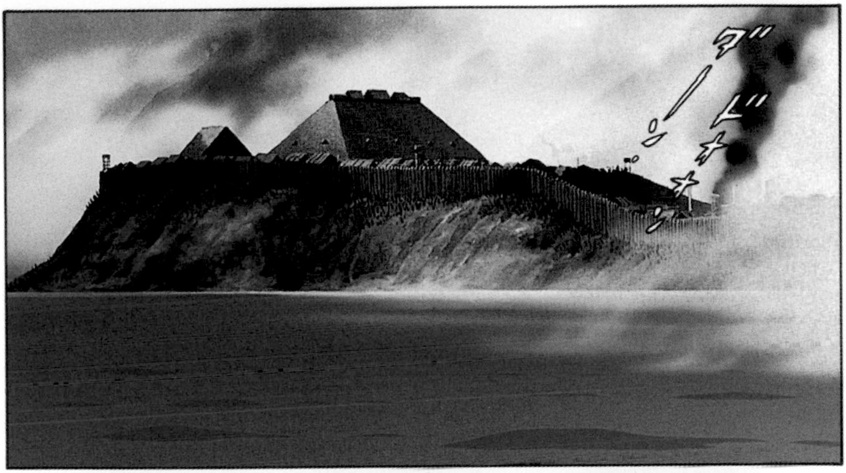

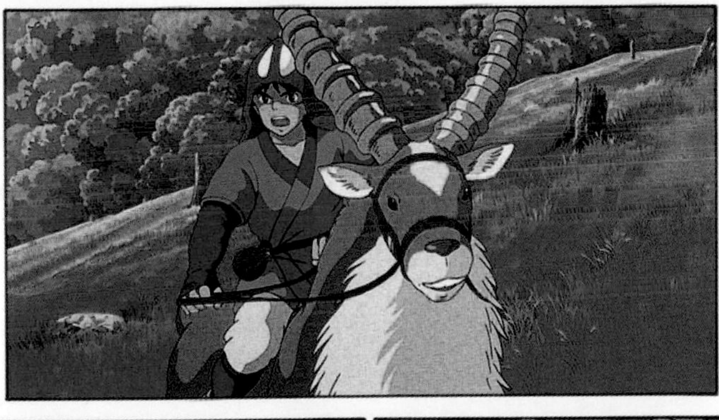

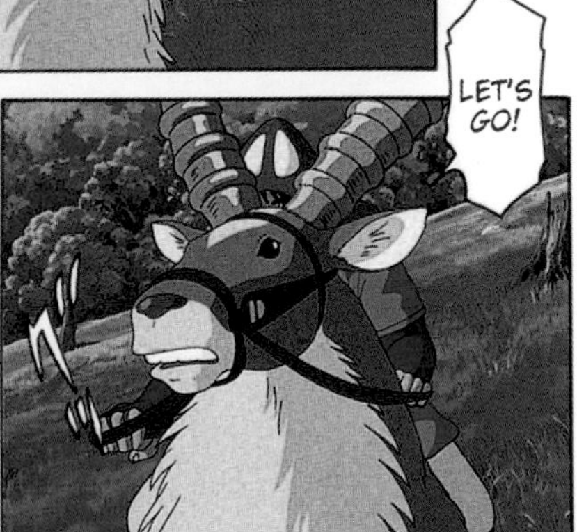
LET'S GO!

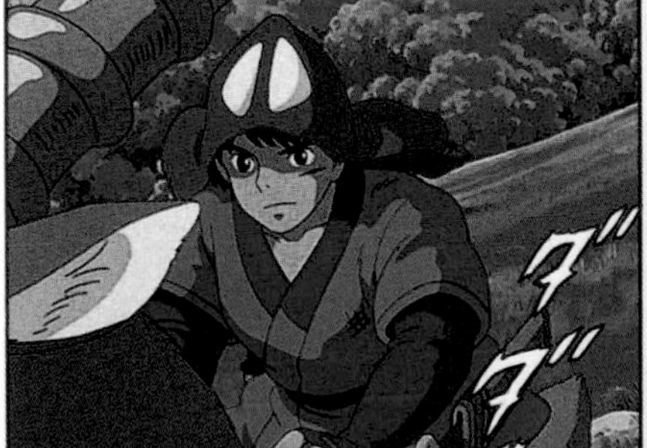

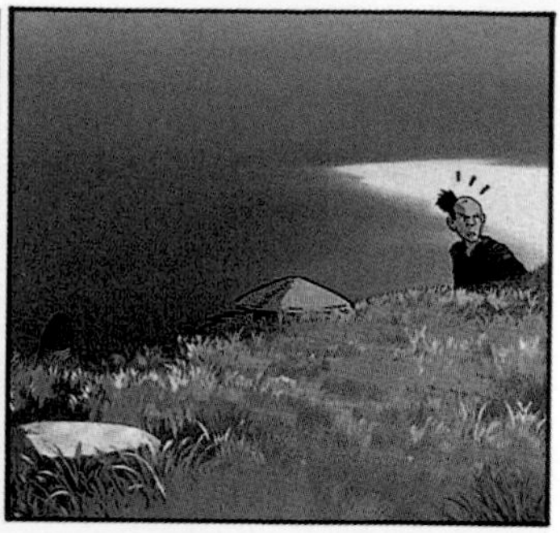

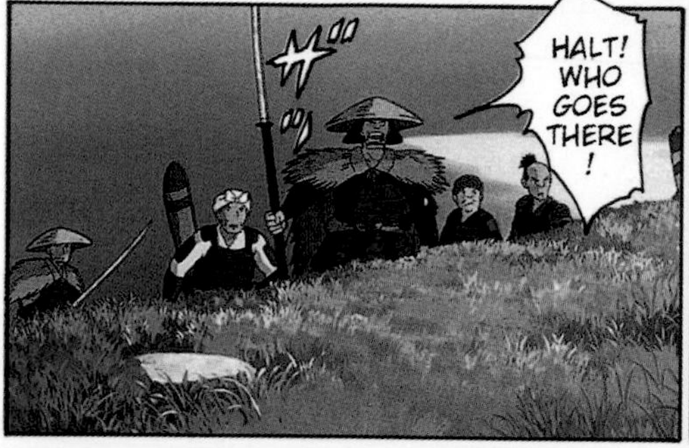
HALT! WHO GOES THERE!

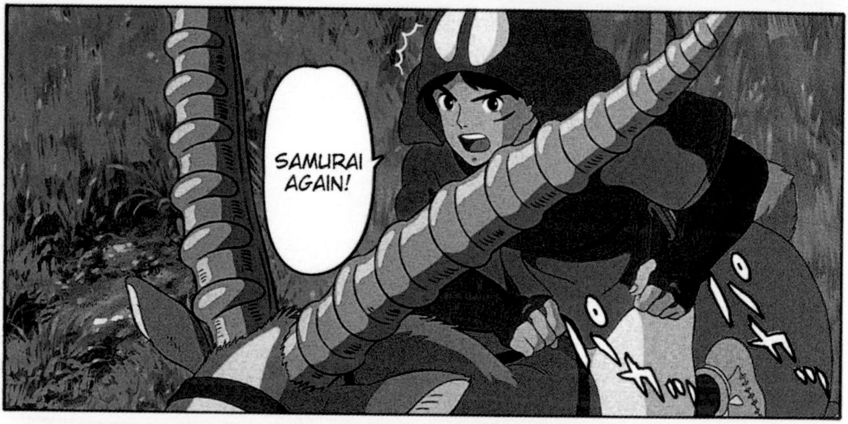
SAMURAI AGAIN!

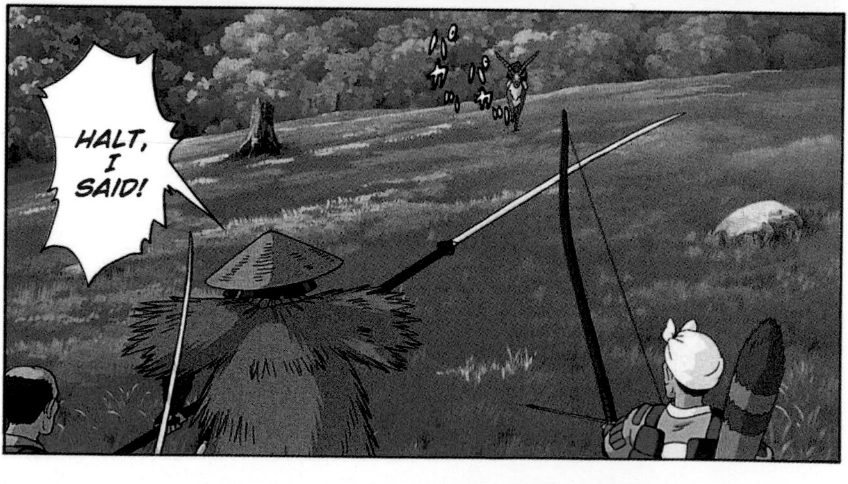
HALT, I SAID!

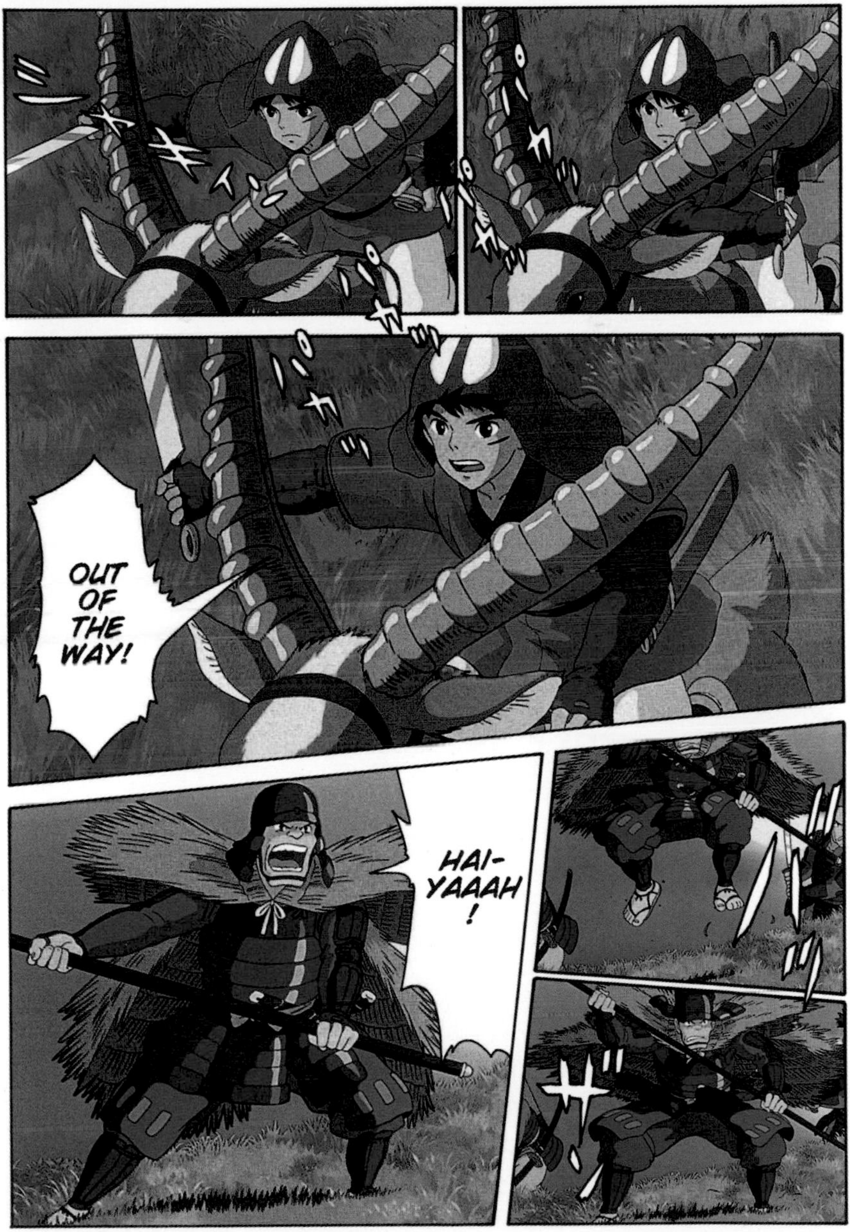
OUT OF THE WAY!
HAI-YAAAH!

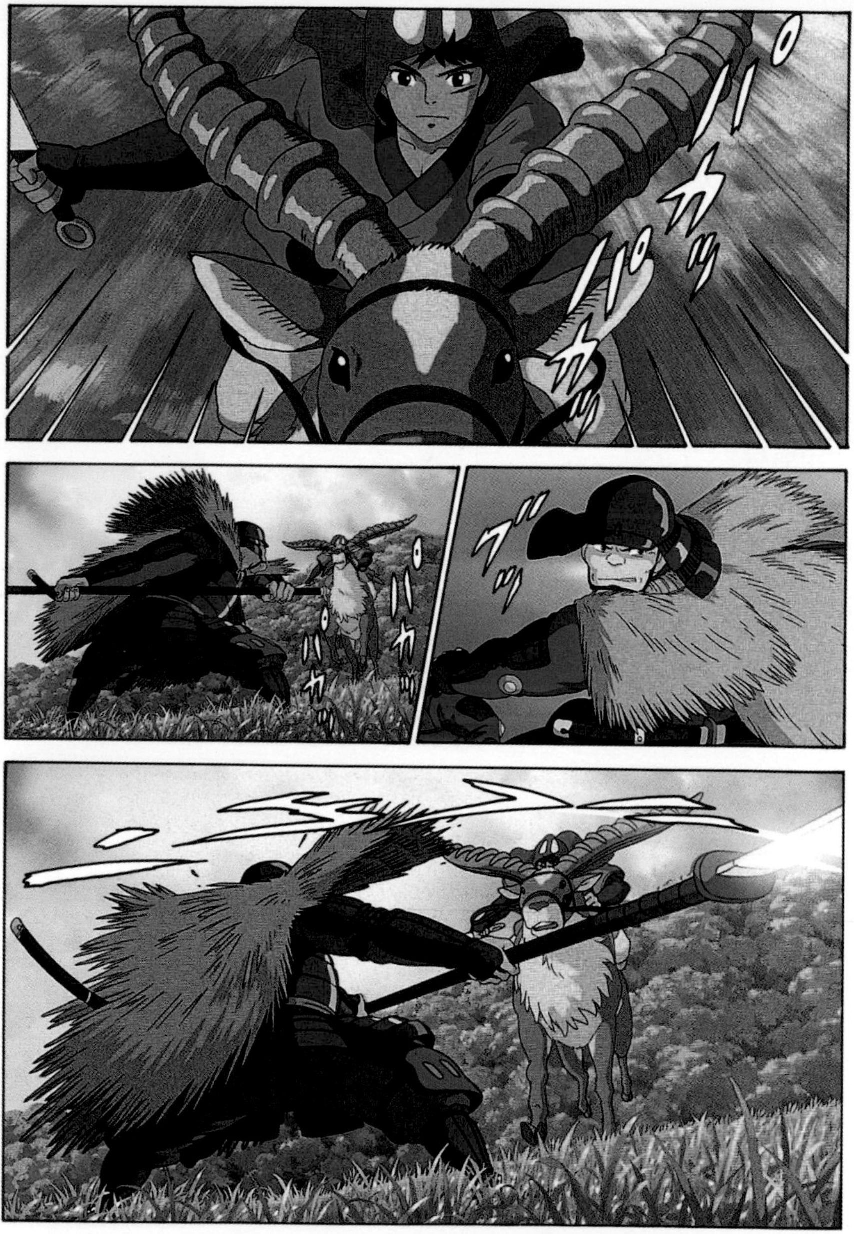
パーカッ
パカッ

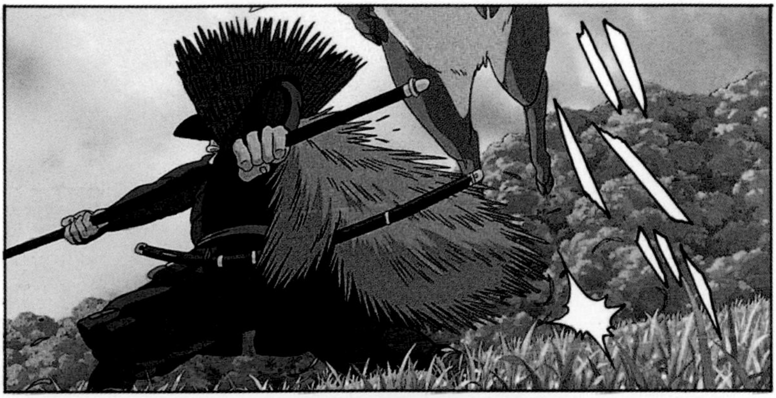
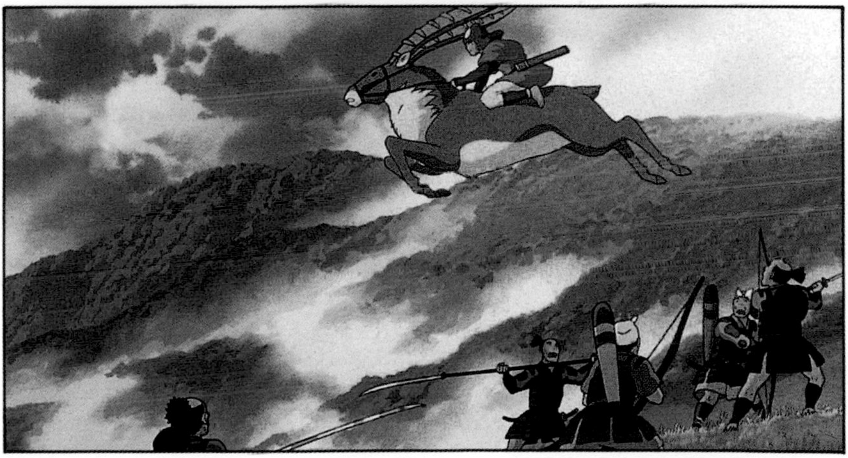
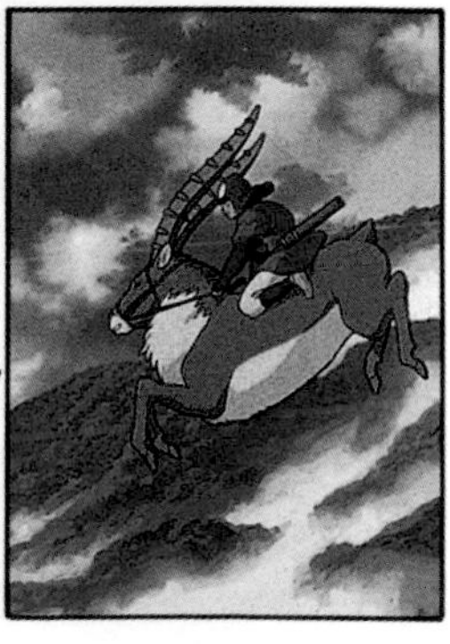
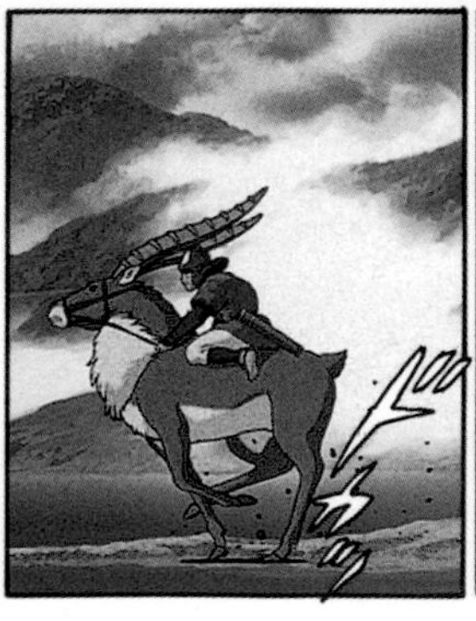
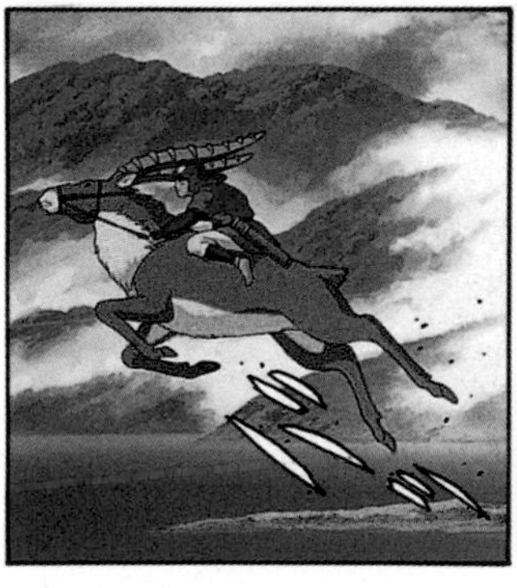

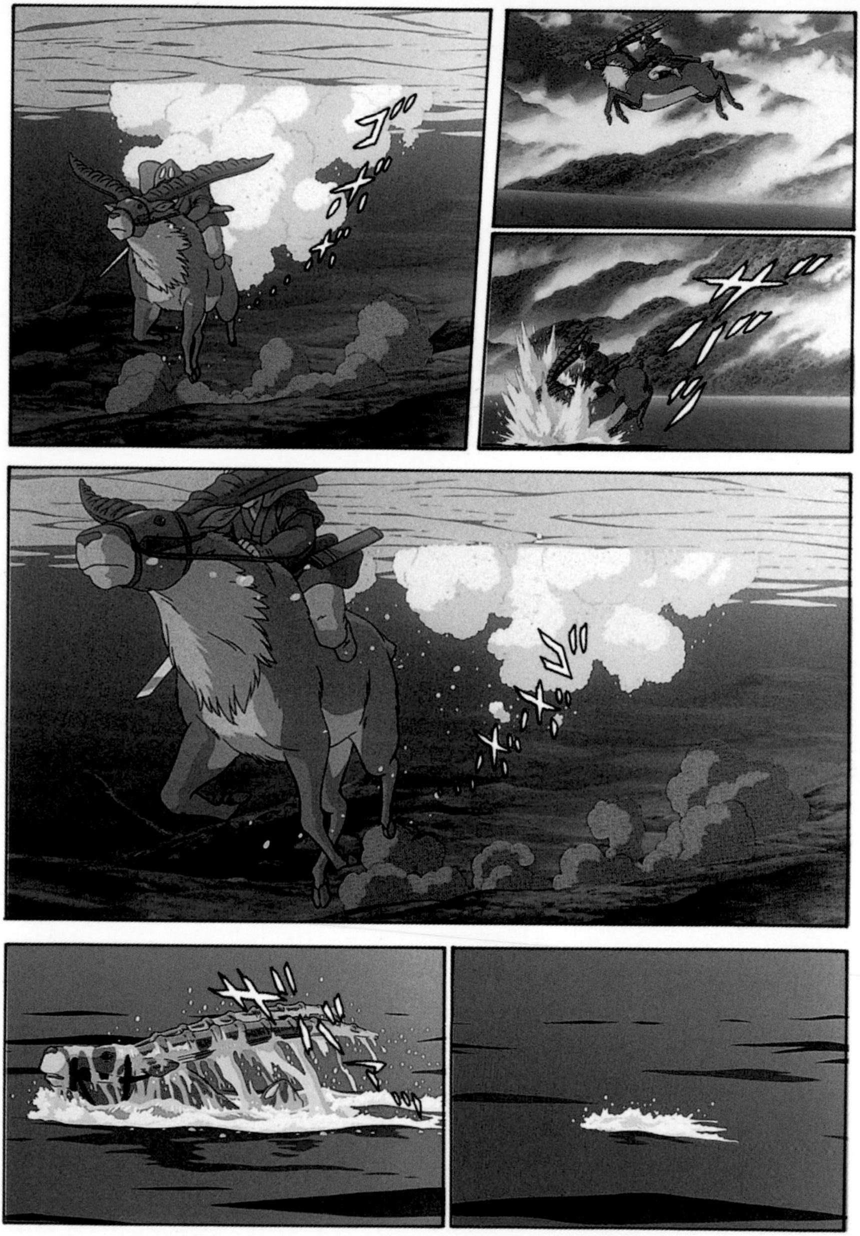

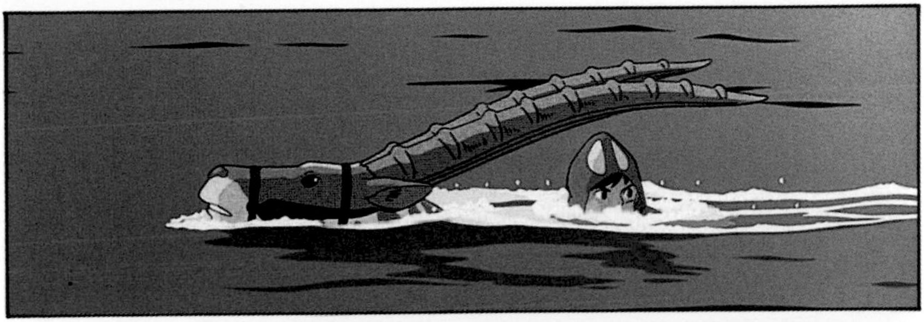

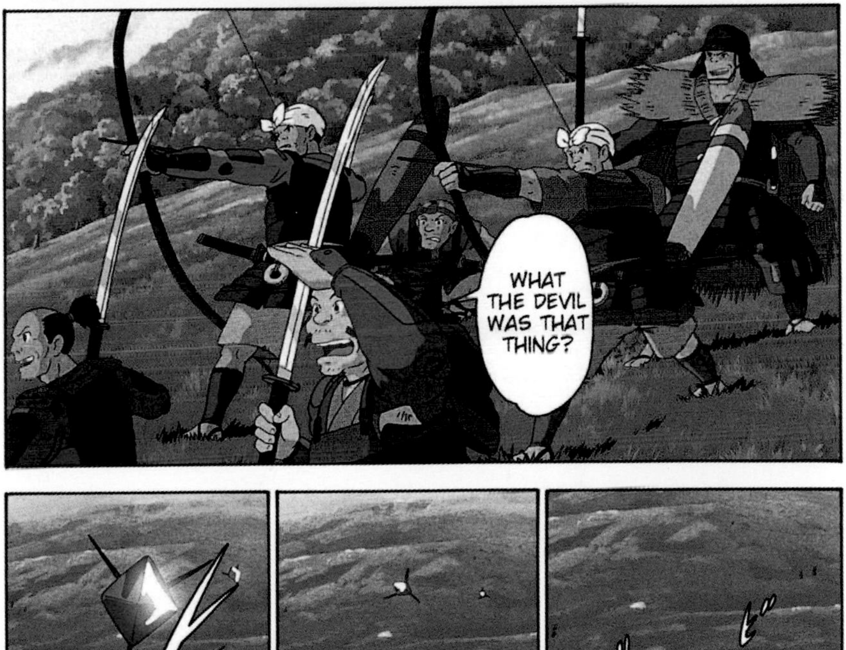
WHAT THE DEVIL WAS THAT THING?

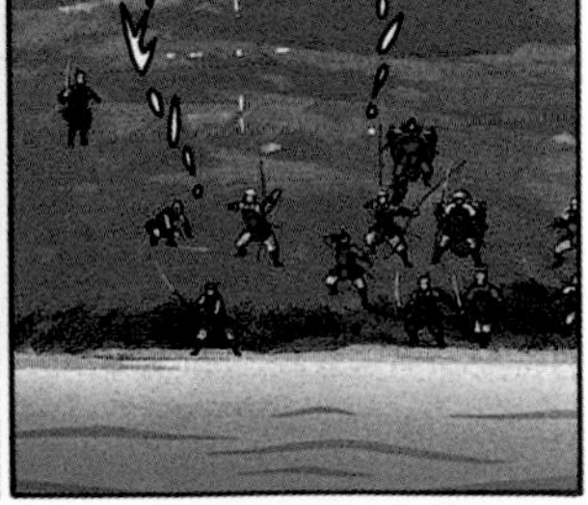

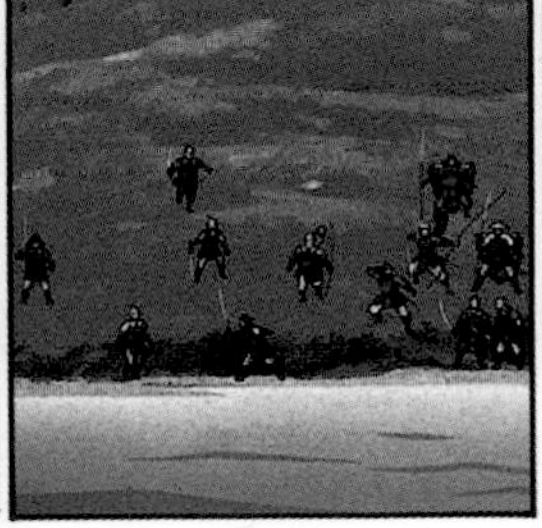

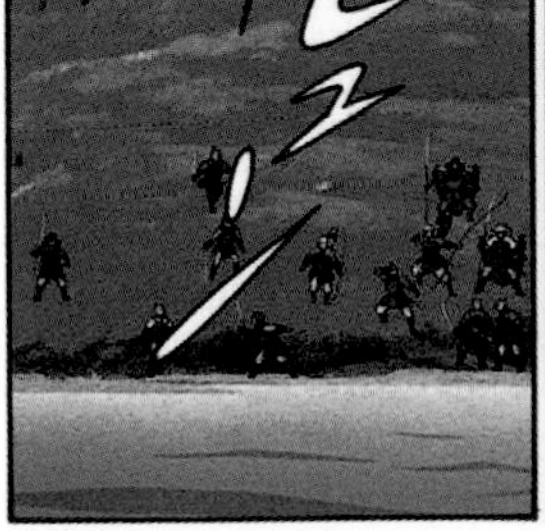

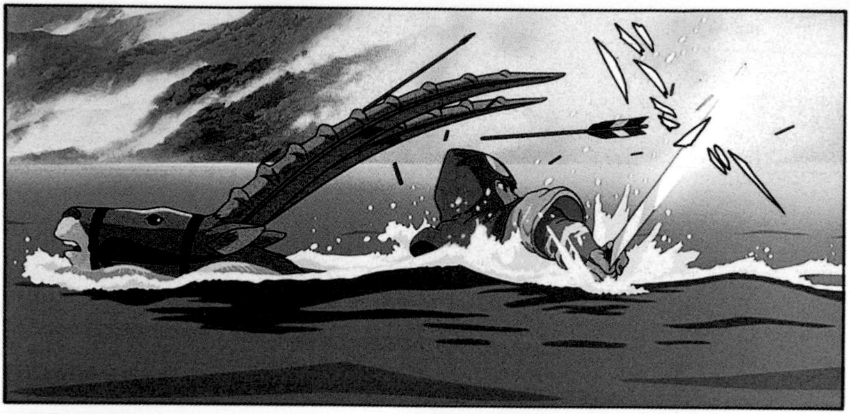

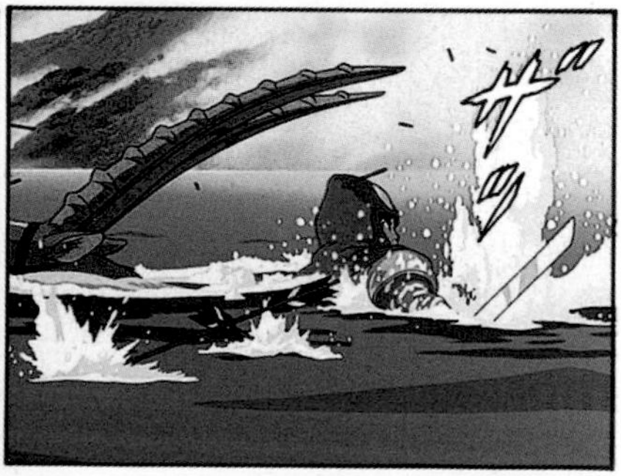

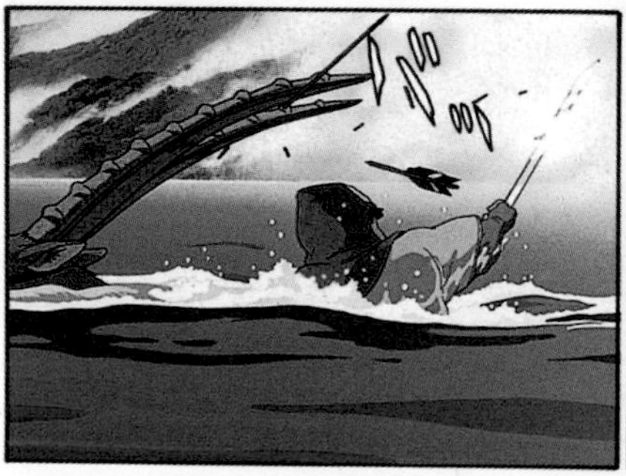

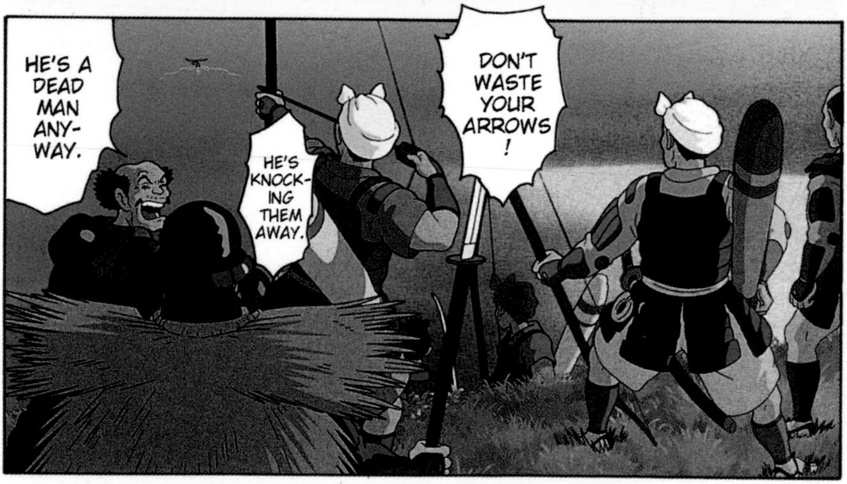
DON'T WASTE YOUR ARROWS!
HE'S KNOCKING THEM AWAY.
HE'S A DEAD MAN ANYWAY.

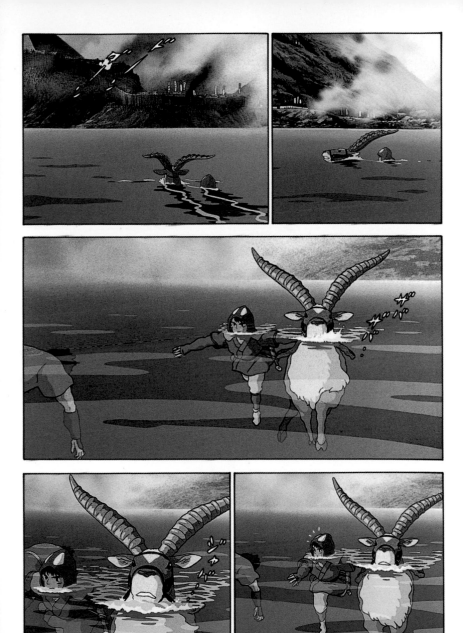

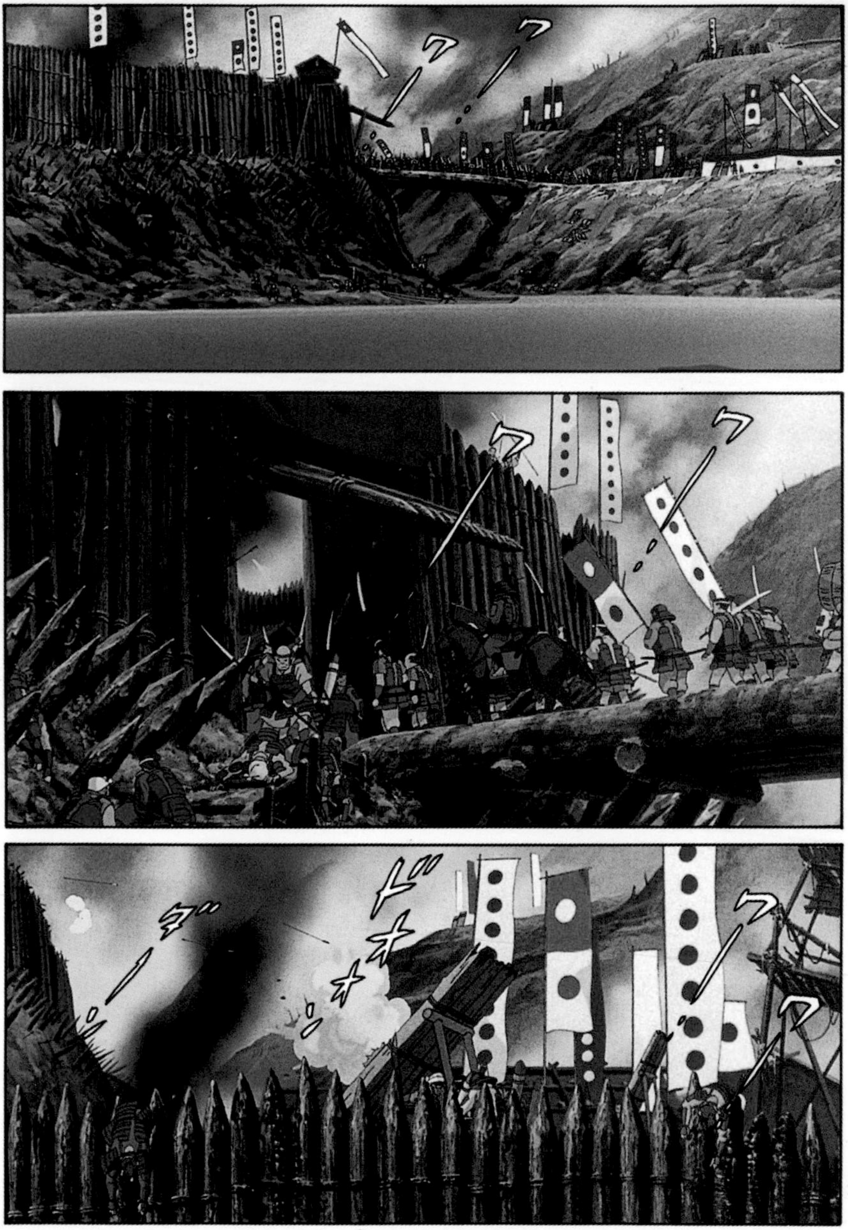
ワーッ
ワーッ
ワーッ
ワーッ
ワーッ
ワ
ドオオン
ダーン

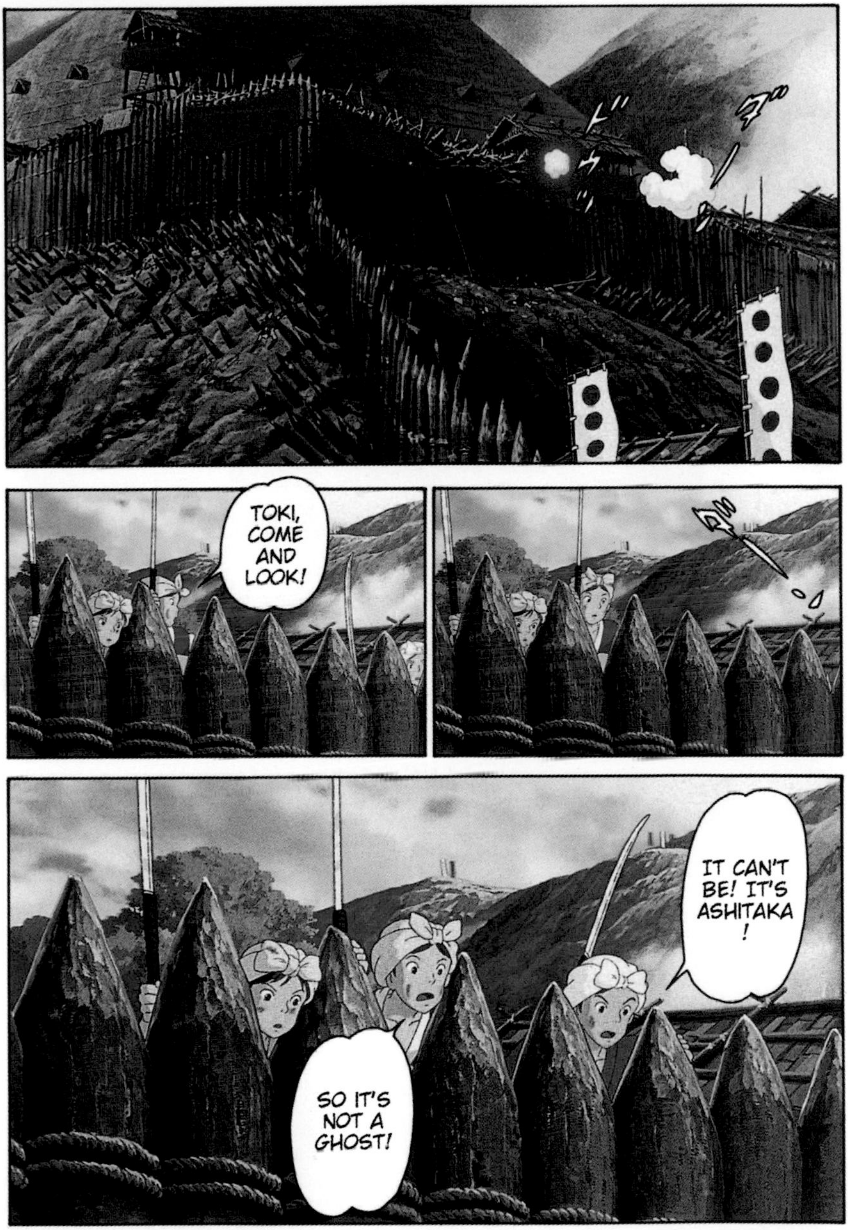
TOKI, COME AND LOOK!
IT CAN'T BE! IT'S ASHITAKA!
SO IT'S NOT A GHOST!

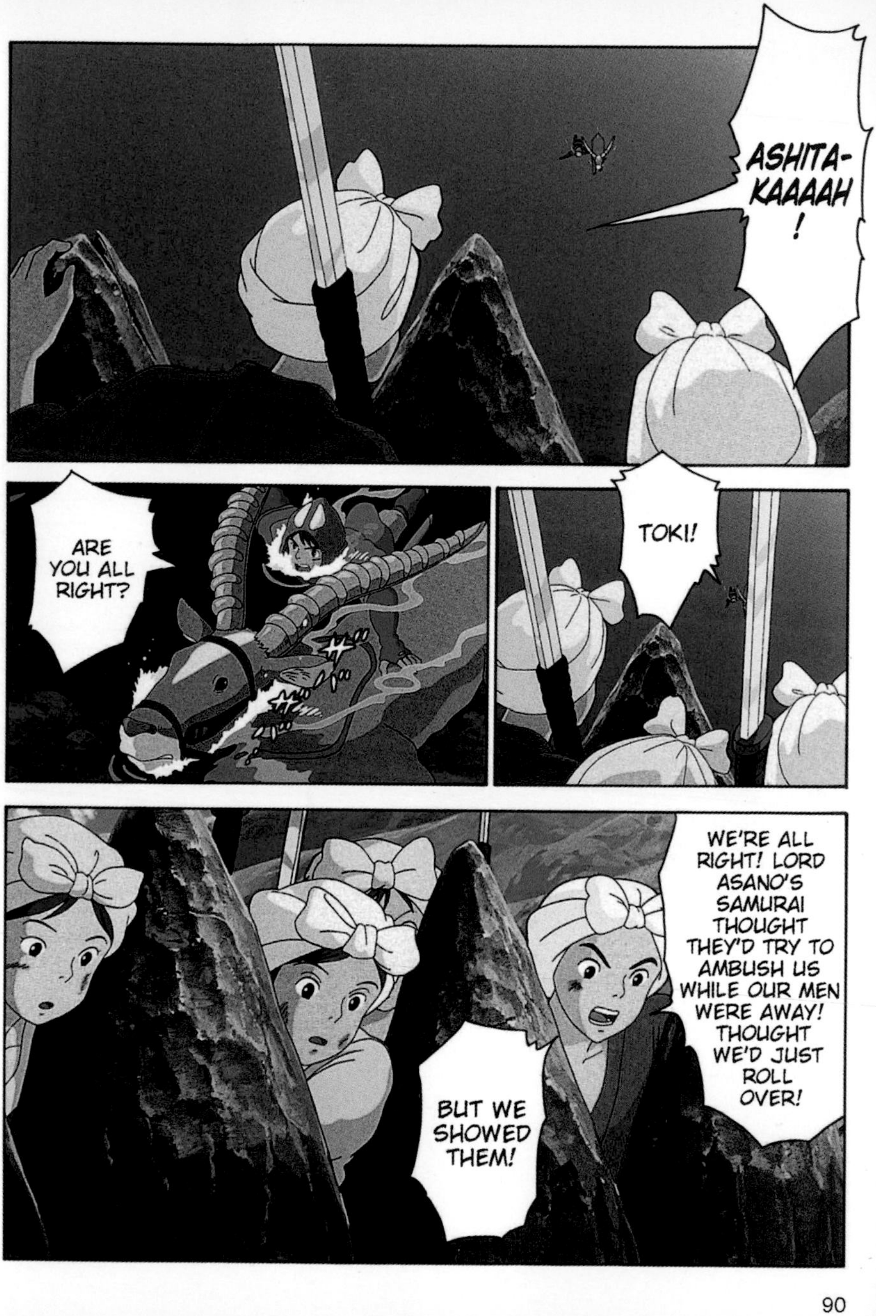
ASHITA-KAAAAH!
TOKI!
ARE YOU ALL RIGHT?
WE'RE ALL RIGHT! LORD ASANO'S SAMURAI THOUGHT THEY'D TRY TO AMBUSH US WHILE OUR MEN WERE AWAY! THOUGHT WE'D JUST ROLL OVER!
BUT WE SHOWED THEM!

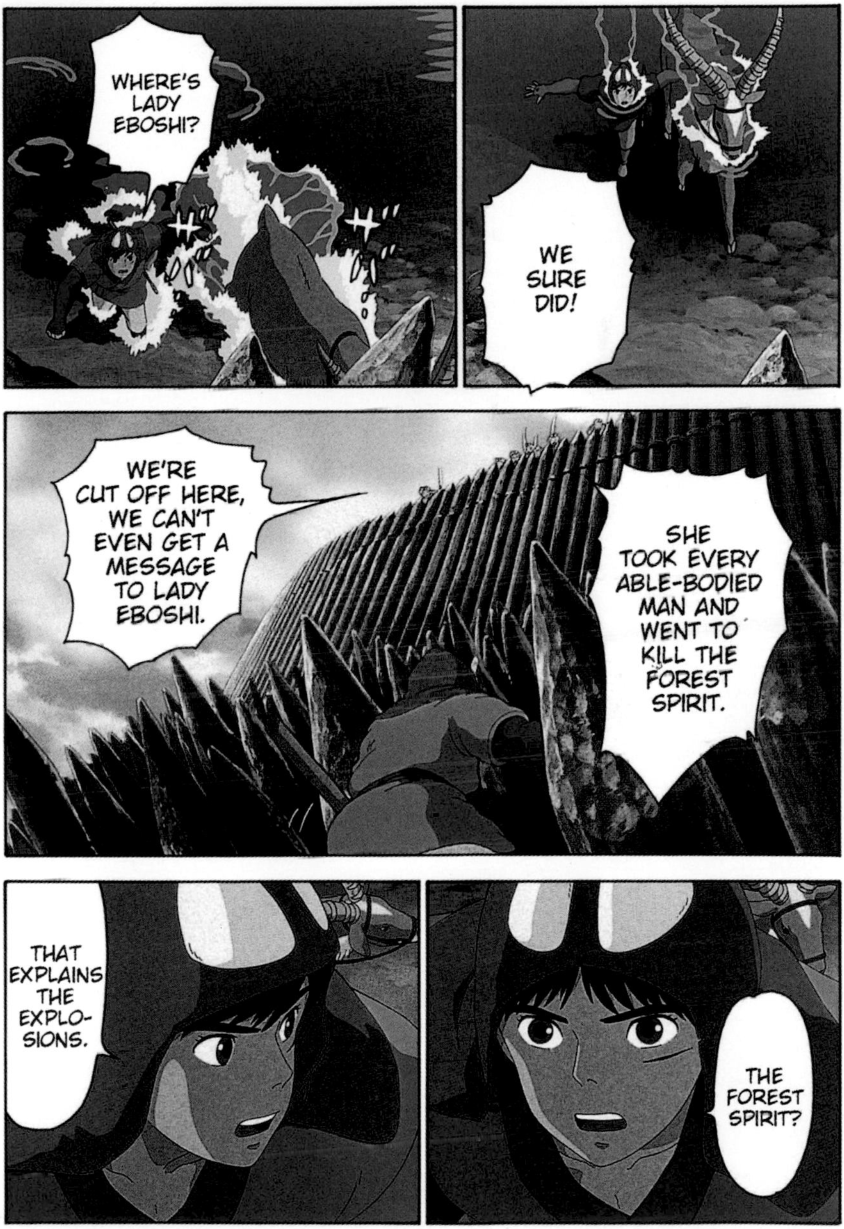
WE SURE DID!
WHERE'S LADY EBOSHI?
SHE TOOK EVERY ABLE-BODIED MAN AND WENT TO KILL THE FOREST SPIRIT.
WE'RE CUT OFF HERE, WE CAN'T EVEN GET A MESSAGE TO LADY EBOSHI.
THE FOREST SPIRIT?
THAT EXPLAINS THE EXPLO-SIONS.

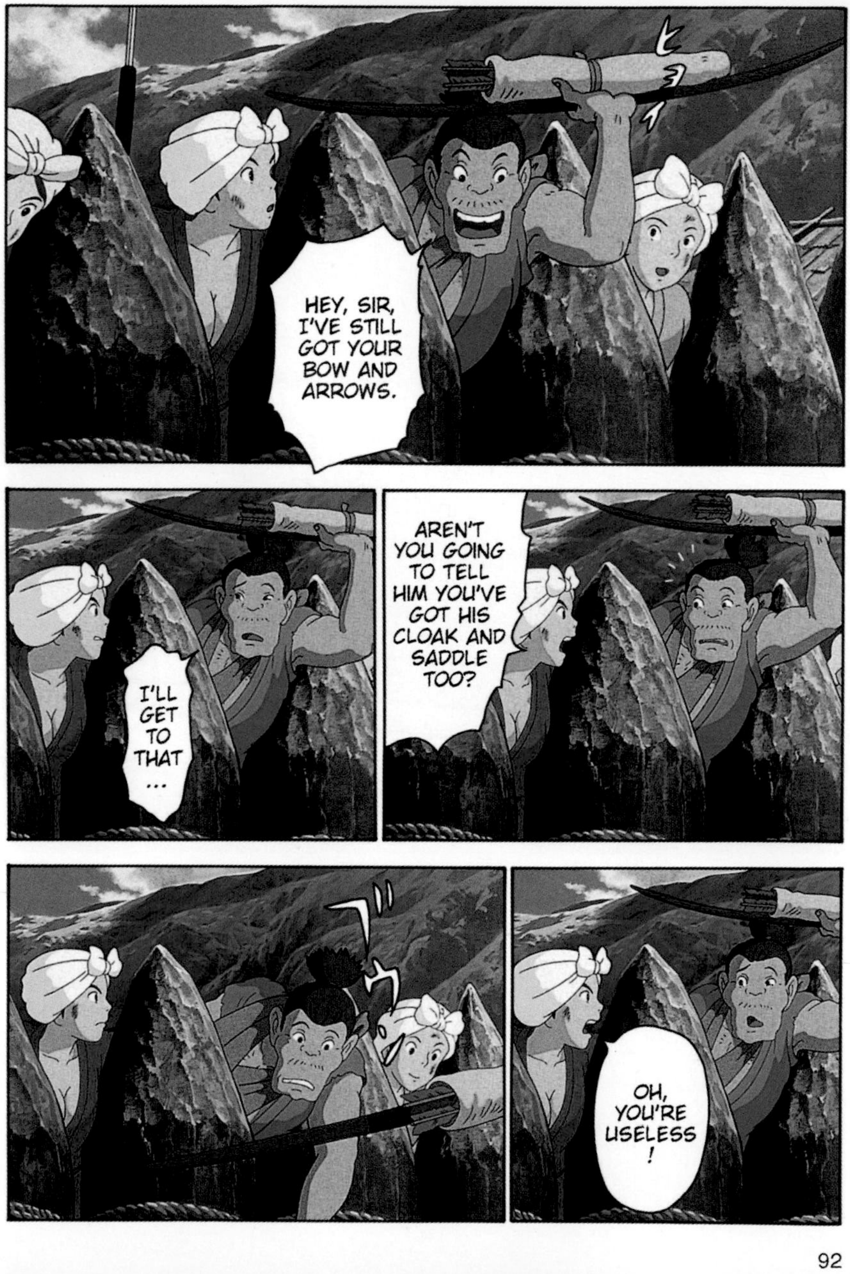
HEY, SIR, I'VE STILL GOT YOUR BOW AND ARROWS.
AREN'T YOU GOING TO TELL HIM YOU'VE GOT HIS CLOAK AND SADDLE TOO?
I'LL GET TO THAT ...
OH, YOU'RE USELESS !

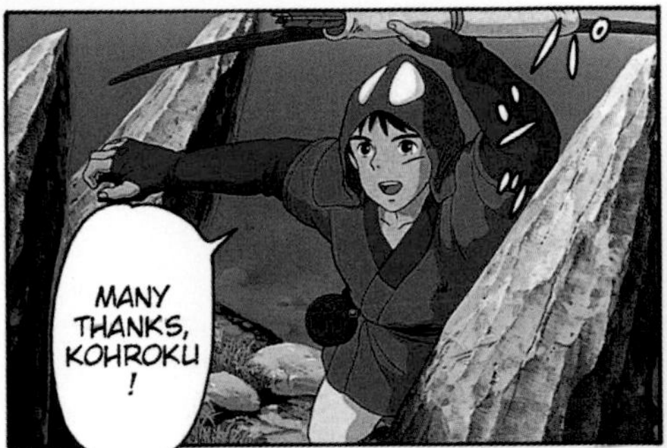
MANY THANKS, KOHROKU!
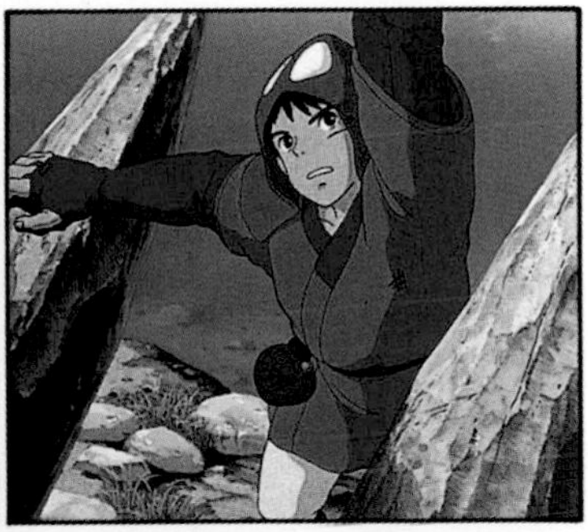
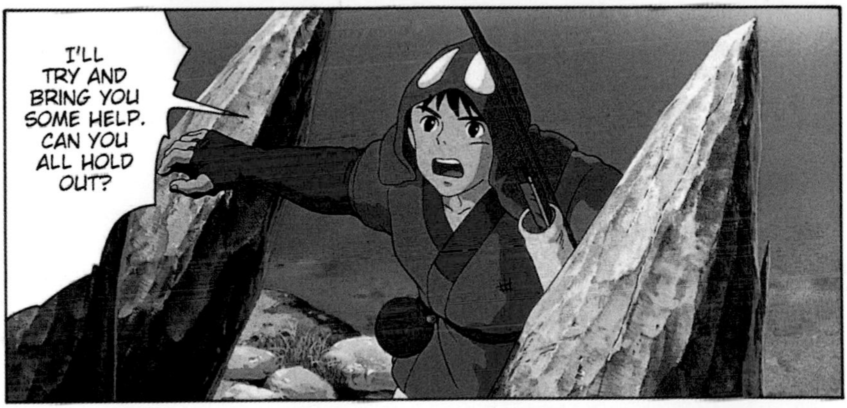
I'LL TRY AND BRING YOU SOME HELP. CAN YOU ALL HOLD OUT?
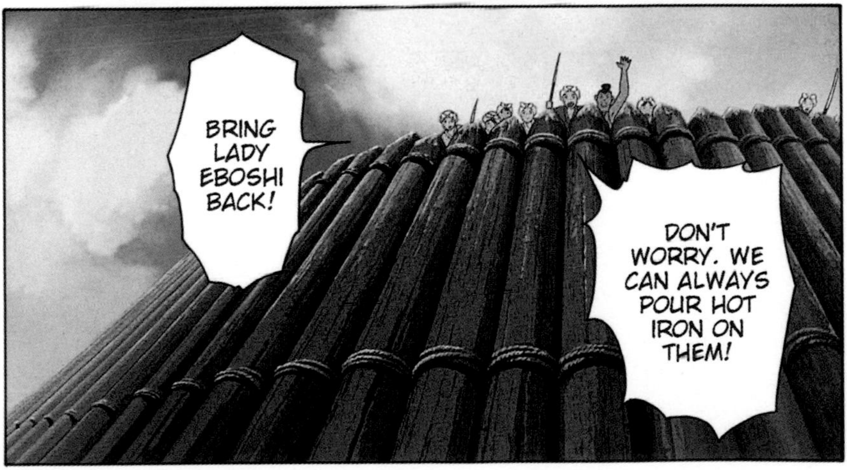
BRING LADY EBOSHI BACK!
DON'T WORRY. WE CAN ALWAYS POUR HOT IRON ON THEM!

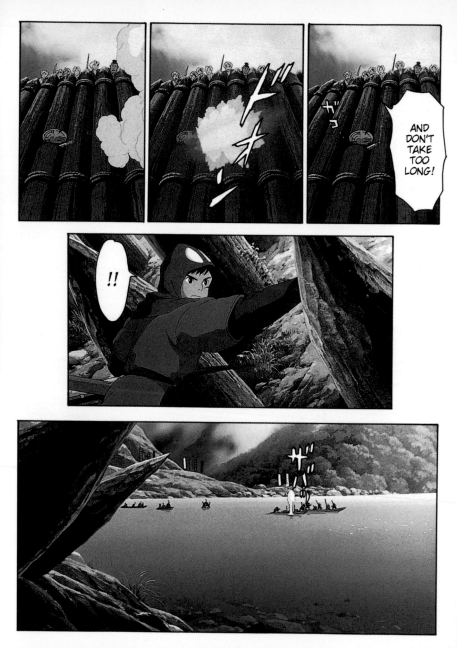

AND
DON'T
TAKE
TOO
LONG!

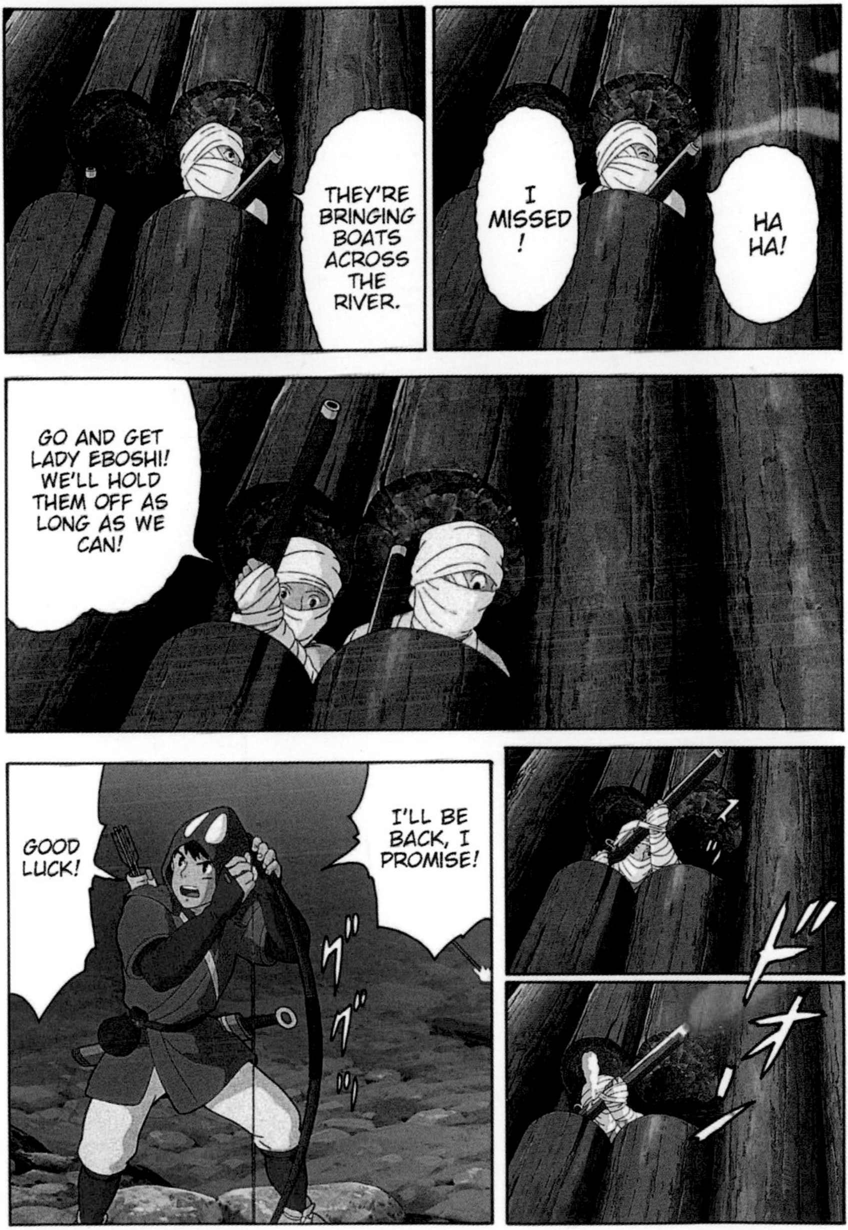
THEY'RE BRINGING BOATS ACROSS THE RIVER.
I MISSED!
HA HA!
GO AND GET LADY EBOSHI! WE'LL HOLD THEM OFF AS LONG AS WE CAN!
GOOD LUCK!
I'LL BE BACK, I PROMISE!

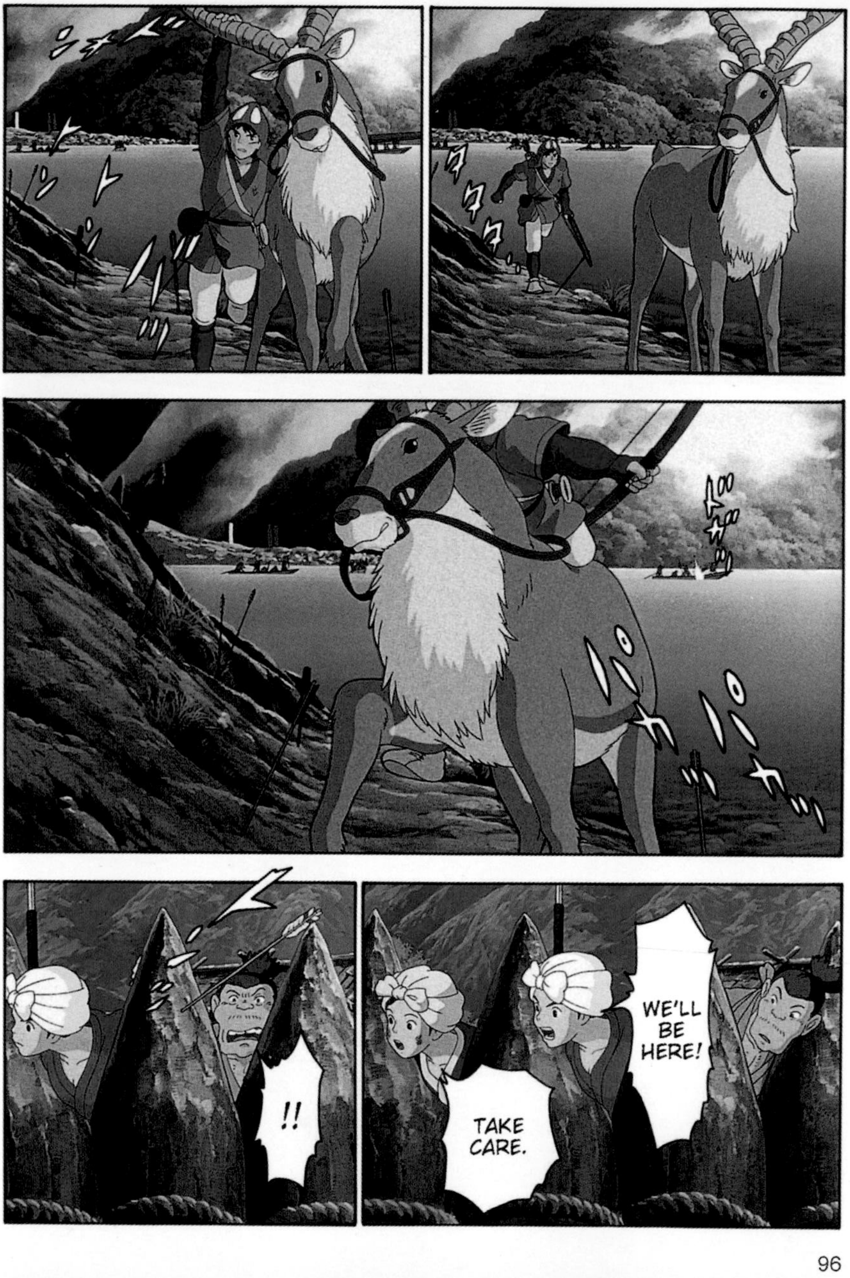
WE'LL BE HERE!
TAKE CARE.
!!

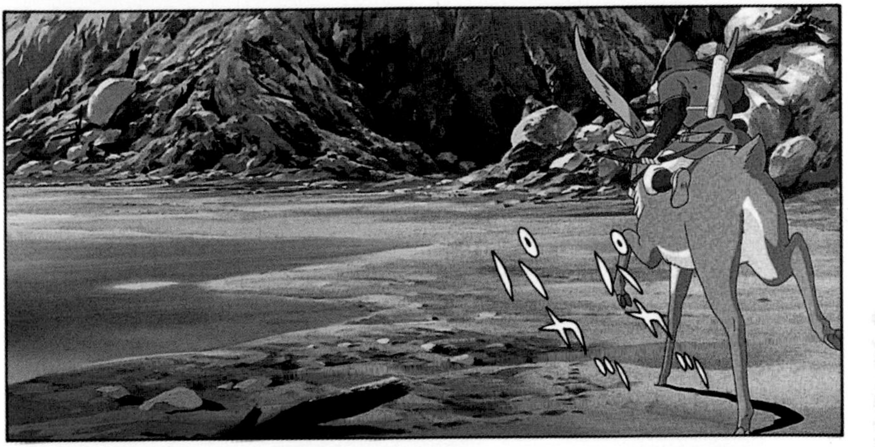

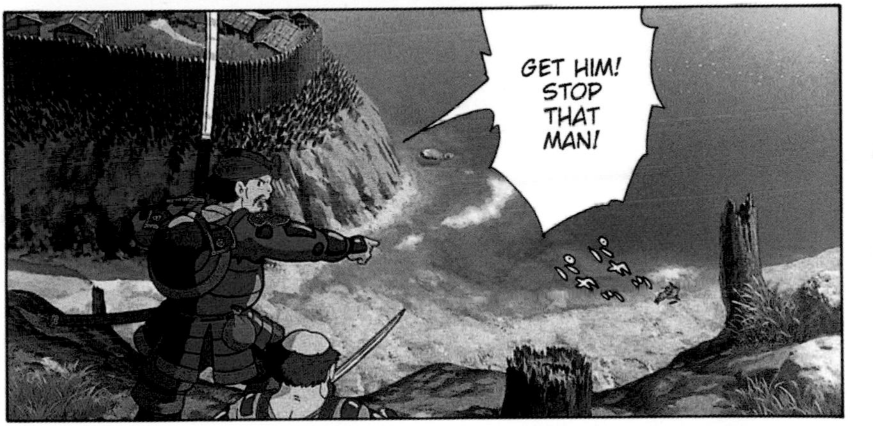
GET HIM! STOP THAT MAN!

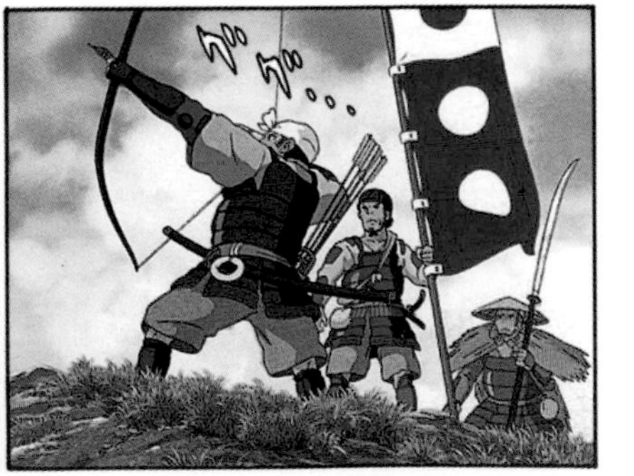

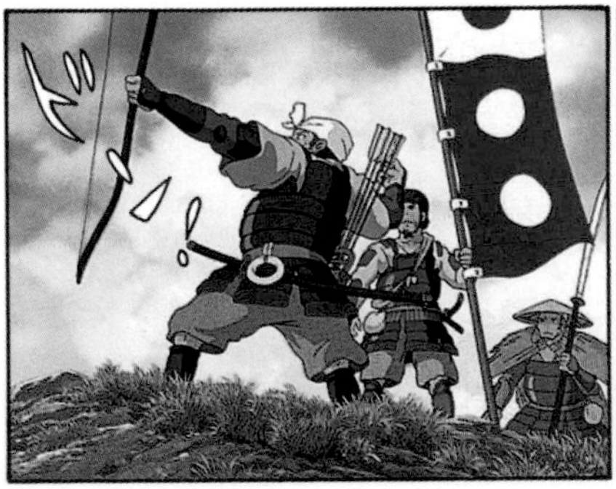

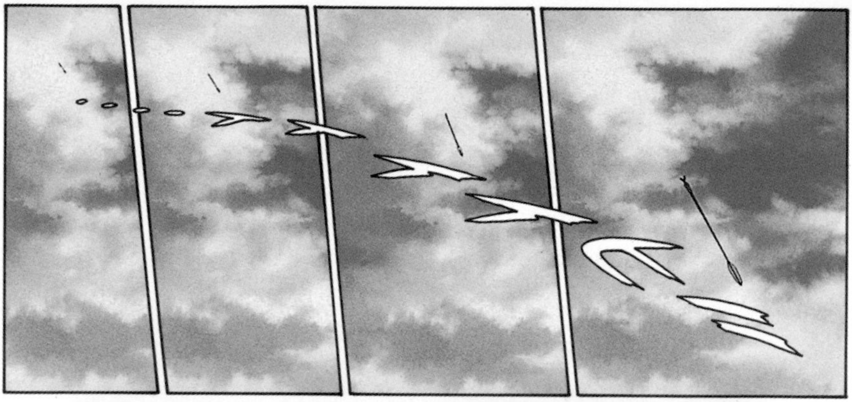

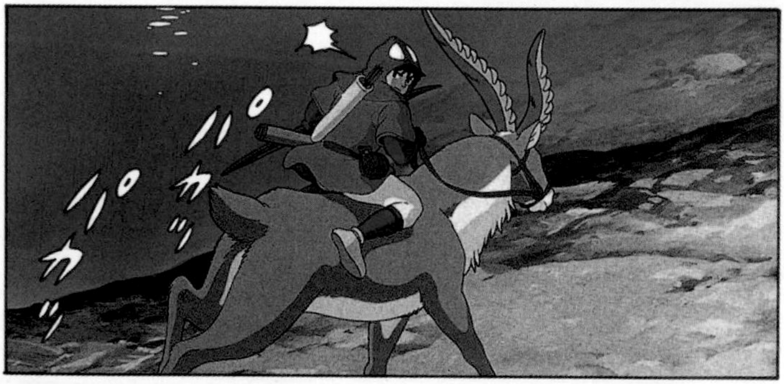
パカッ
パカッ

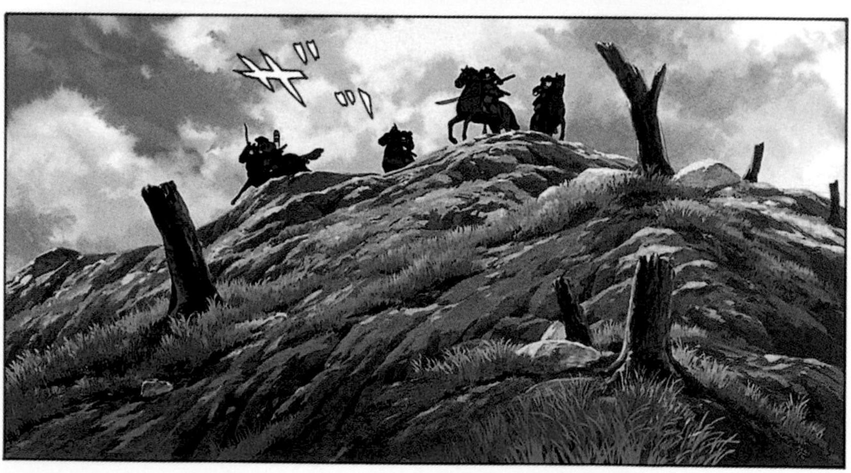
ザッ

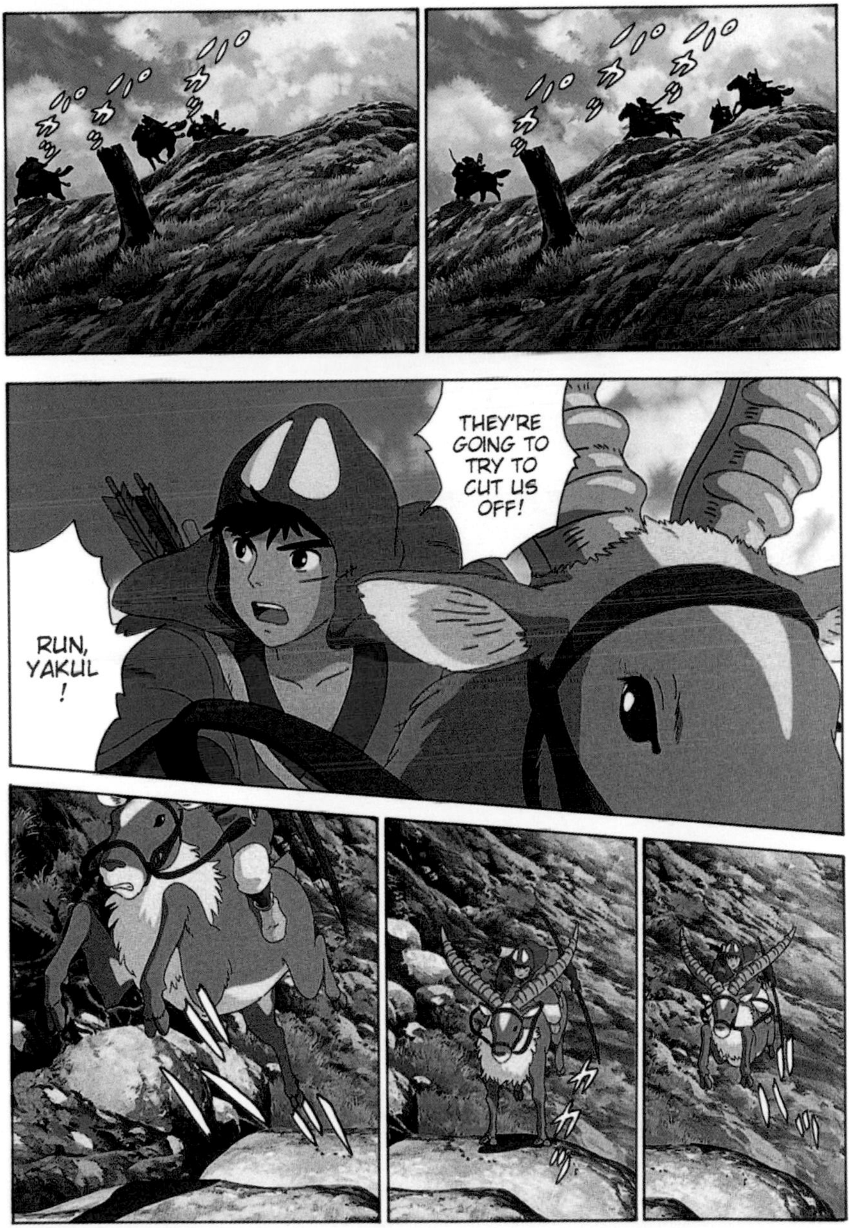
THEY'RE GOING TO TRY TO CUT US OFF!
RUN, YAKUL!

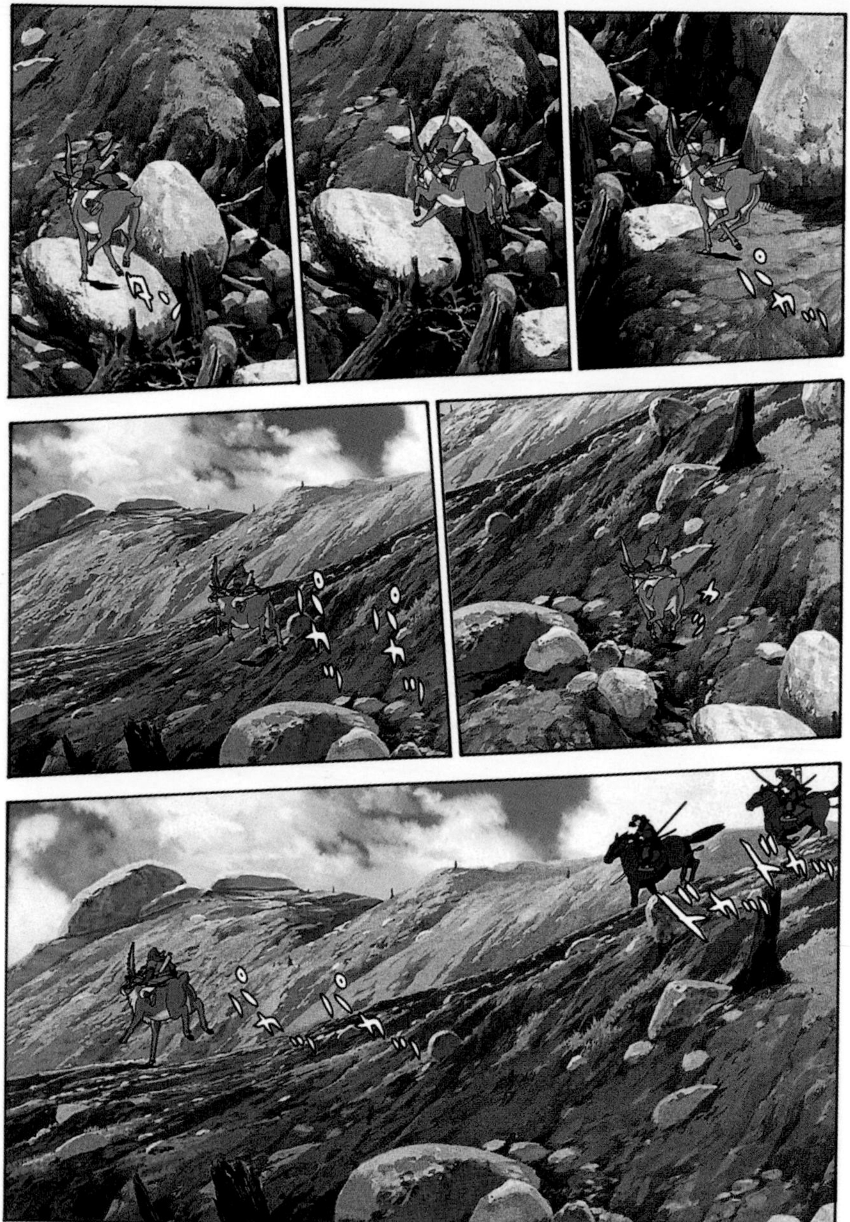

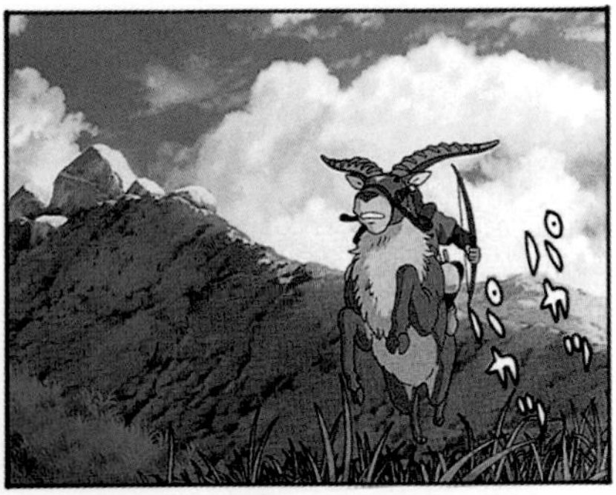
パカッ
パカッ
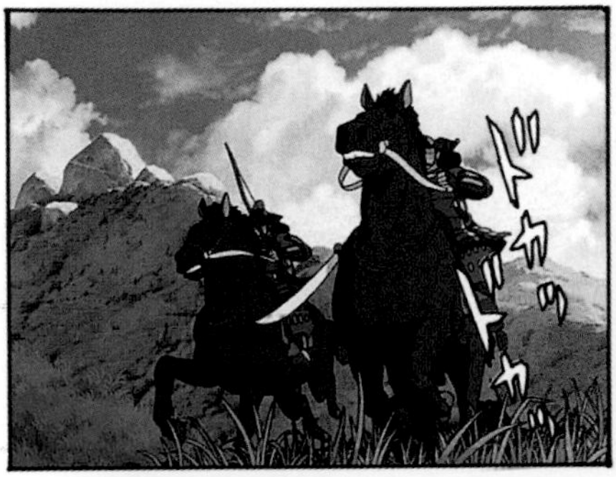
ドカッ
ドカッ
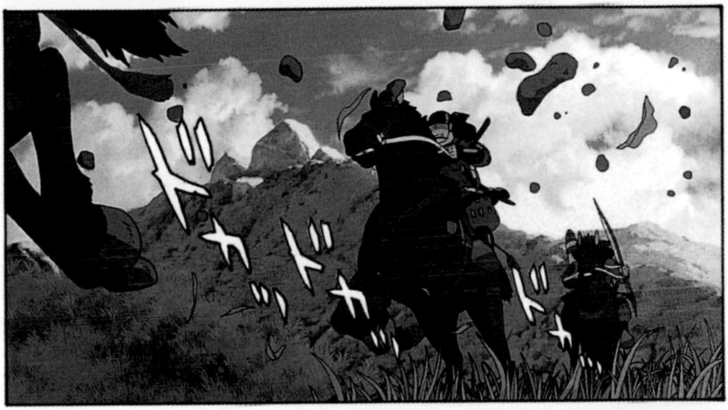
ドカッ
ドカッ
ドカッ
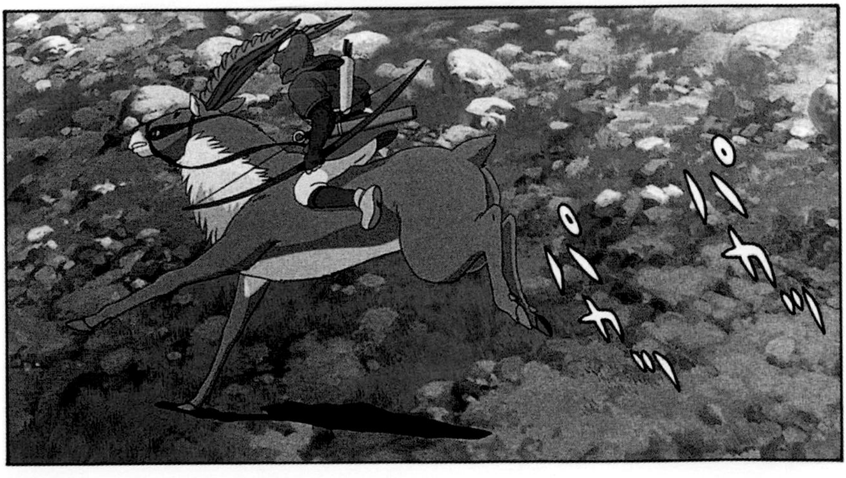
パカッ
パカッ

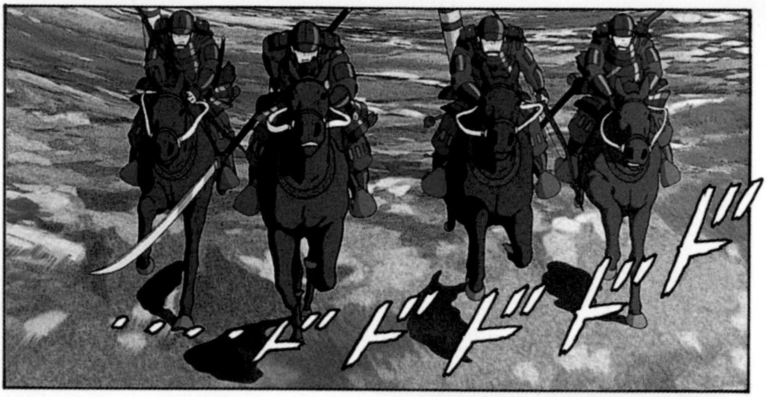
・・・・・ドドドドドド
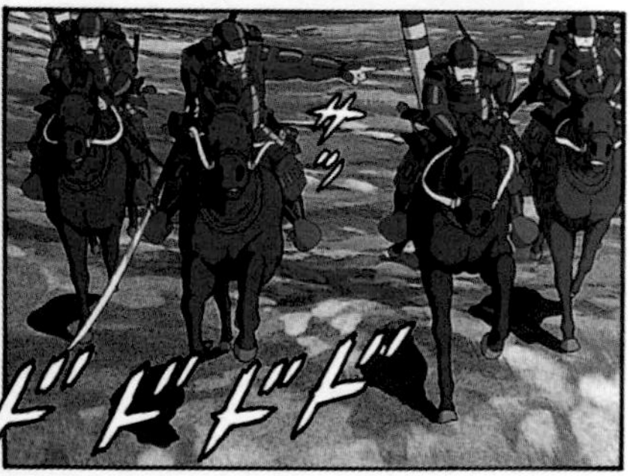
ザッ
ドドドドド
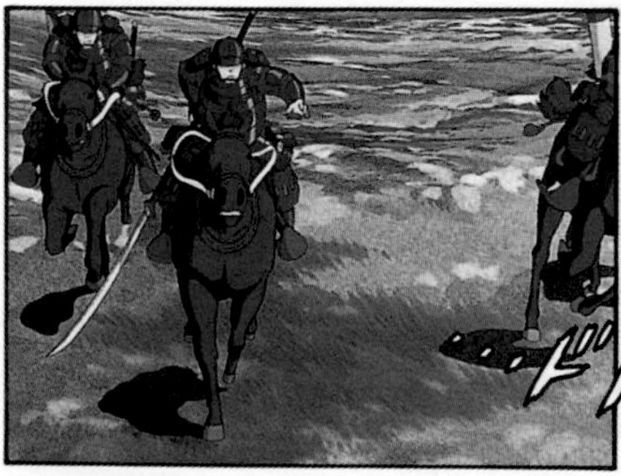
・・・ドド
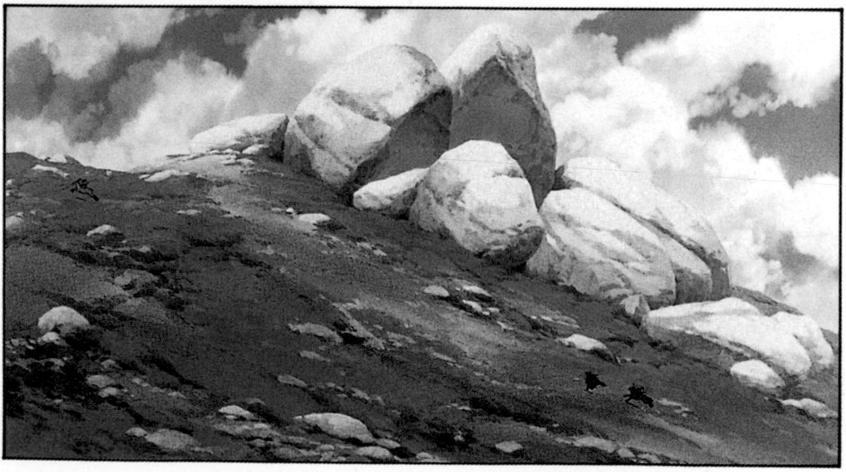

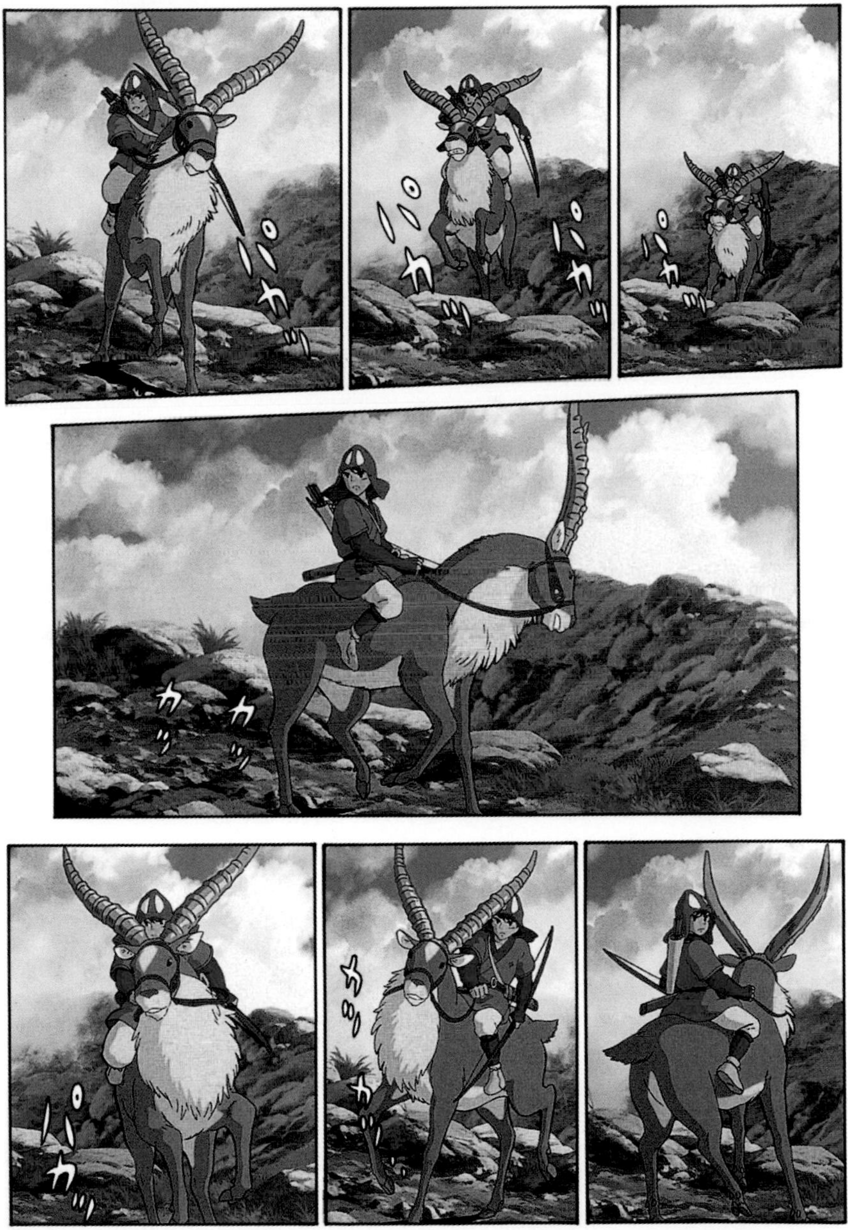
パカッ
パカッ
パカッ
パカッ
パカッ
カッ
カッ
カッ
カッ
パカッ

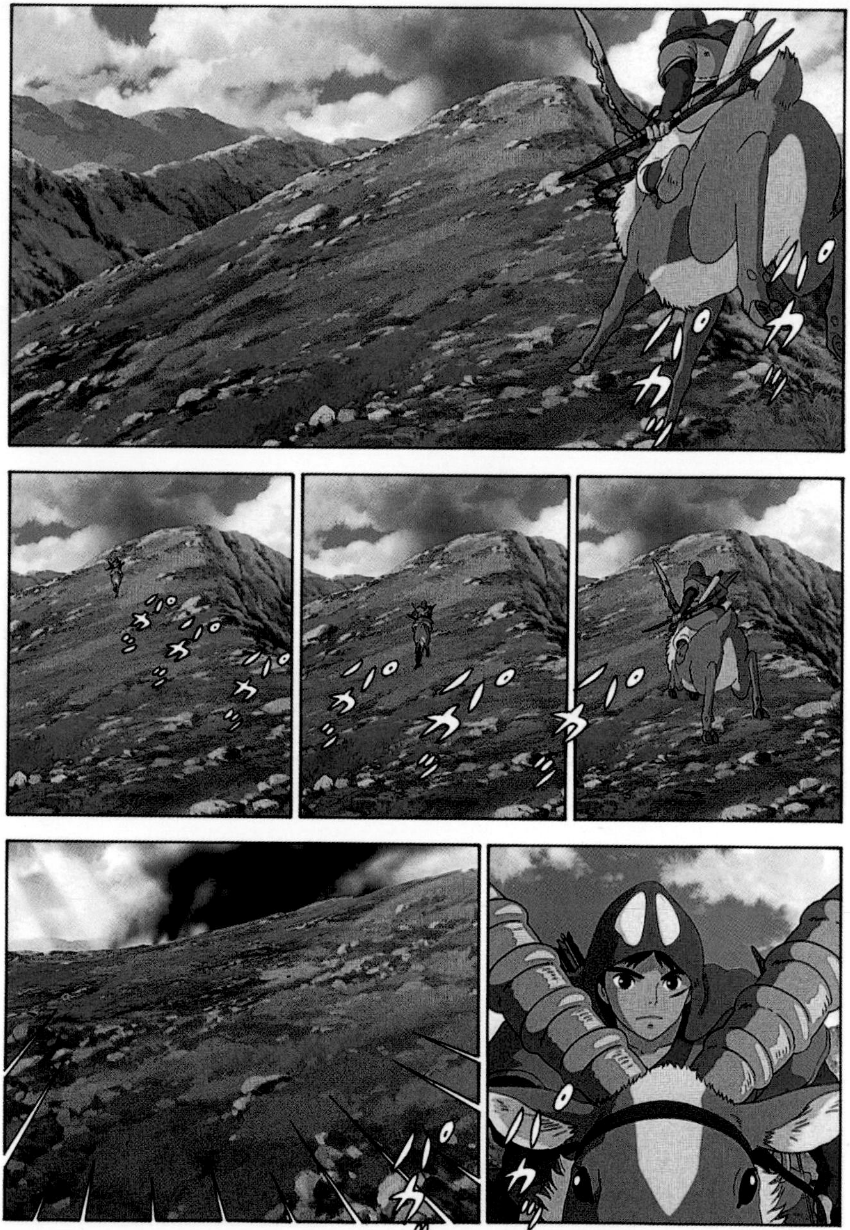
パカッ
パカッ
パカッ
パカッ
パカッ
パカッ
パカッ
パカッ
パカッ
パカッ

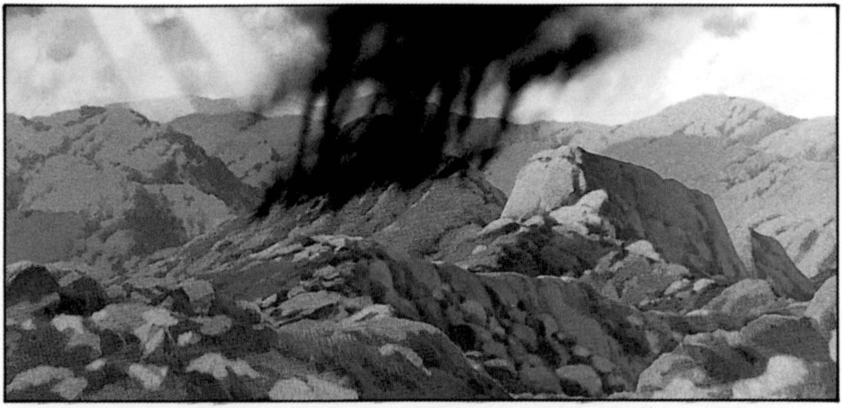
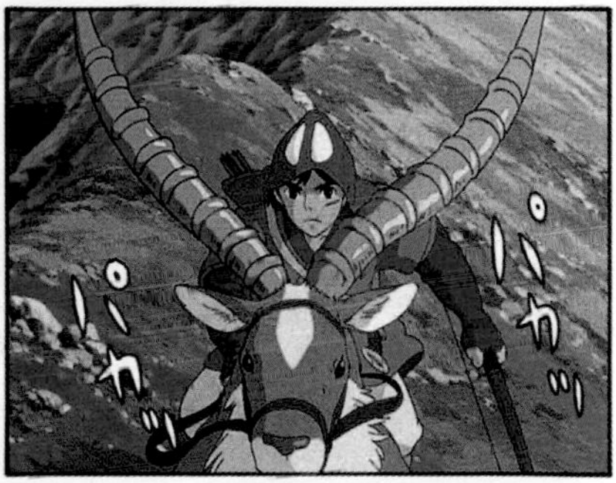
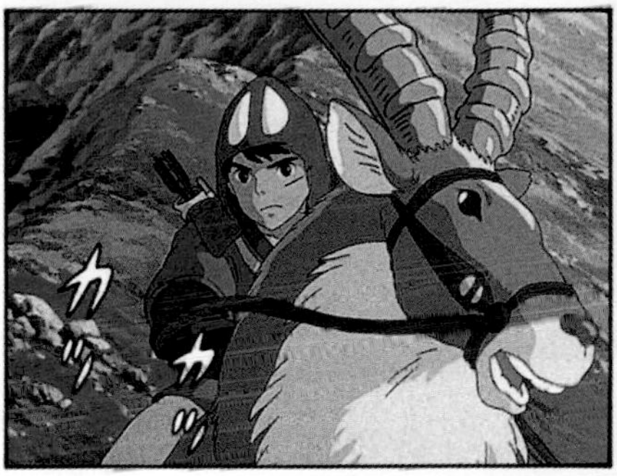
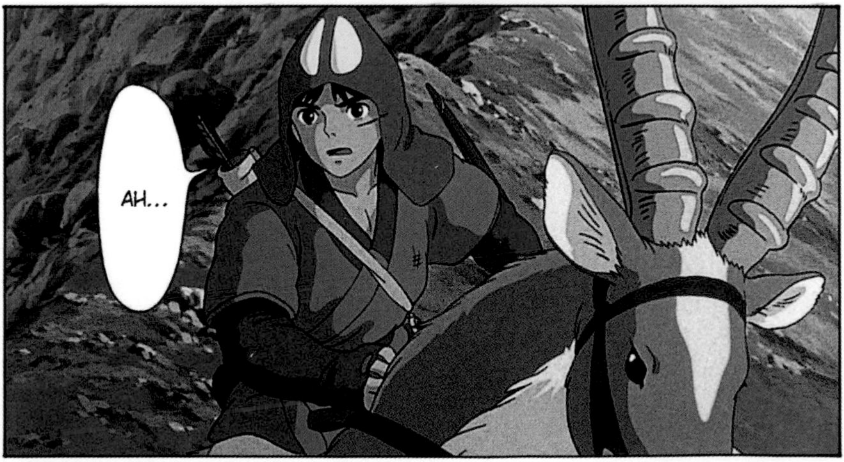
AH...

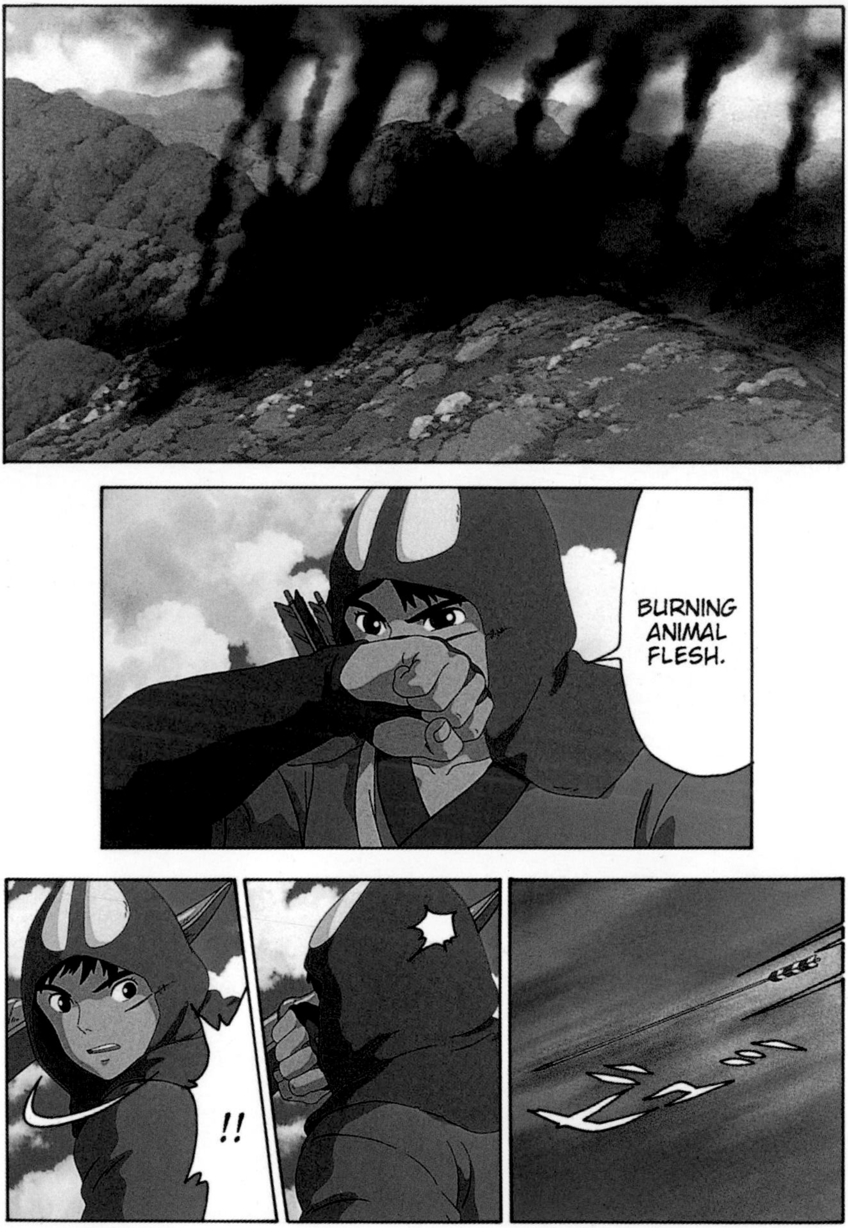
BURNING ANIMAL FLESH.
!!

ドッ
ドッ

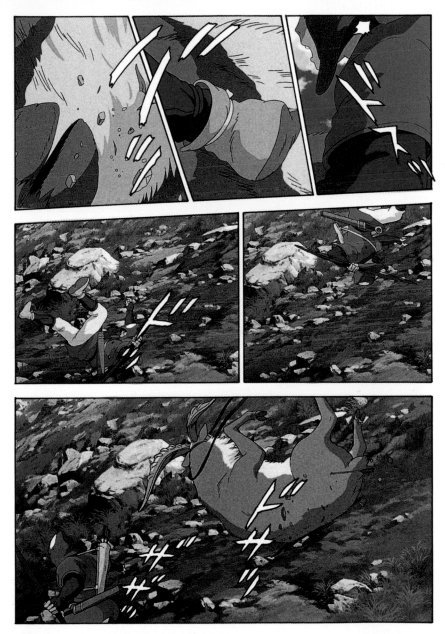

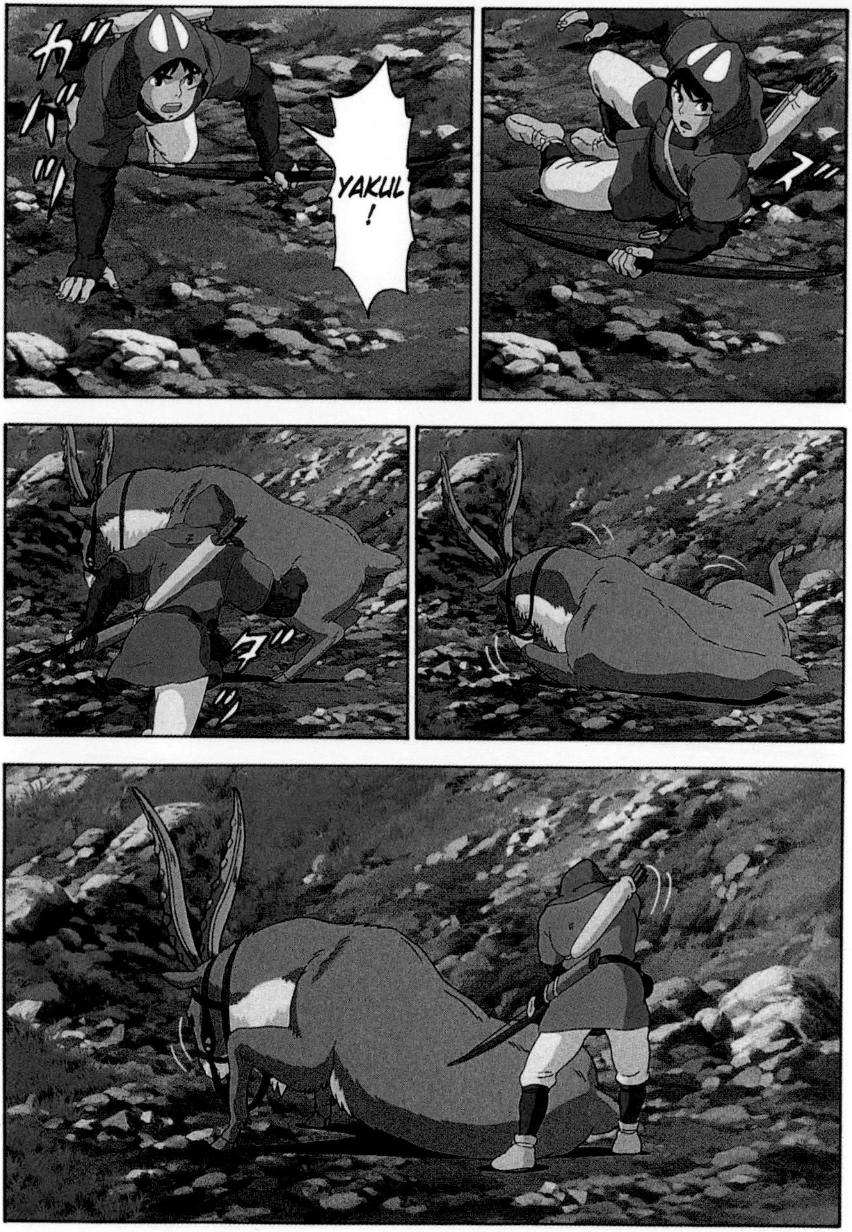
YAKUL!

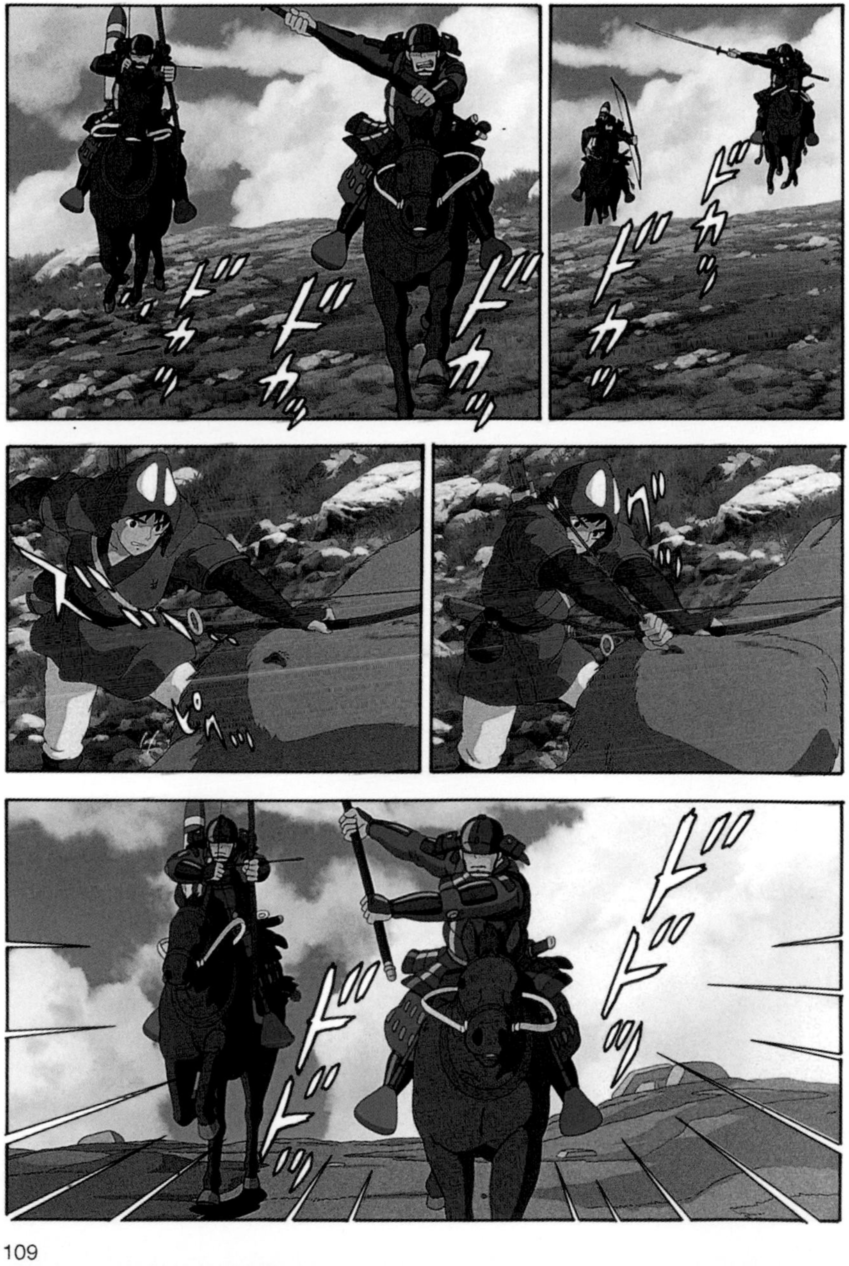

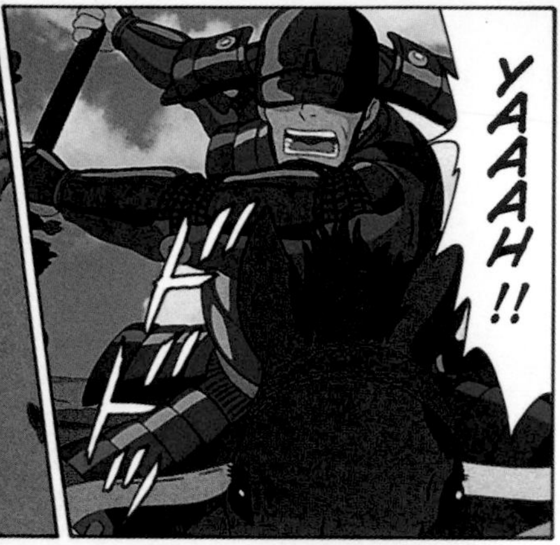
YAAAH!!
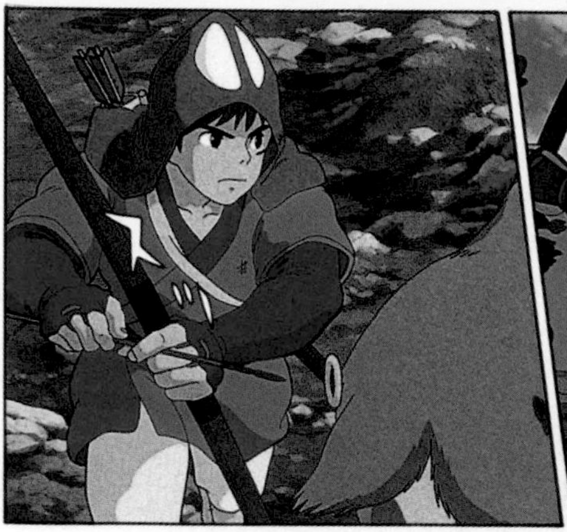
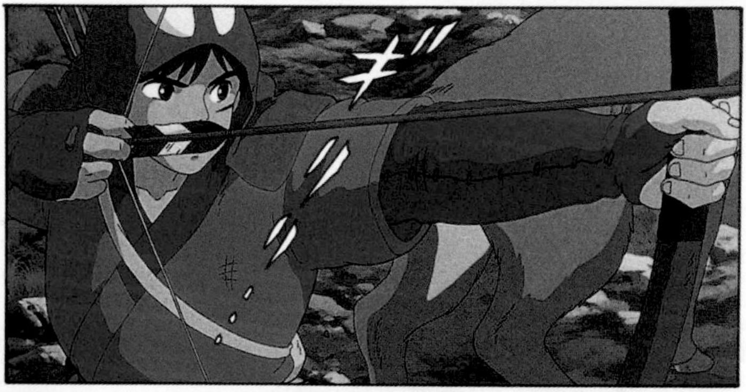
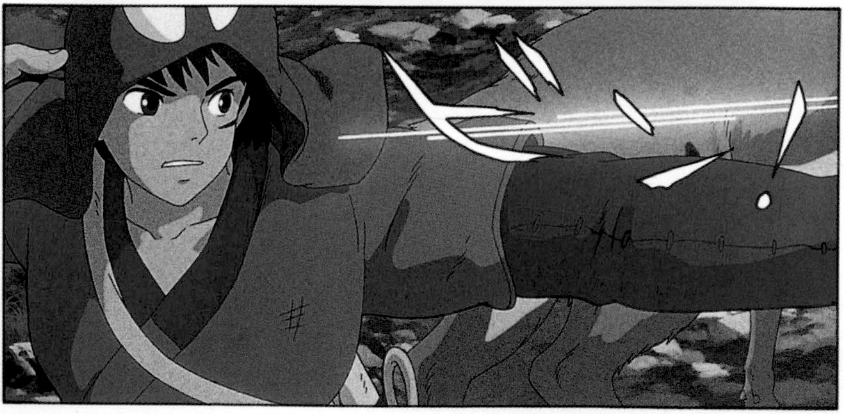

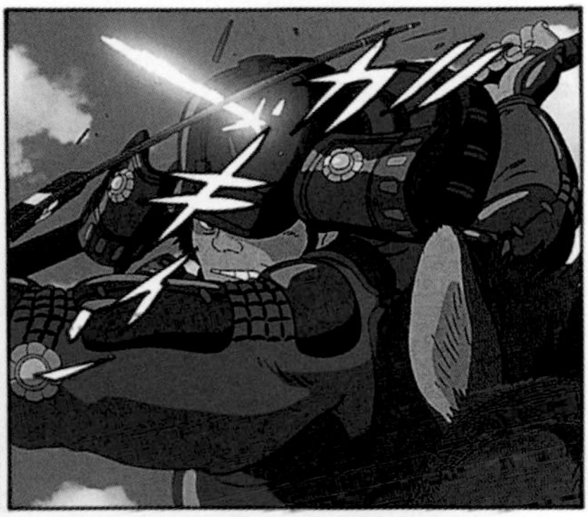
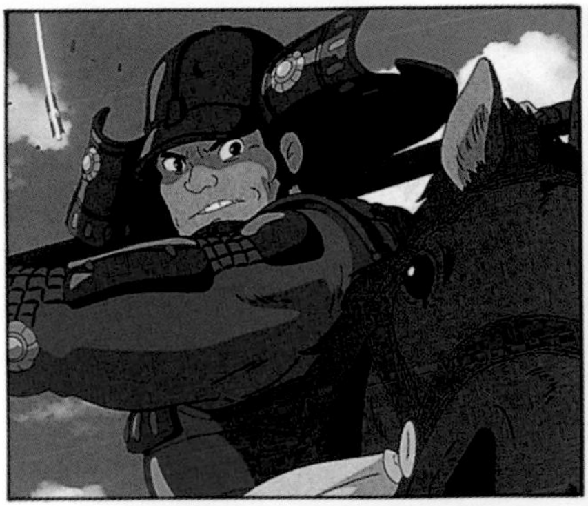
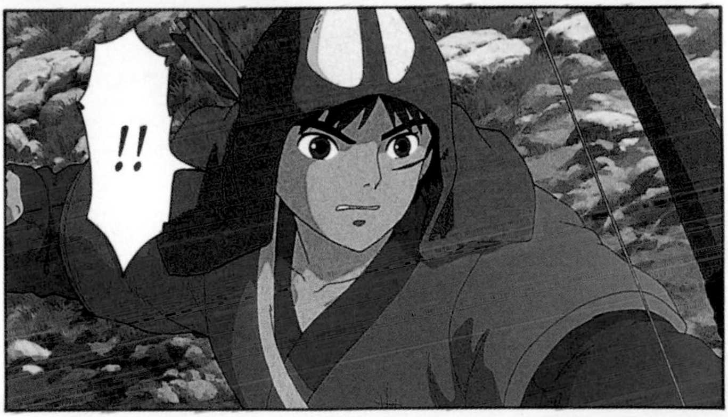
!!
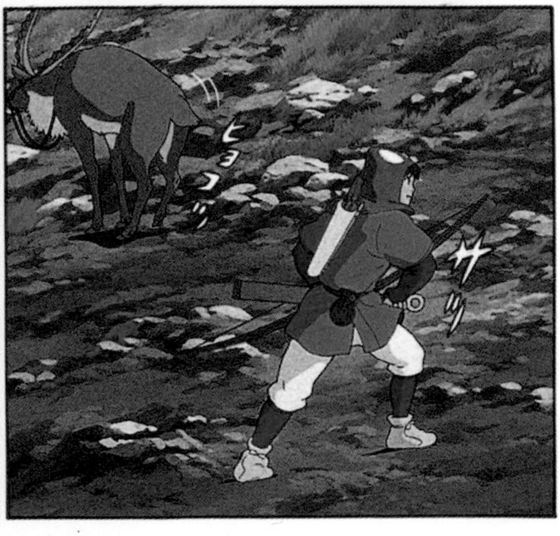
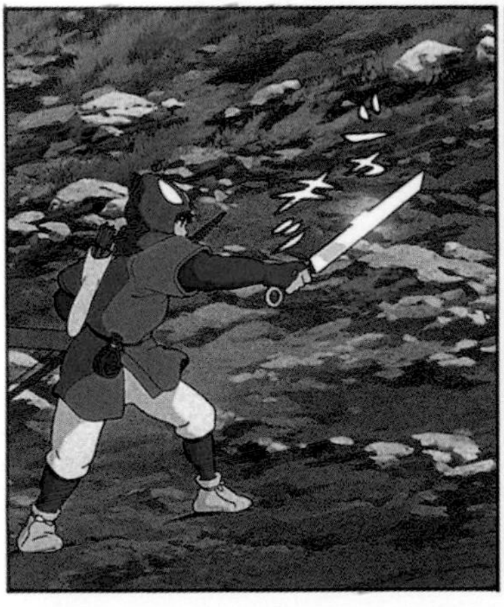

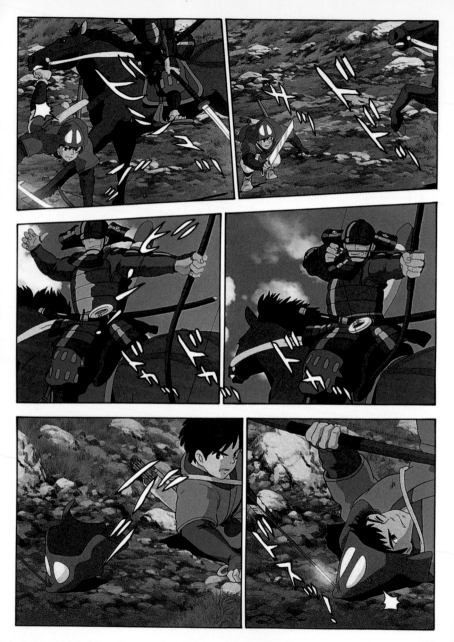

112

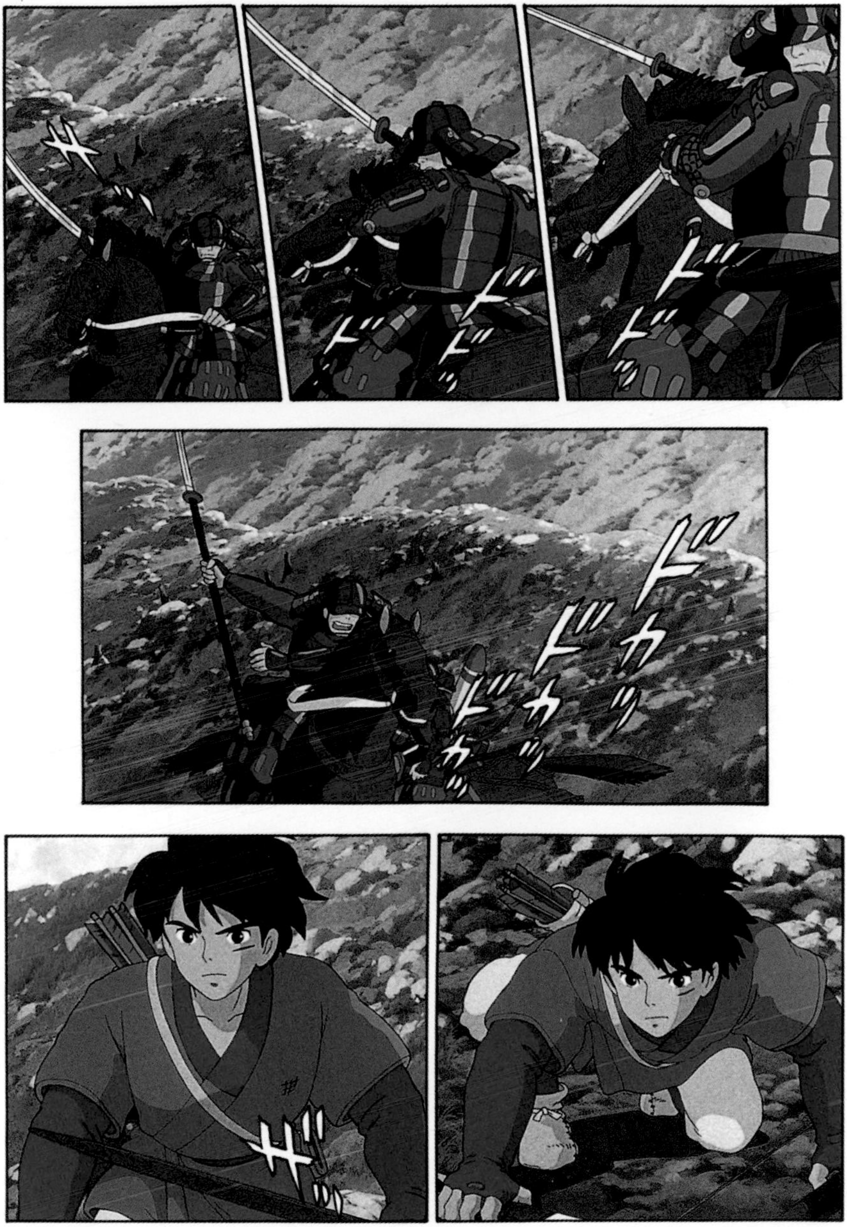
ドドドッ
ドドドッ
ザッ
ドカッ
ドカッ
ドカッ
ザッ

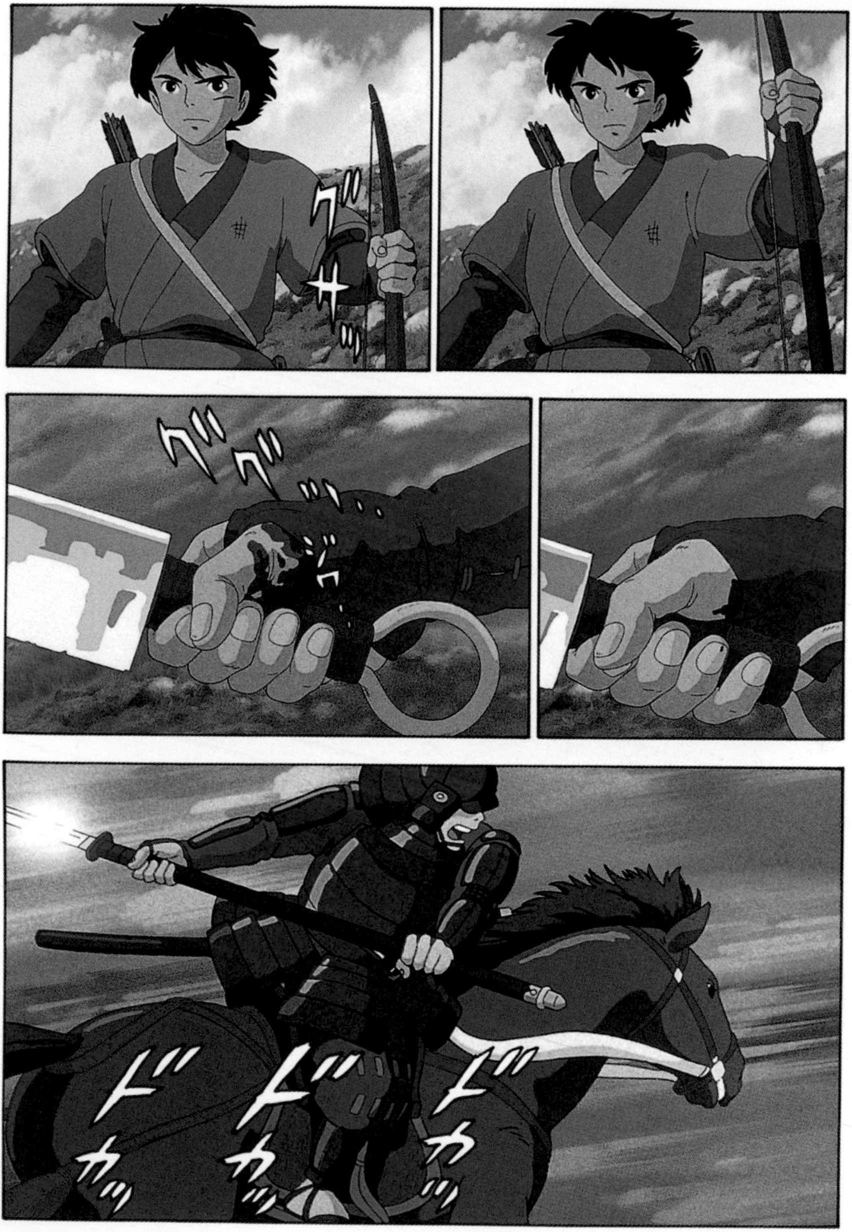
ドカッ
ドカッ
ドカッ

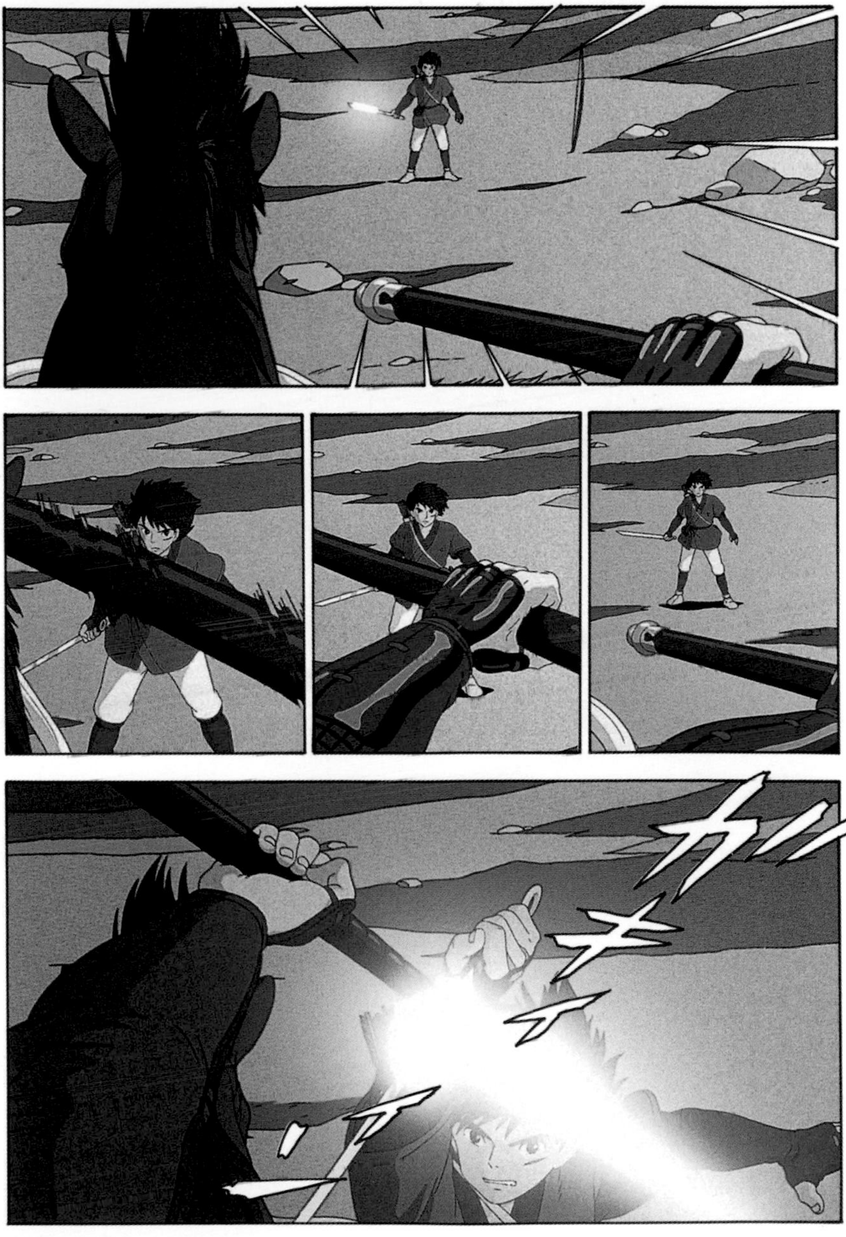
カキィィー

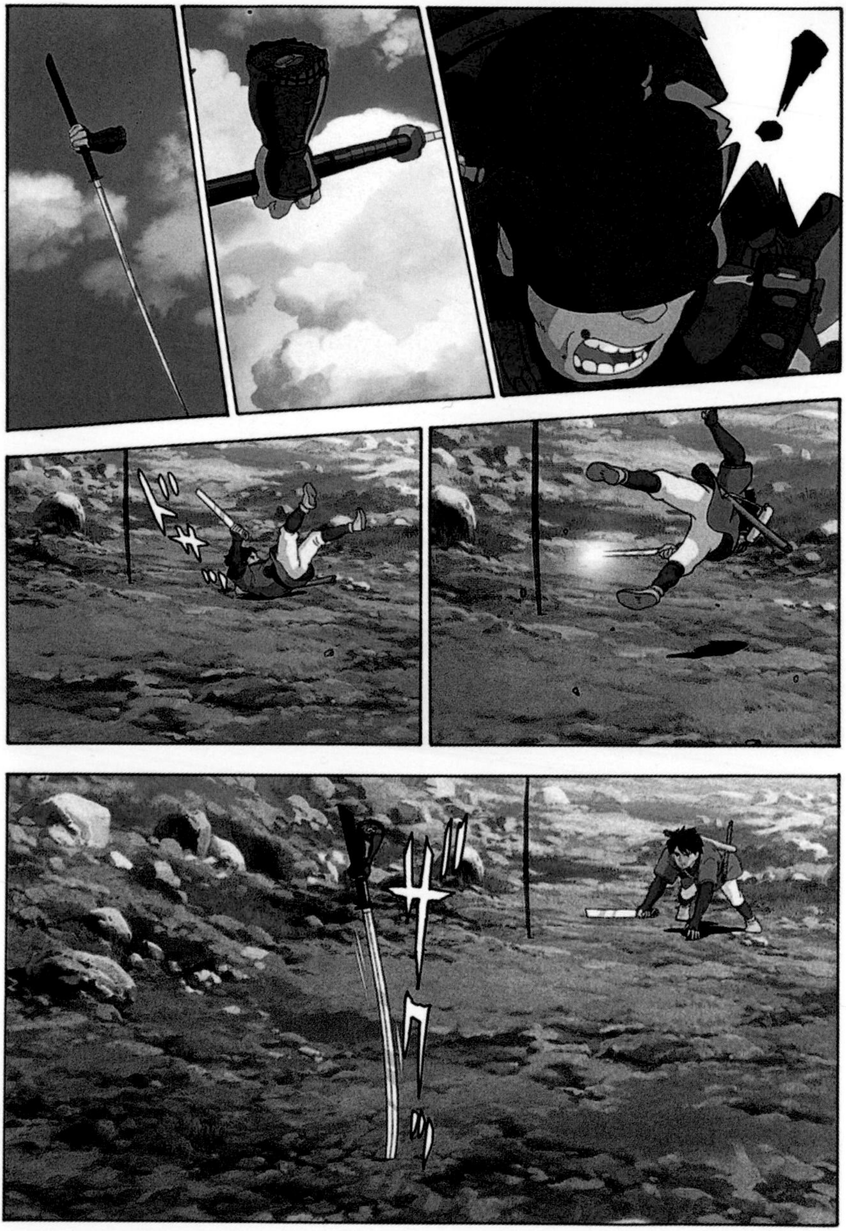

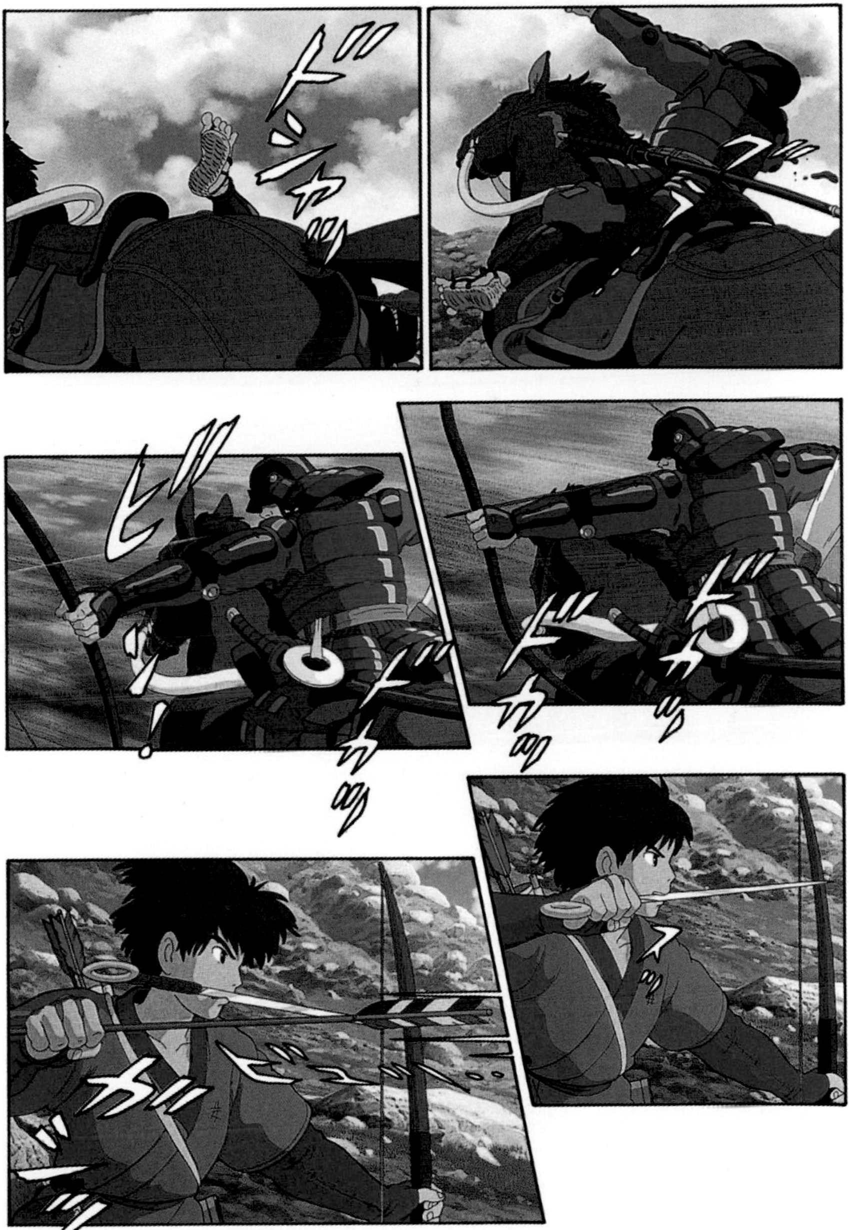

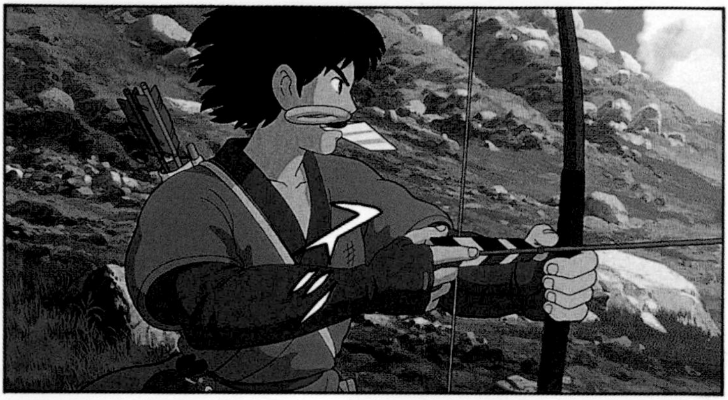
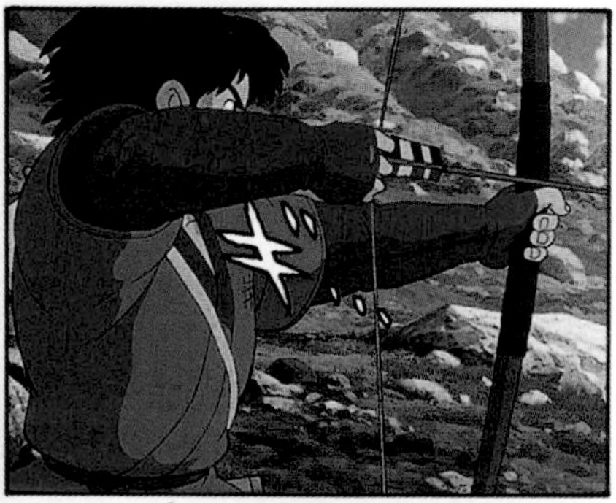
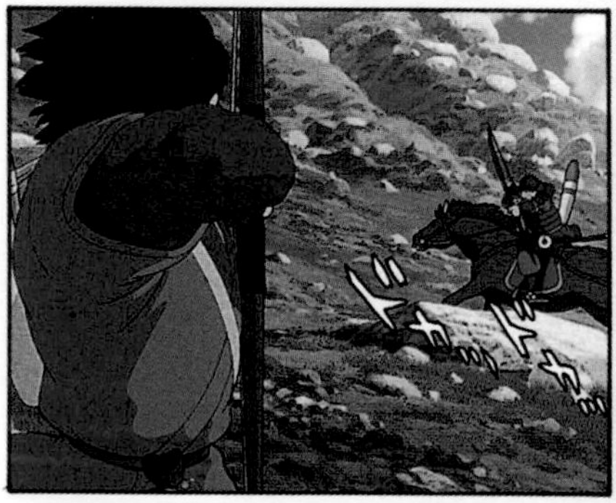
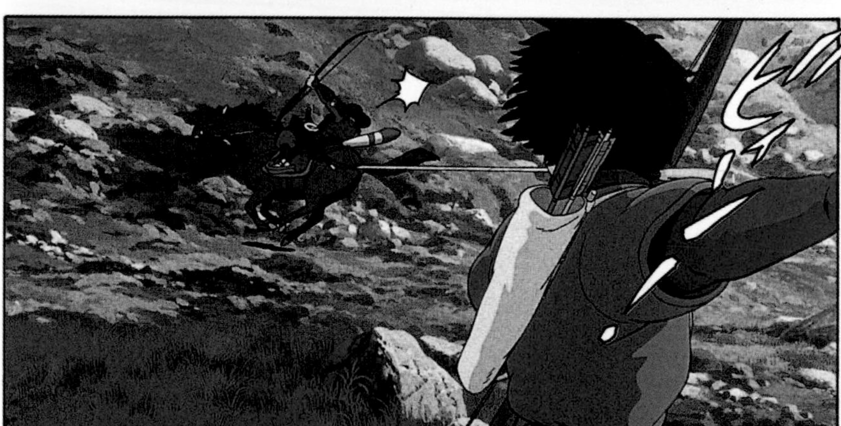

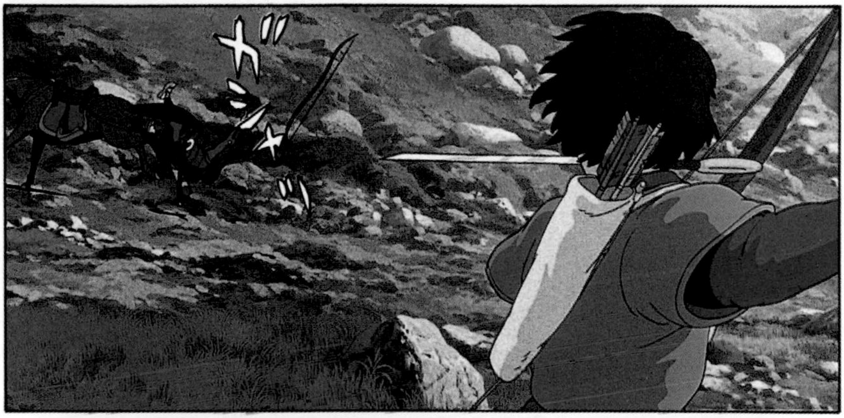
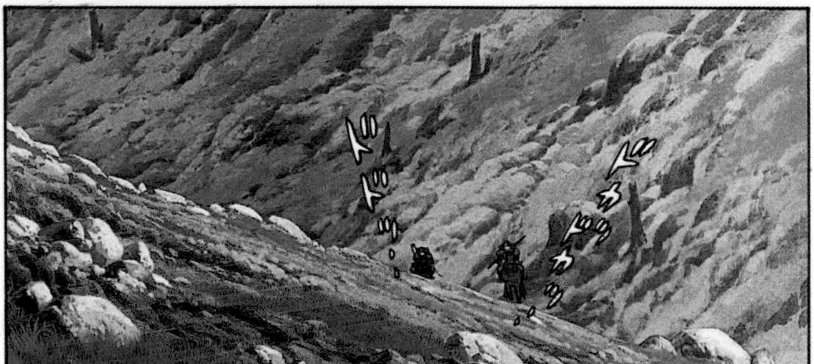
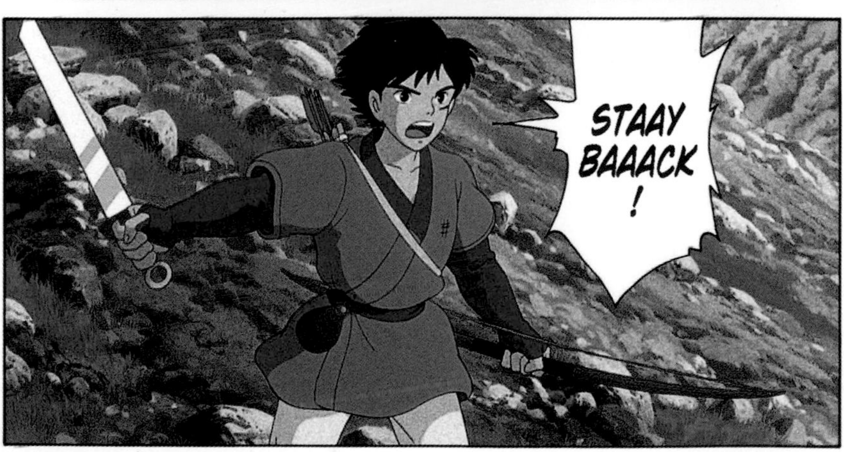
STAAY BAAACK!

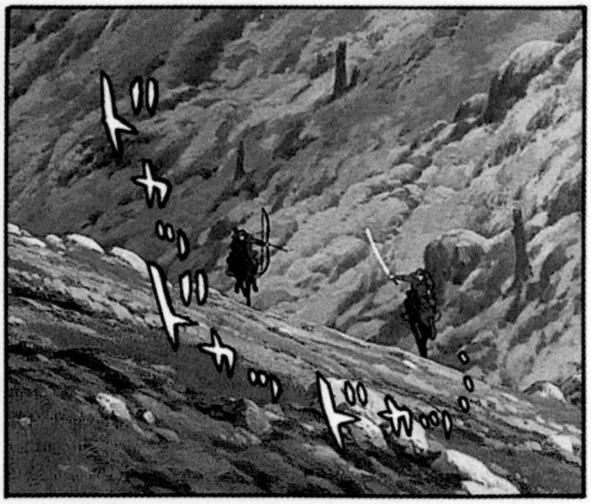
ドッカッドッカッドッカッ
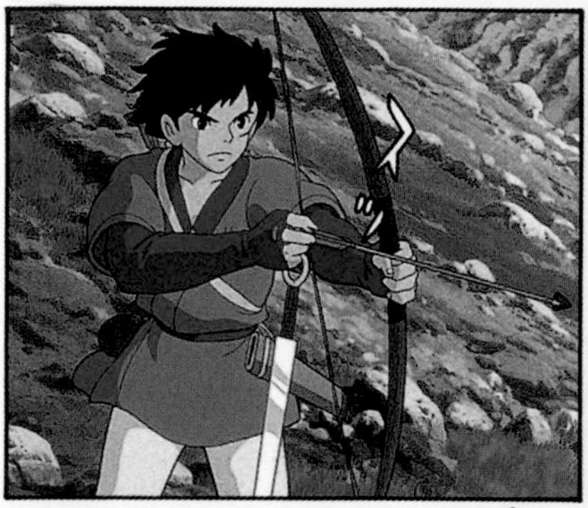
スッ
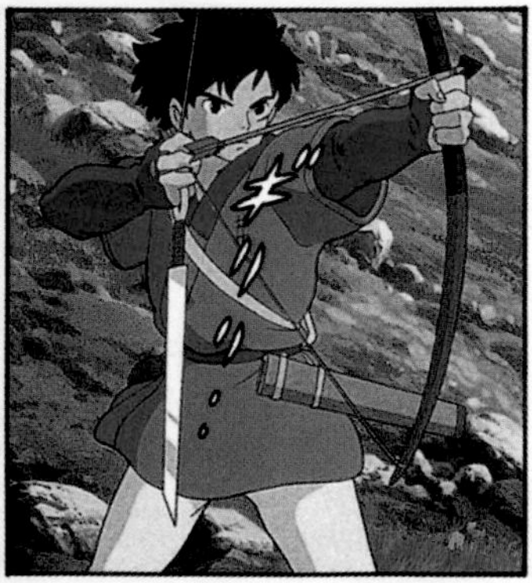
ギッ
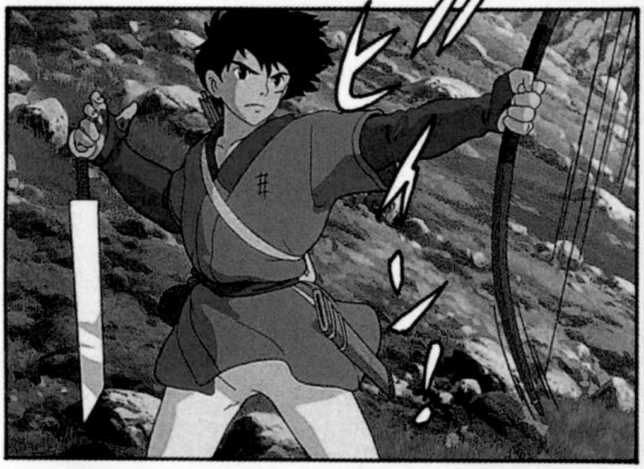
ヒュンッ!
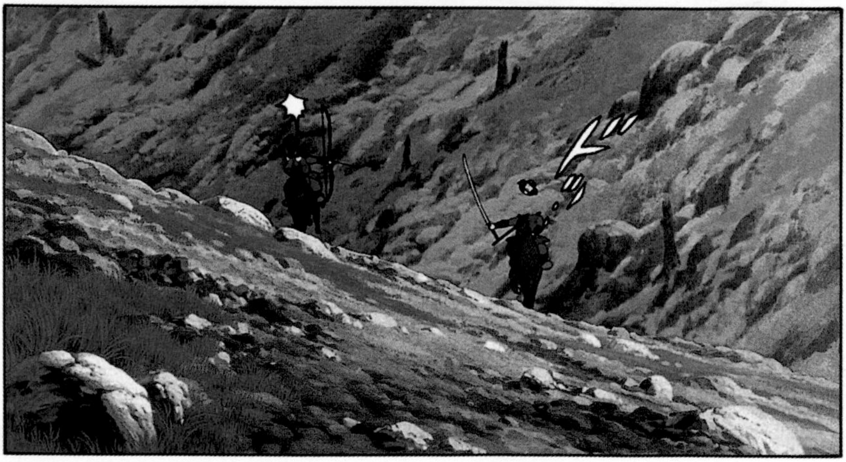
ドッ

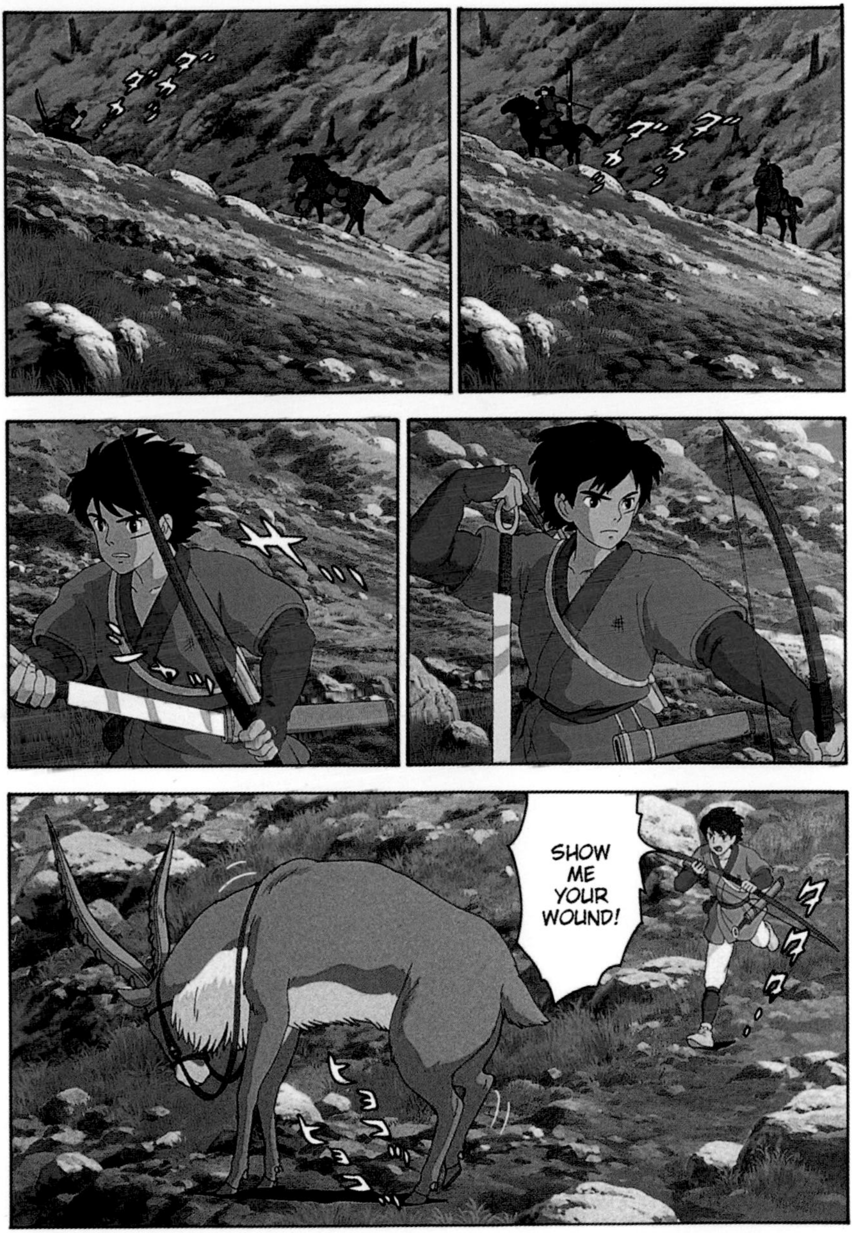
SHOW ME YOUR WOUND!

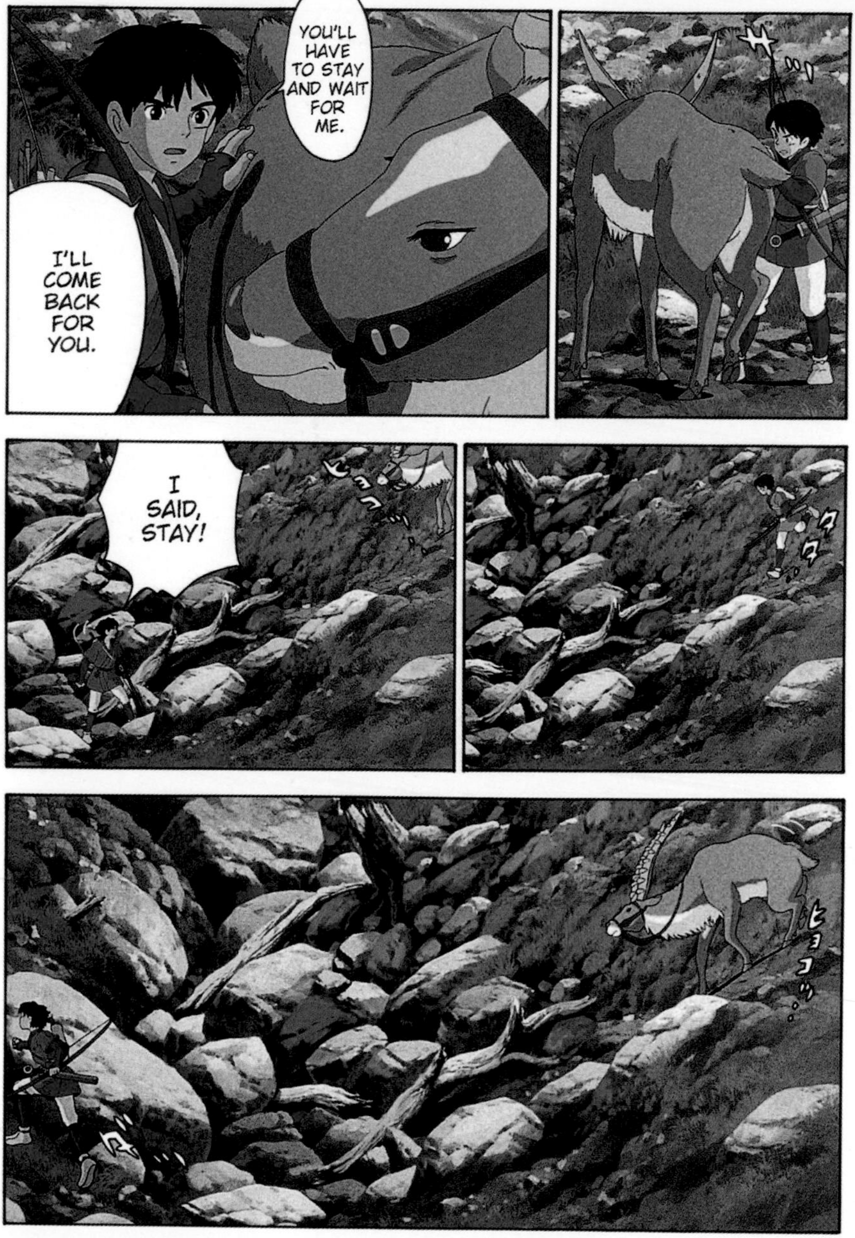
YOU'LL HAVE TO STAY AND WAIT FOR ME.
I'LL COME BACK FOR YOU.
I SAID, STAY!

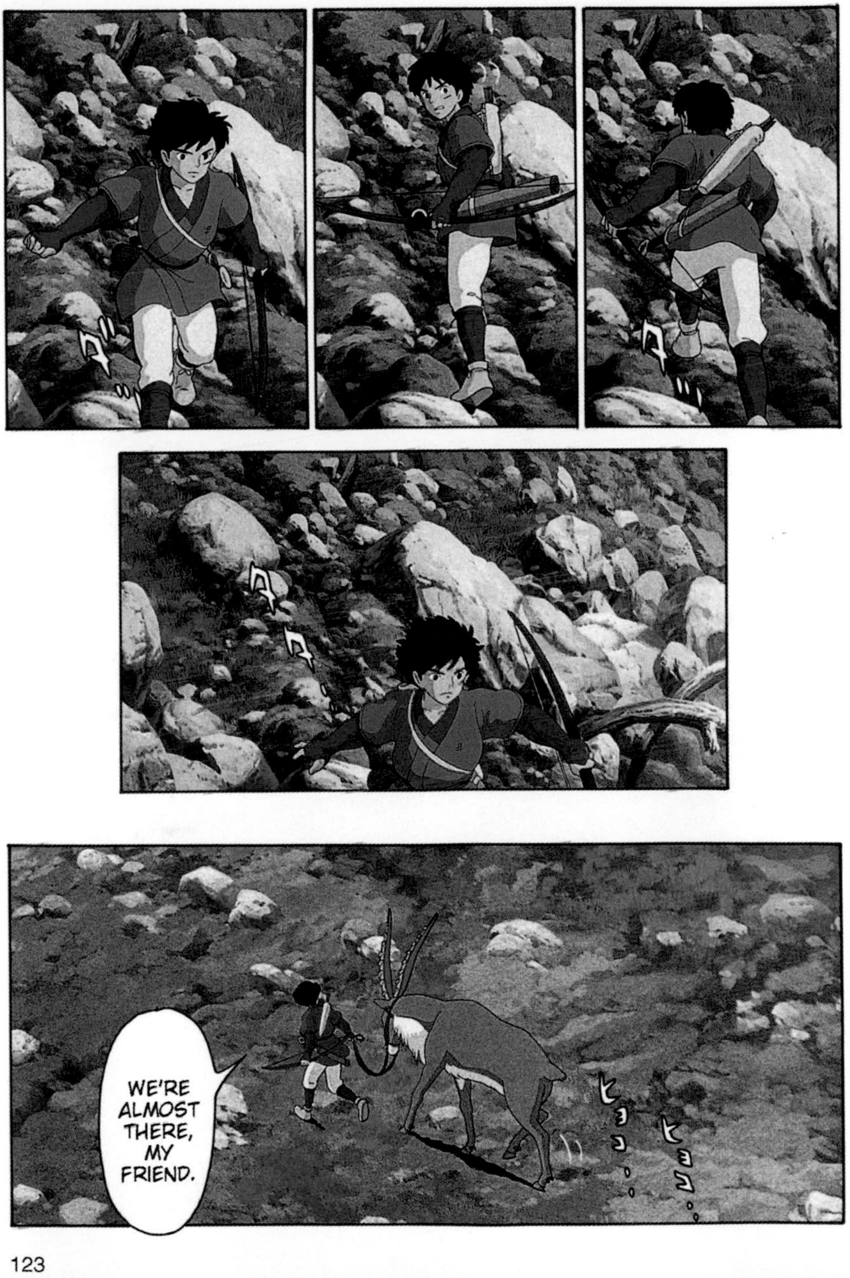
WE'RE ALMOST THERE, MY FRIEND.

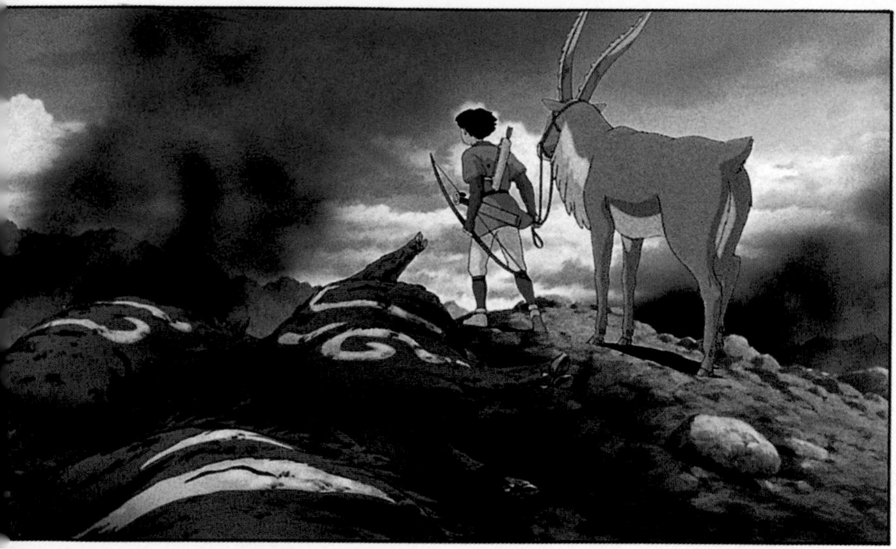
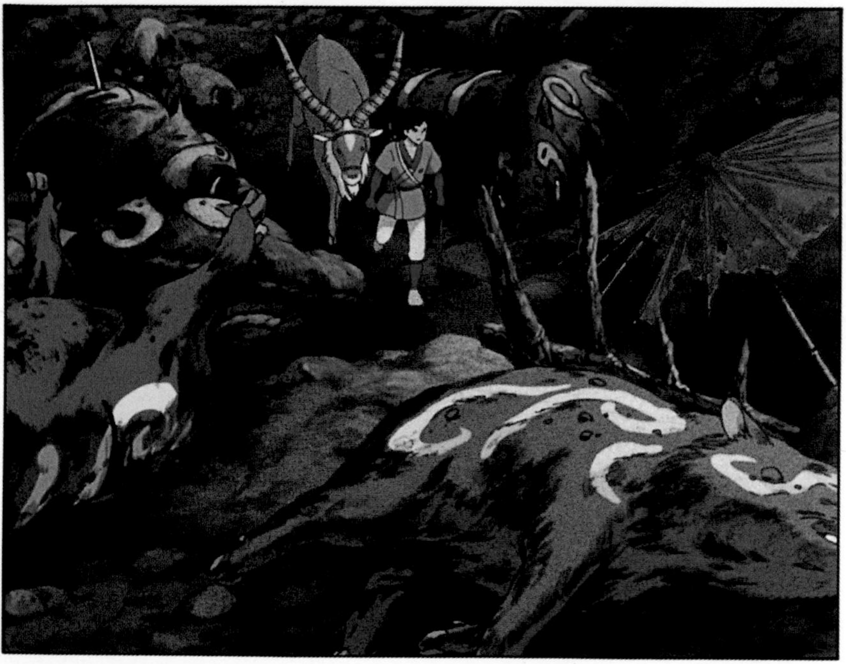

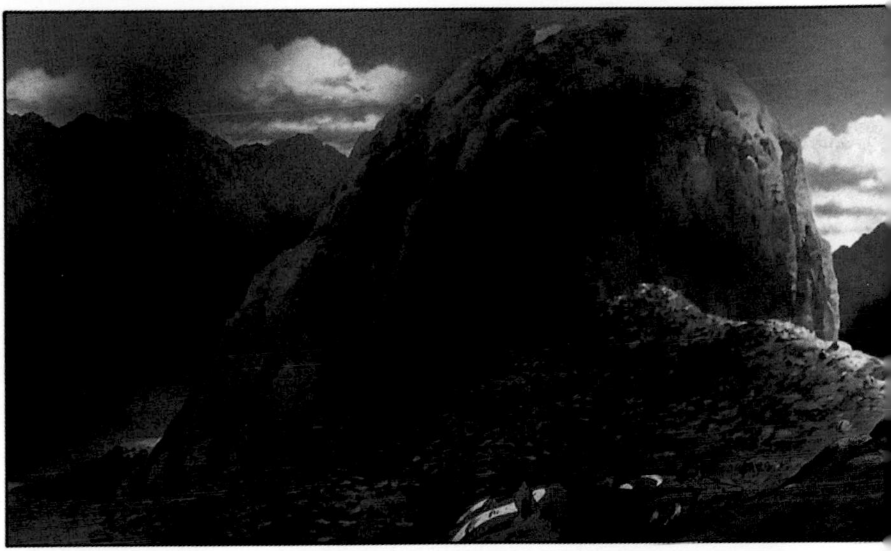
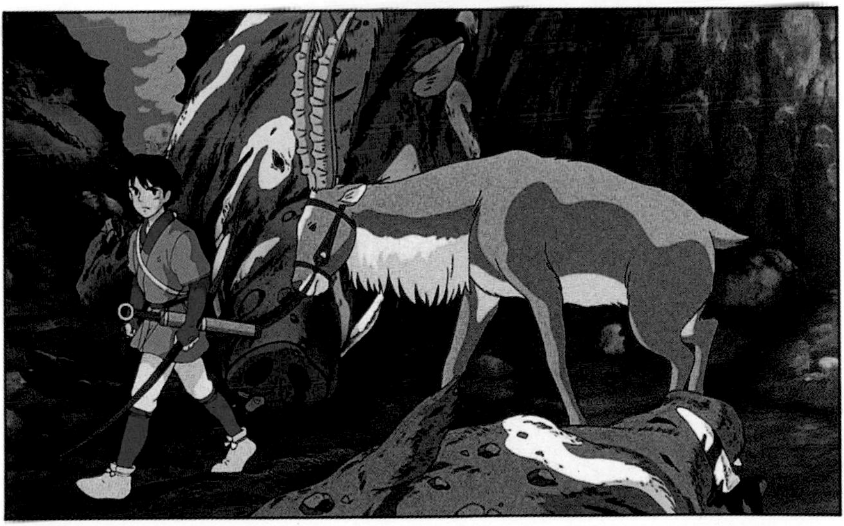

!!

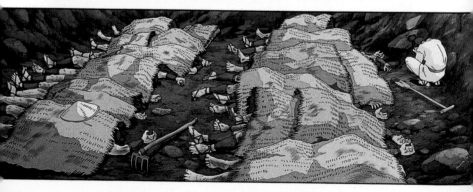

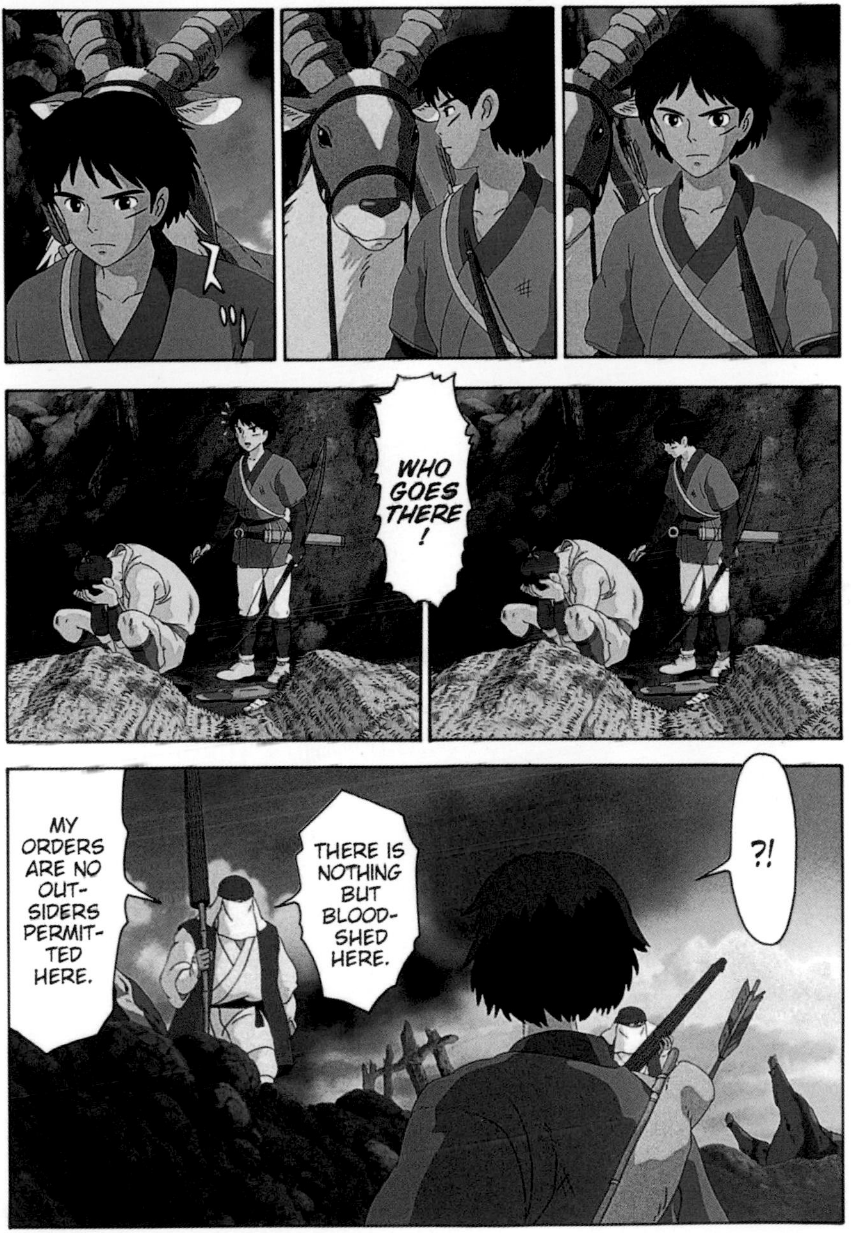
WHO GOES THERE!
?!
THERE IS NOTHING BUT BLOODSHED HERE.
MY ORDERS ARE NO OUTSIDERS PERMITTED HERE.

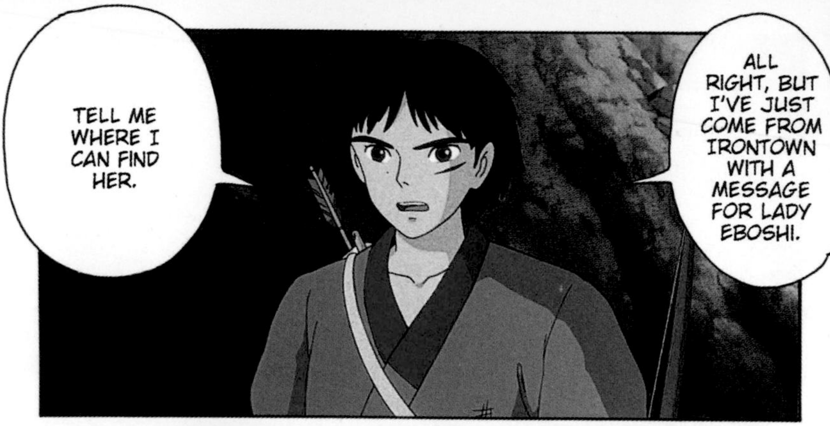
ALL RIGHT, BUT I'VE JUST COME FROM IRONTOWN WITH A MESSAGE FOR LADY EBOSHI.
TELL ME WHERE I CAN FIND HER.
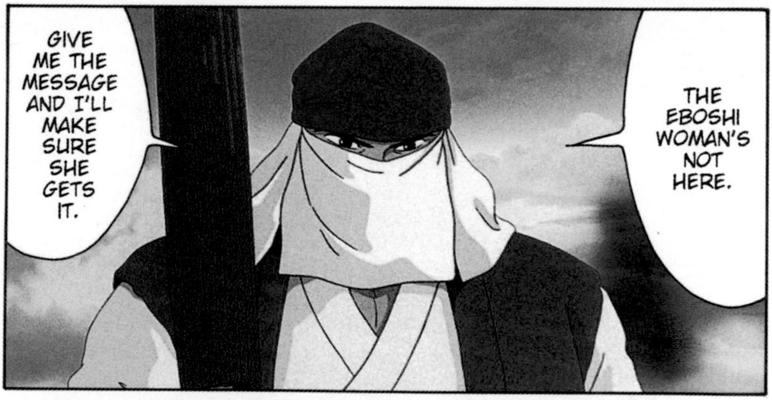
THE EBOSHI WOMAN'S NOT HERE.
GIVE ME THE MESSAGE AND I'LL MAKE SURE SHE GETS IT.
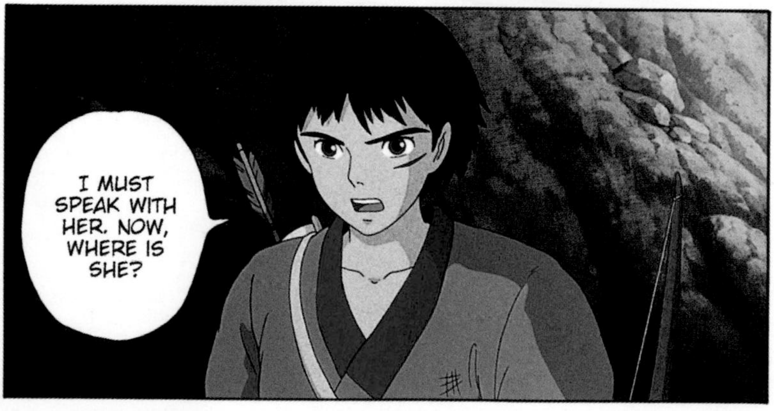
I MUST SPEAK WITH HER. NOW, WHERE IS SHE?

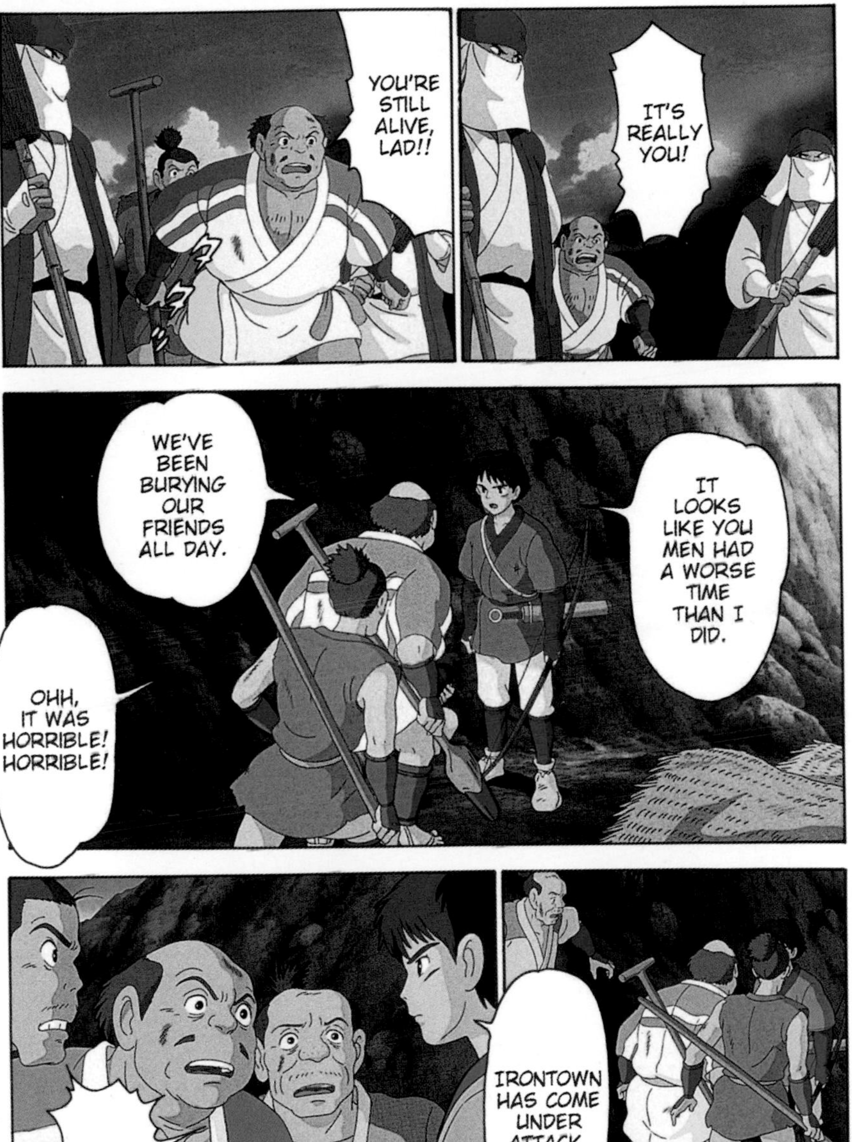
IT'S REALLY YOU!
YOU'RE STILL ALIVE, LAD!!
IT LOOKS LIKE YOU MEN HAD A WORSE TIME THAN I DID.
WE'VE BEEN BURYING OUR FRIENDS ALL DAY.
OHH, IT WAS HORRIBLE! HORRIBLE!
IRONTOWN HAS COME UNDER ATTACK.
WHAT?

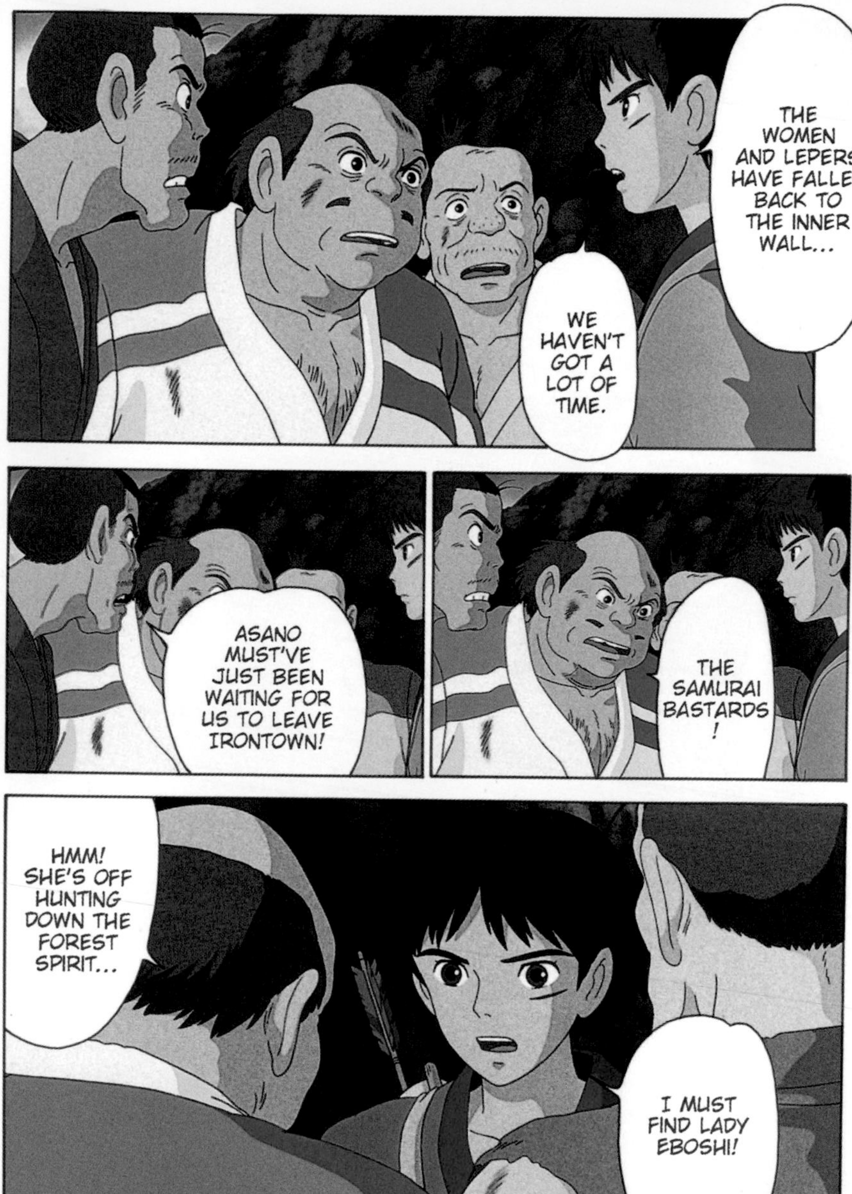
THE WOMEN AND LEPERS HAVE FALLEN BACK TO THE INNER WALL...
WE HAVEN'T GOT A LOT OF TIME.
THE SAMURAI BASTARDS!
ASANO MUST'VE JUST BEEN WAITING FOR US TO LEAVE IRONTOWN!
I MUST FIND LADY EBOSHI!
HMM! SHE'S OFF HUNTING DOWN THE FOREST SPIRIT...

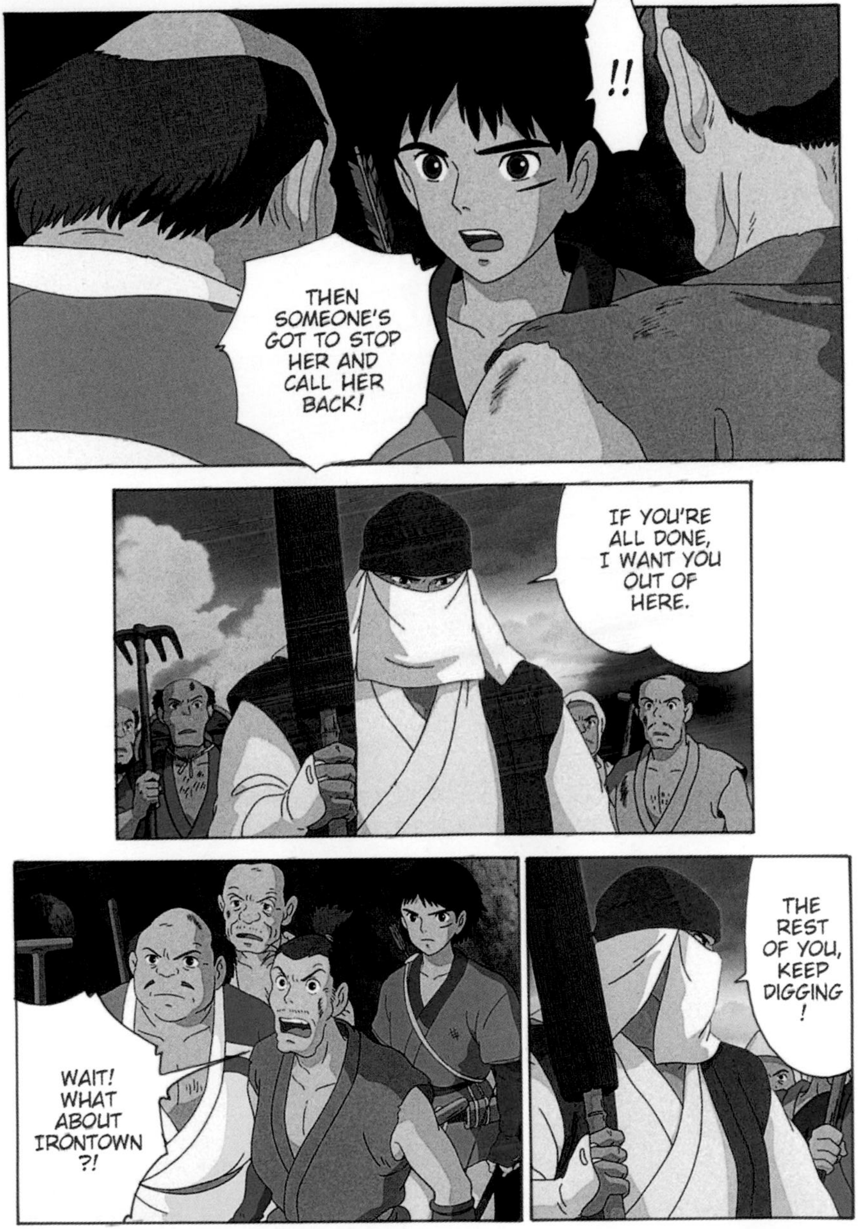
!!
THEN SOMEONE'S GOT TO STOP HER AND CALL HER BACK!
IF YOU'RE ALL DONE, I WANT YOU OUT OF HERE.
THE REST OF YOU, KEEP DIGGING!
WAIT! WHAT ABOUT IRONTOWN?!

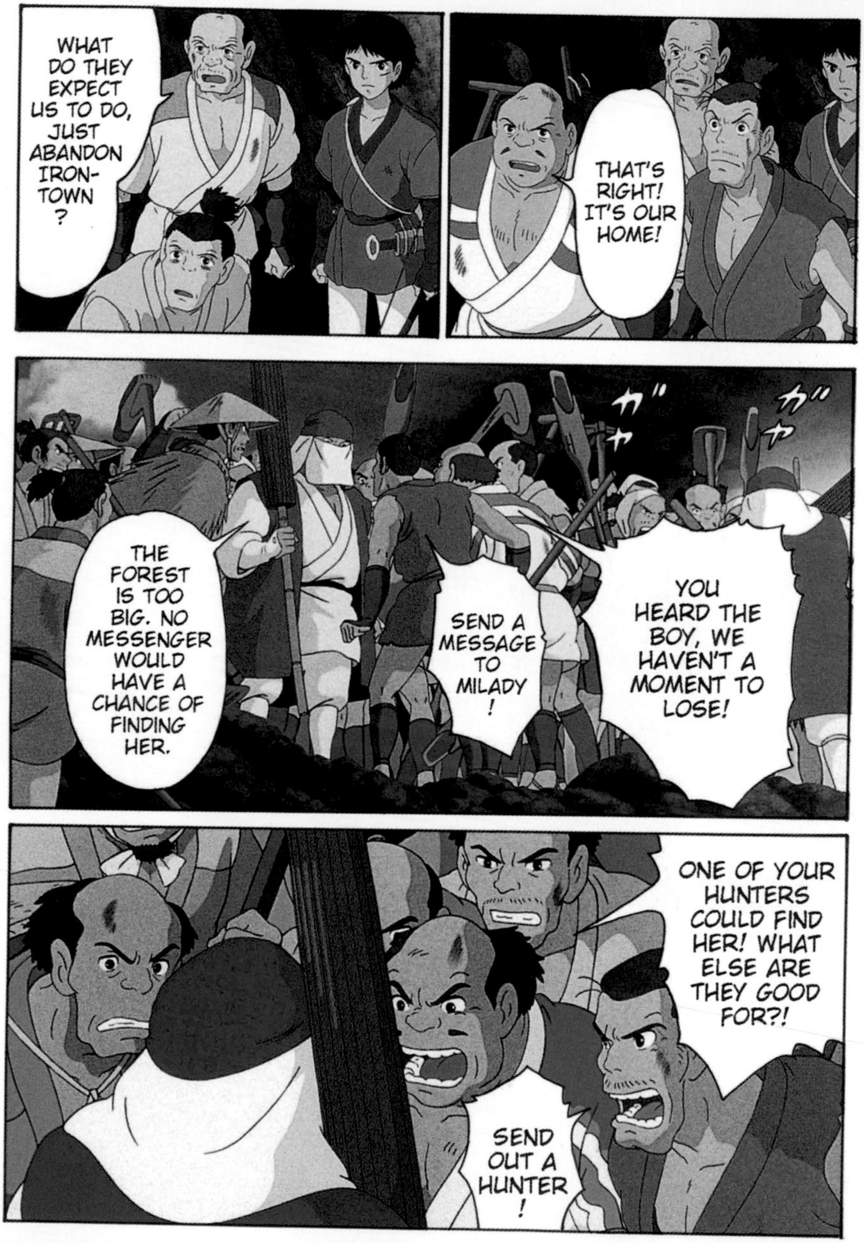
THAT'S RIGHT! IT'S OUR HOME!
WHAT DO THEY EXPECT US TO DO, JUST ABANDON IRON-TOWN?
ガヤ
ガヤ
YOU HEARD THE BOY, WE HAVEN'T A MOMENT TO LOSE!
SEND A MESSAGE TO MILADY!
THE FOREST IS TOO BIG. NO MESSENGER WOULD HAVE A CHANCE OF FINDING HER.
ONE OF YOUR HUNTERS COULD FIND HER! WHAT ELSE ARE THEY GOOD FOR?!
SEND OUT A HUNTER!

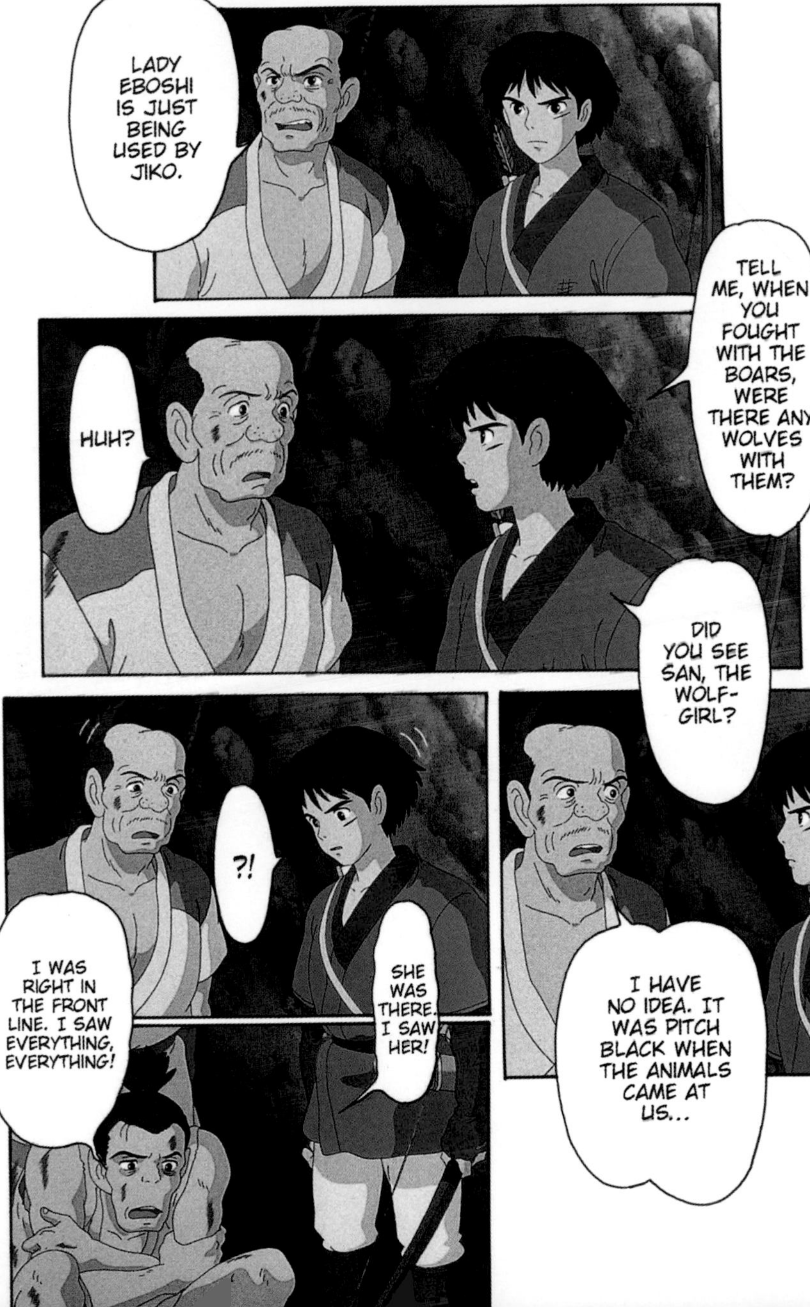
LADY EBOSHI IS JUST BEING USED BY JIKO.
TELL ME, WHEN YOU FOUGHT WITH THE BOARS, WERE THERE ANY WOLVES WITH THEM?
HUH?
DID YOU SEE SAN, THE WOLF-GIRL?
I HAVE NO IDEA. IT WAS PITCH BLACK WHEN THE ANIMALS CAME AT US...
?!
SHE WAS THERE. I SAW HER!
I WAS RIGHT IN THE FRONT LINE. I SAW EVERYTHING, EVERYTHING!

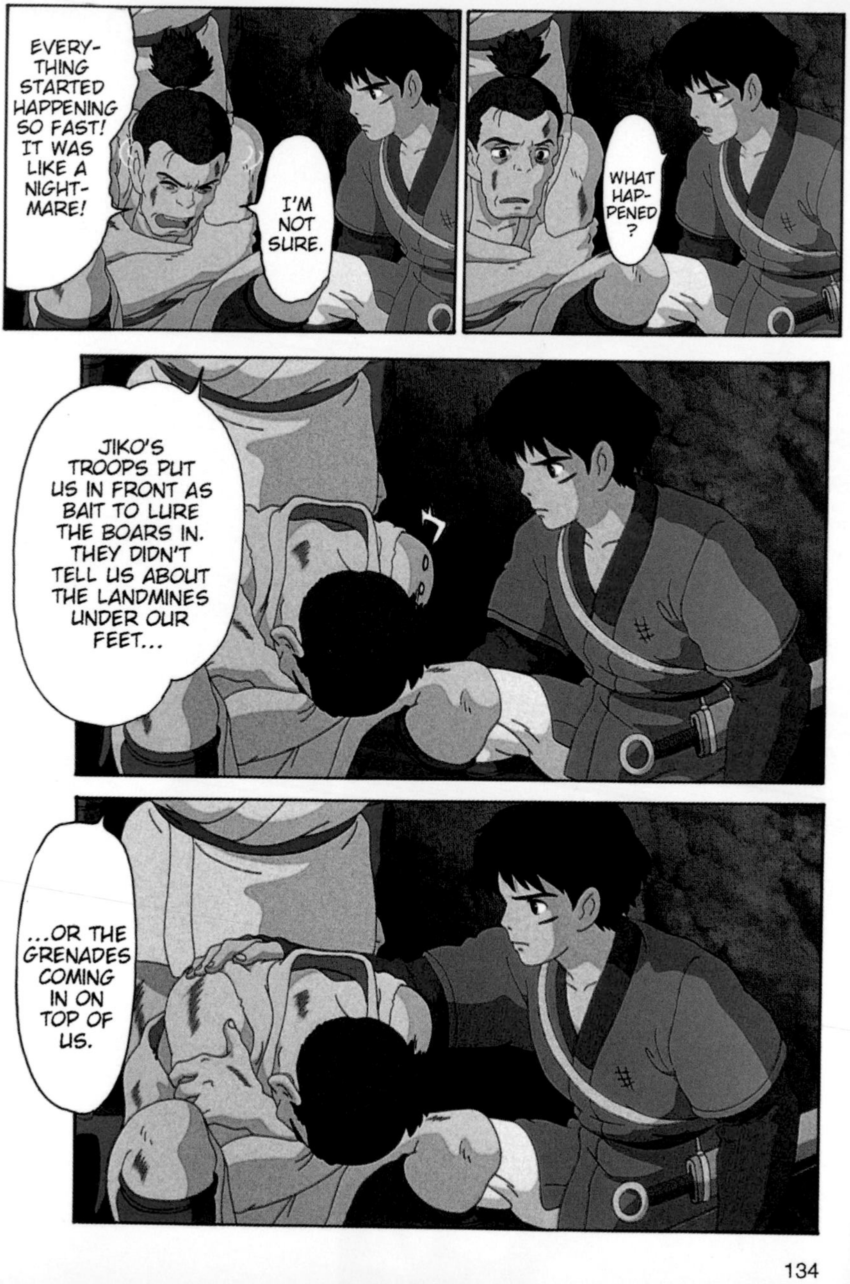
WHAT HAPPENED?
I'M NOT SURE.
EVERYTHING STARTED HAPPENING SO FAST! IT WAS LIKE A NIGHTMARE!
JIKO'S TROOPS PUT US IN FRONT AS BAIT TO LURE THE BOARS IN. THEY DIDN'T TELL US ABOUT THE LANDMINES UNDER OUR FEET...
...OR THE GRENADES COMING IN ON TOP OF US.

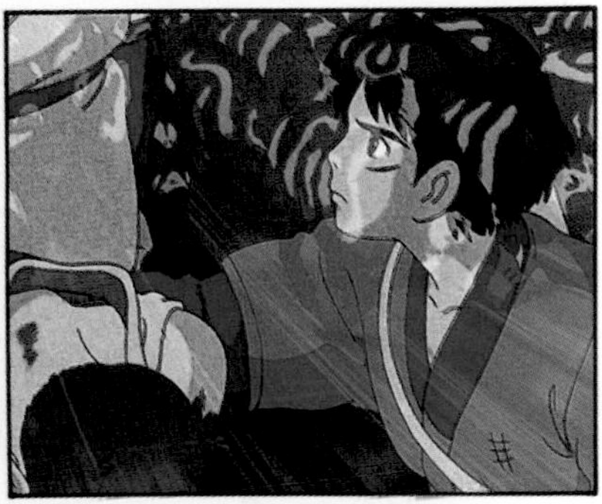

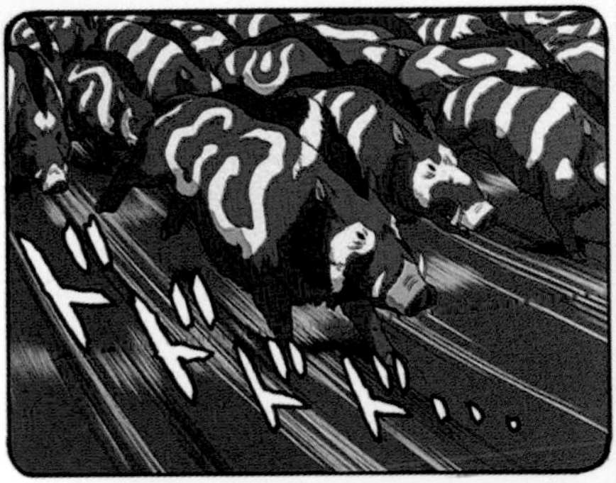
ドドドド・・・

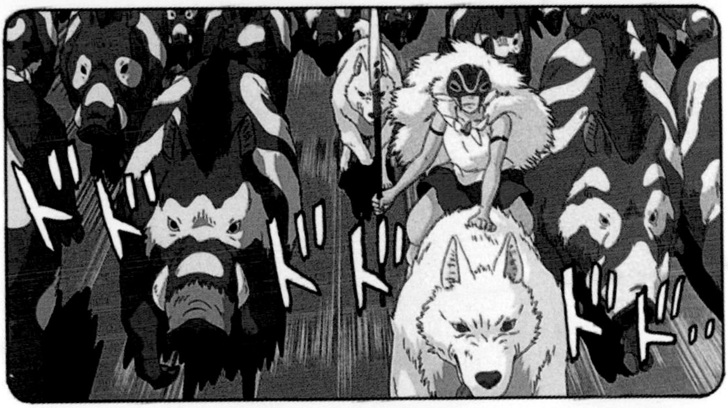
ドドドド
ドド..

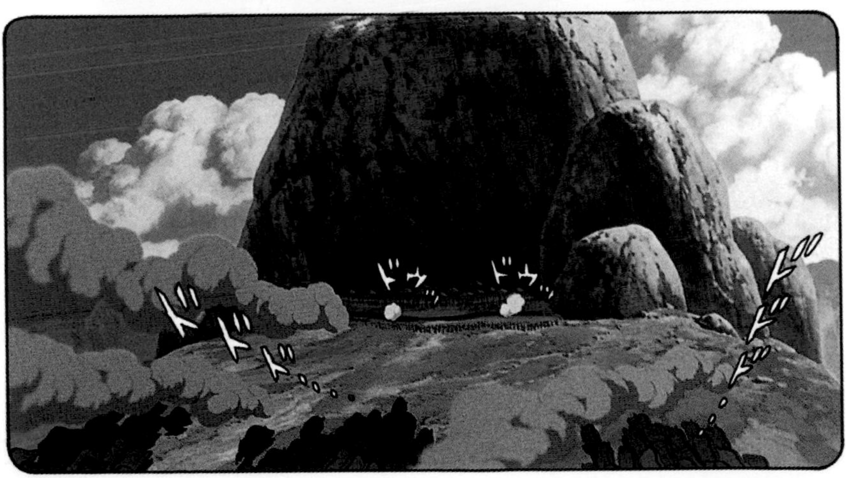
ドドド..
ドウ..
ドウ..
ドドド...

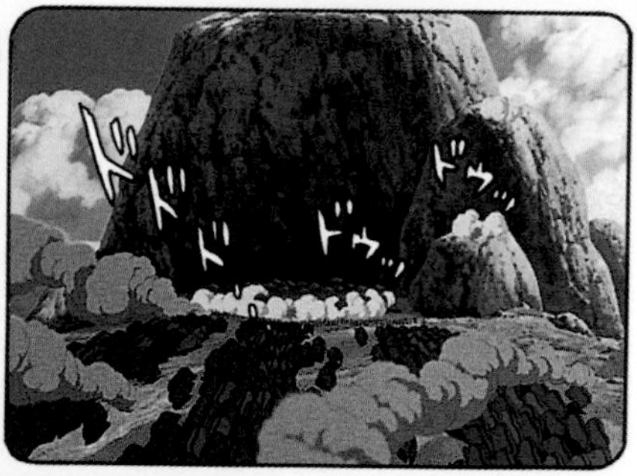
ドゥッ
ドゥッ
ドドド

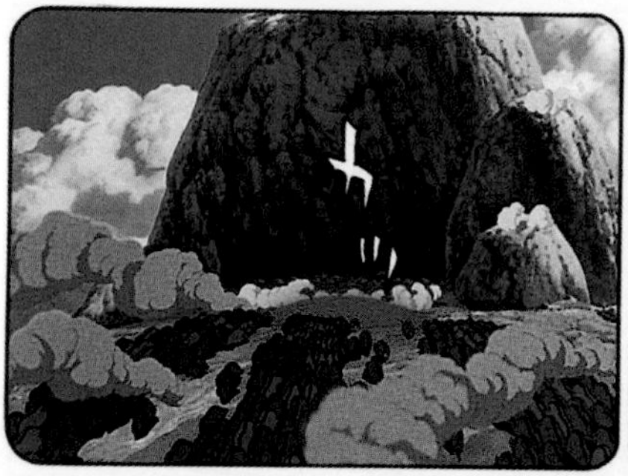
カッ

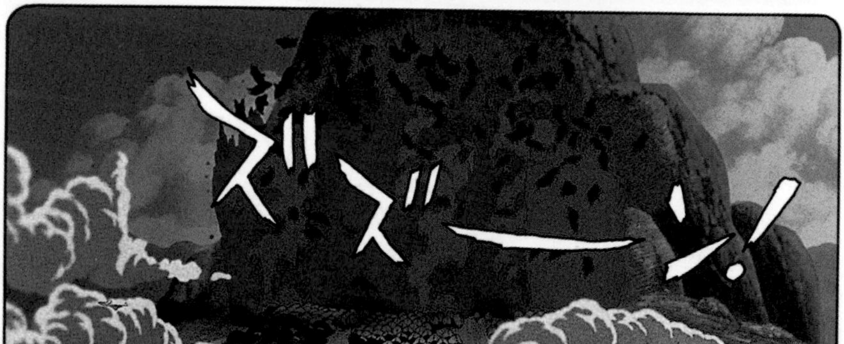
ズズズーン!

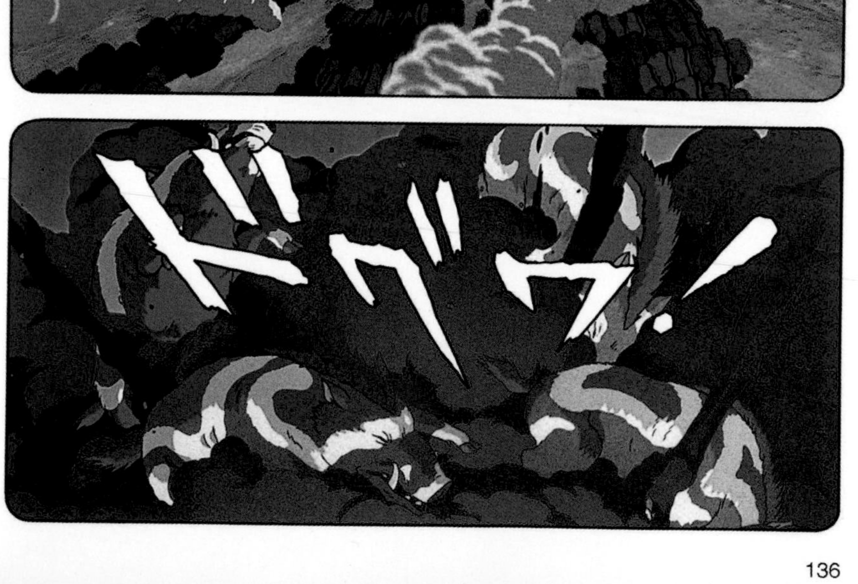
ドグワ!

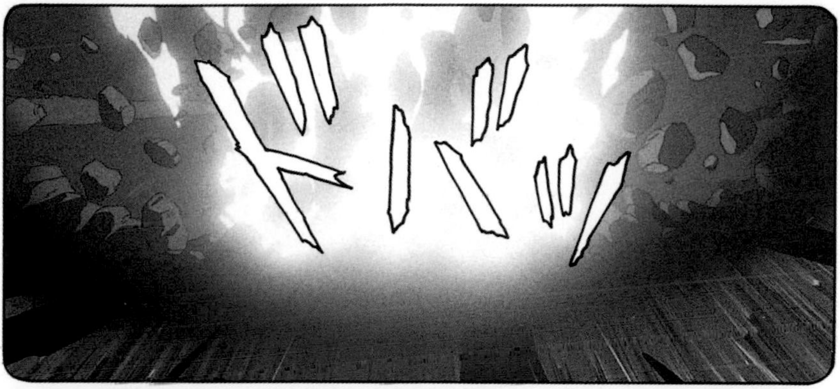
ドーバッ
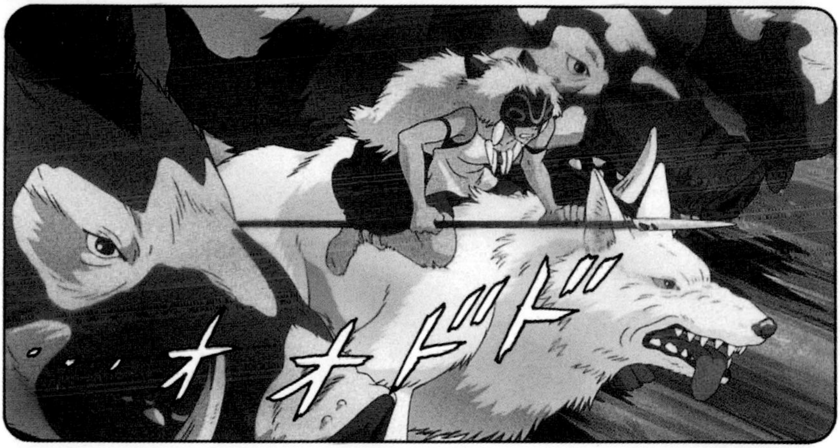
オオドド
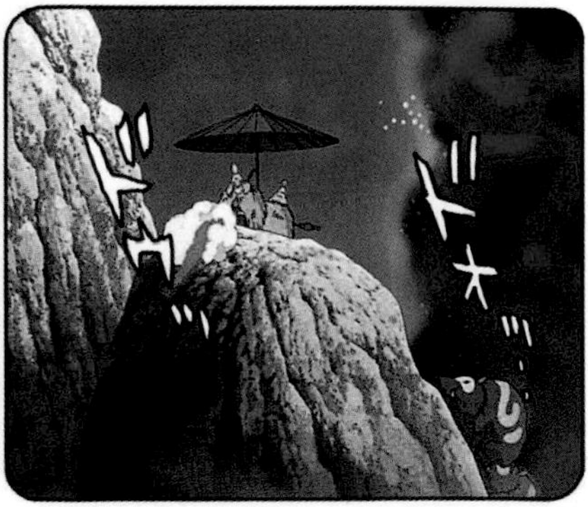
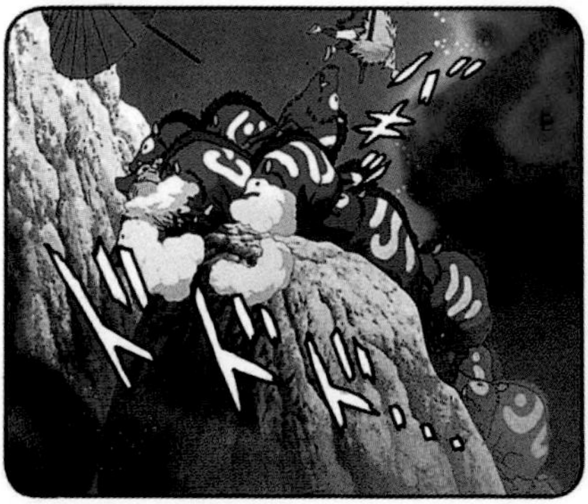
ドドド…

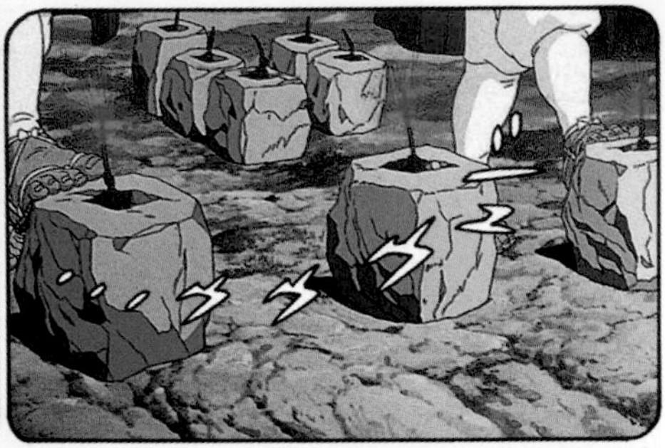

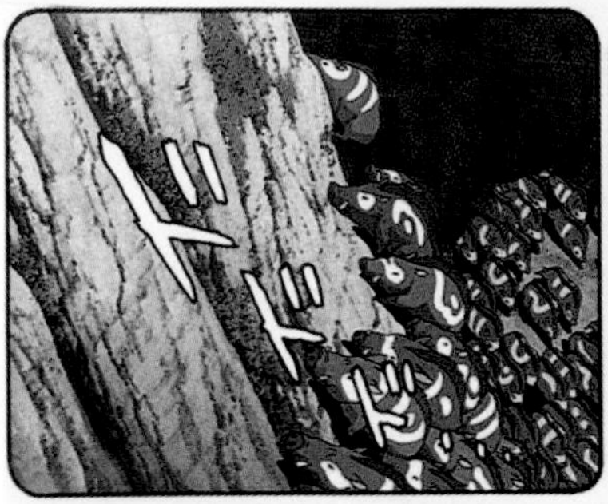
ドドドド

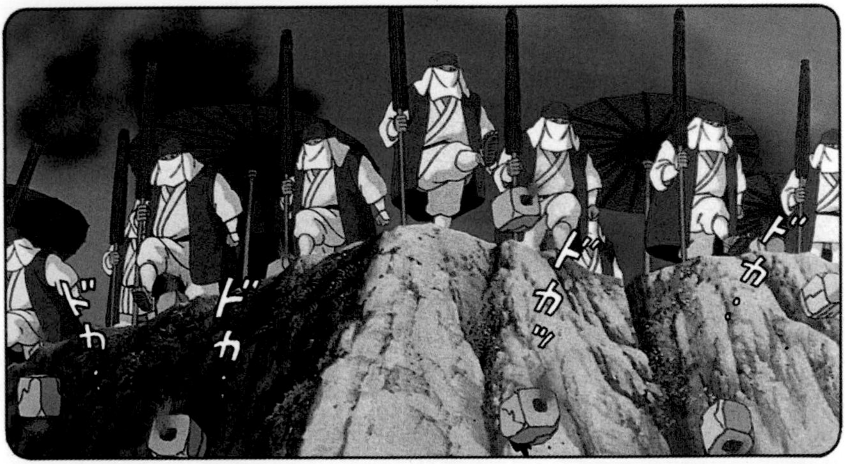
ドカ
ドカッ
ドカ
ドカ

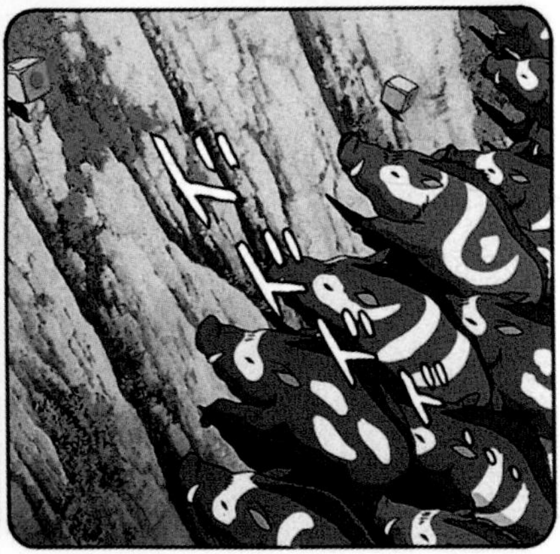
ドドドド

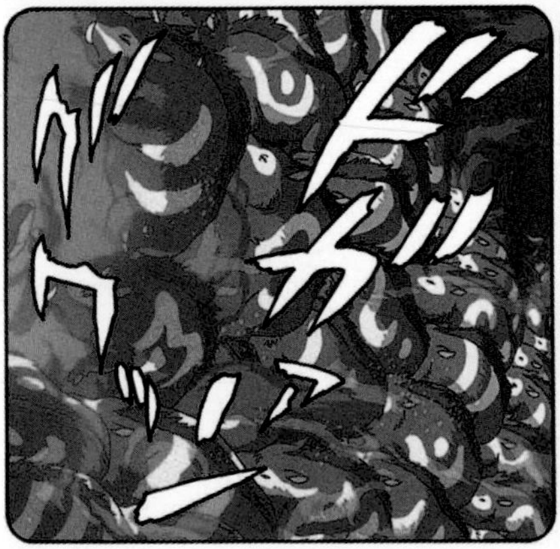

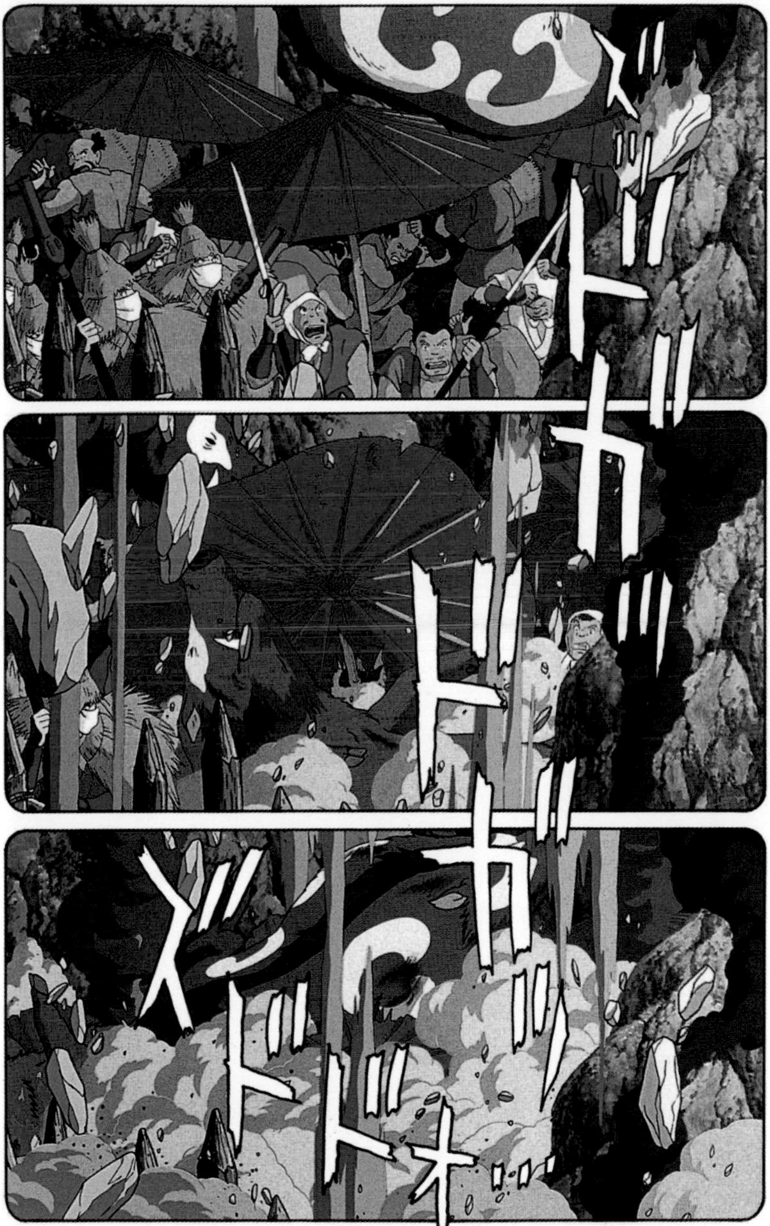
ズドドドカカッ
ズドドドォ…

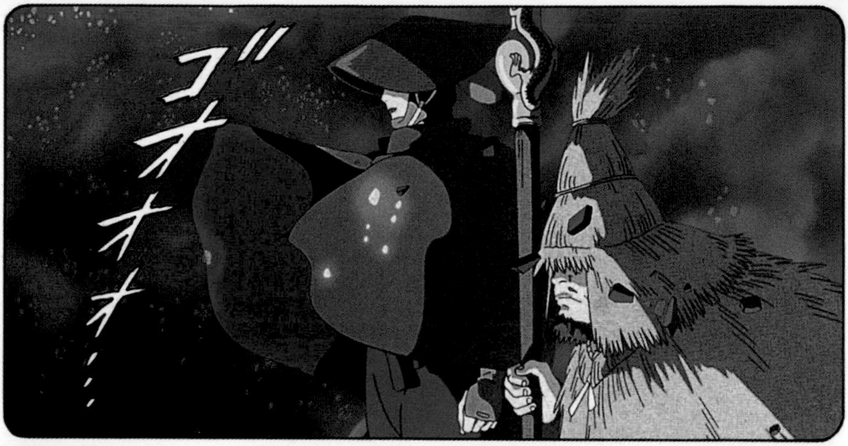
ゴオオオ…
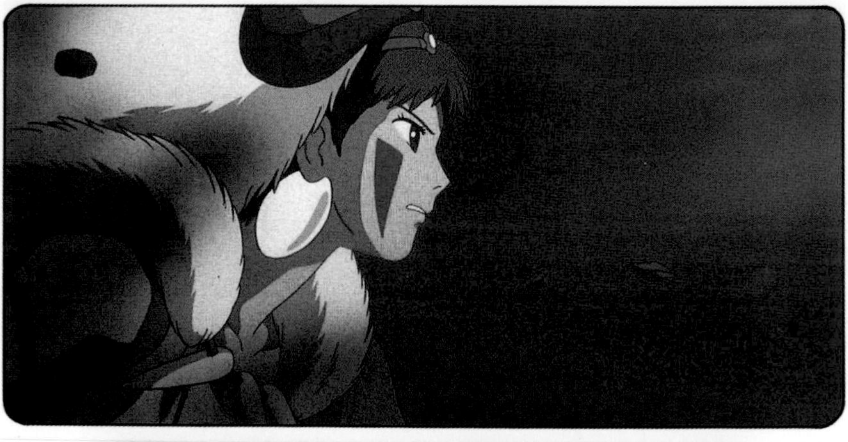
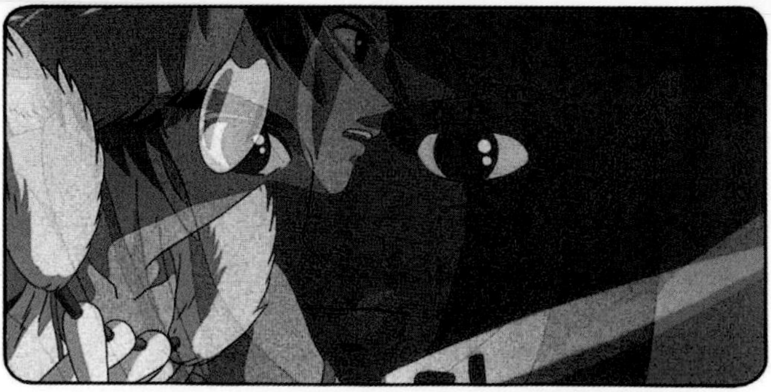

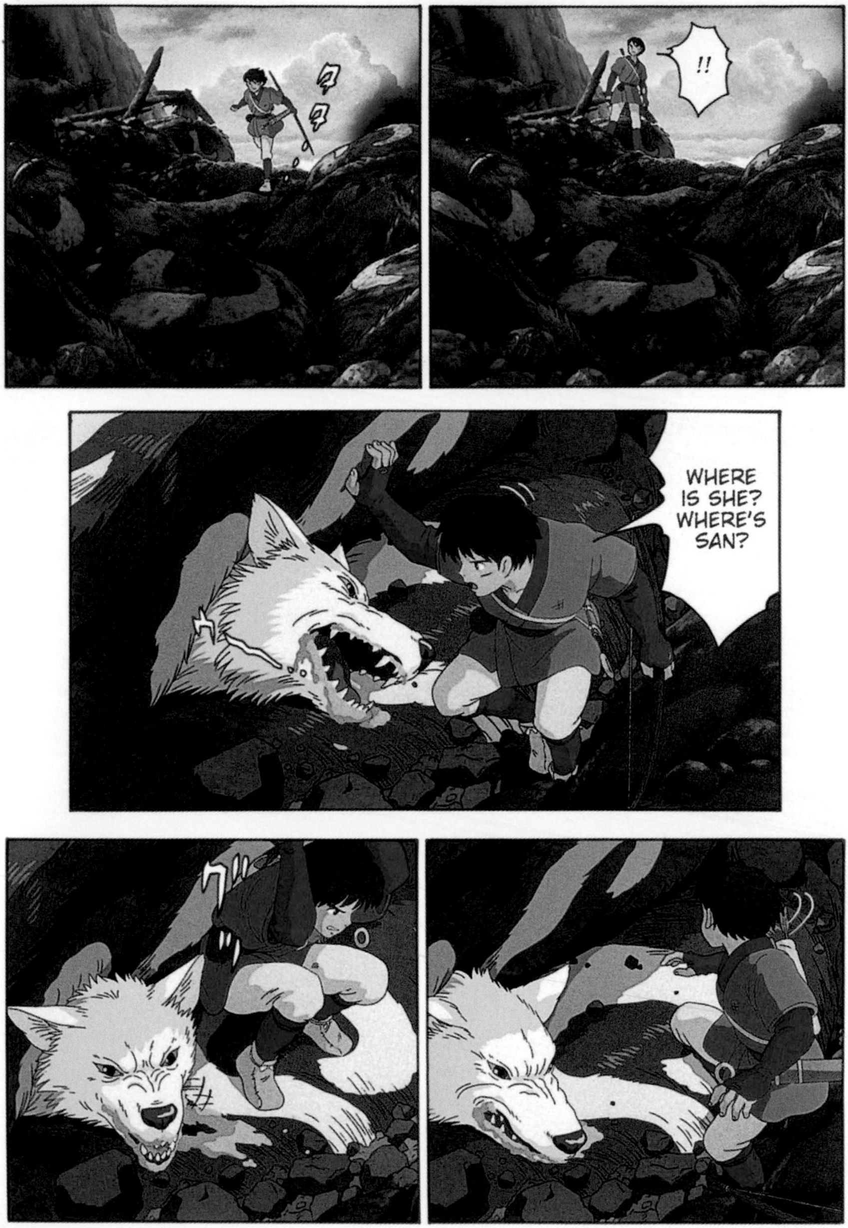
!!
WHERE IS SHE? WHERE'S SAN?

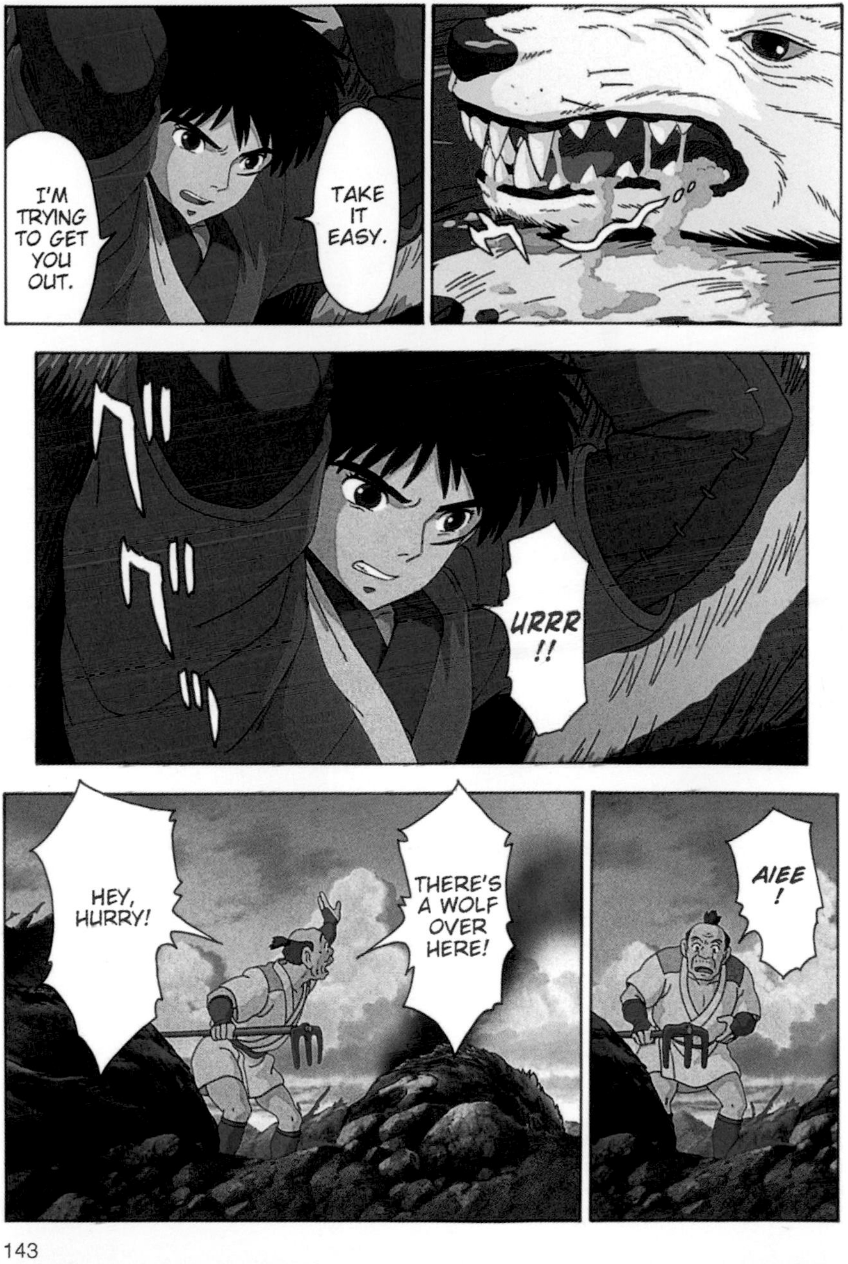
I'M TRYING TO GET YOU OUT.
TAKE IT EASY.
URRR !!
HEY, HURRY!
THERE'S A WOLF OVER HERE!
AIEE !

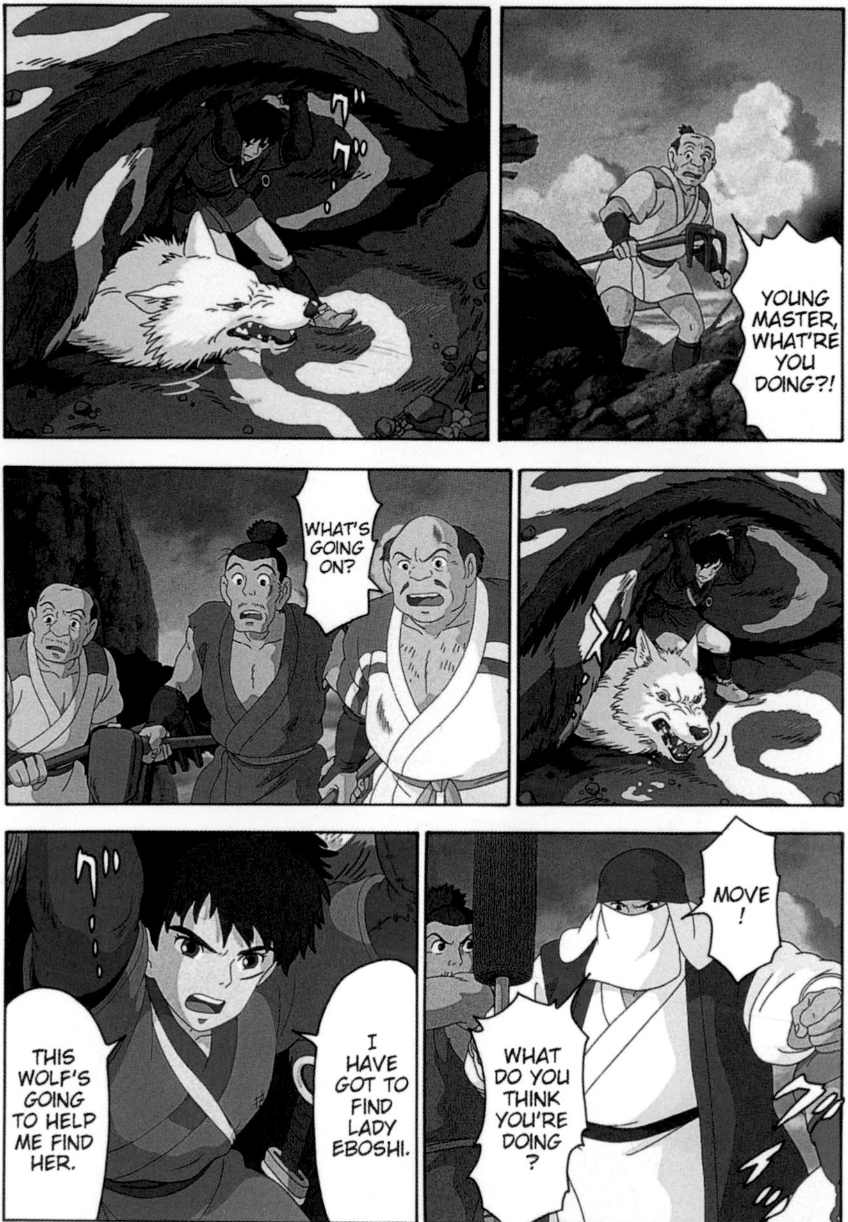
YOUNG MASTER, WHAT'RE YOU DOING?!
WHAT'S GOING ON?
MOVE!
WHAT DO YOU THINK YOU'RE DOING?
I HAVE GOT TO FIND LADY EBOSHI.
THIS WOLF'S GOING TO HELP ME FIND HER.

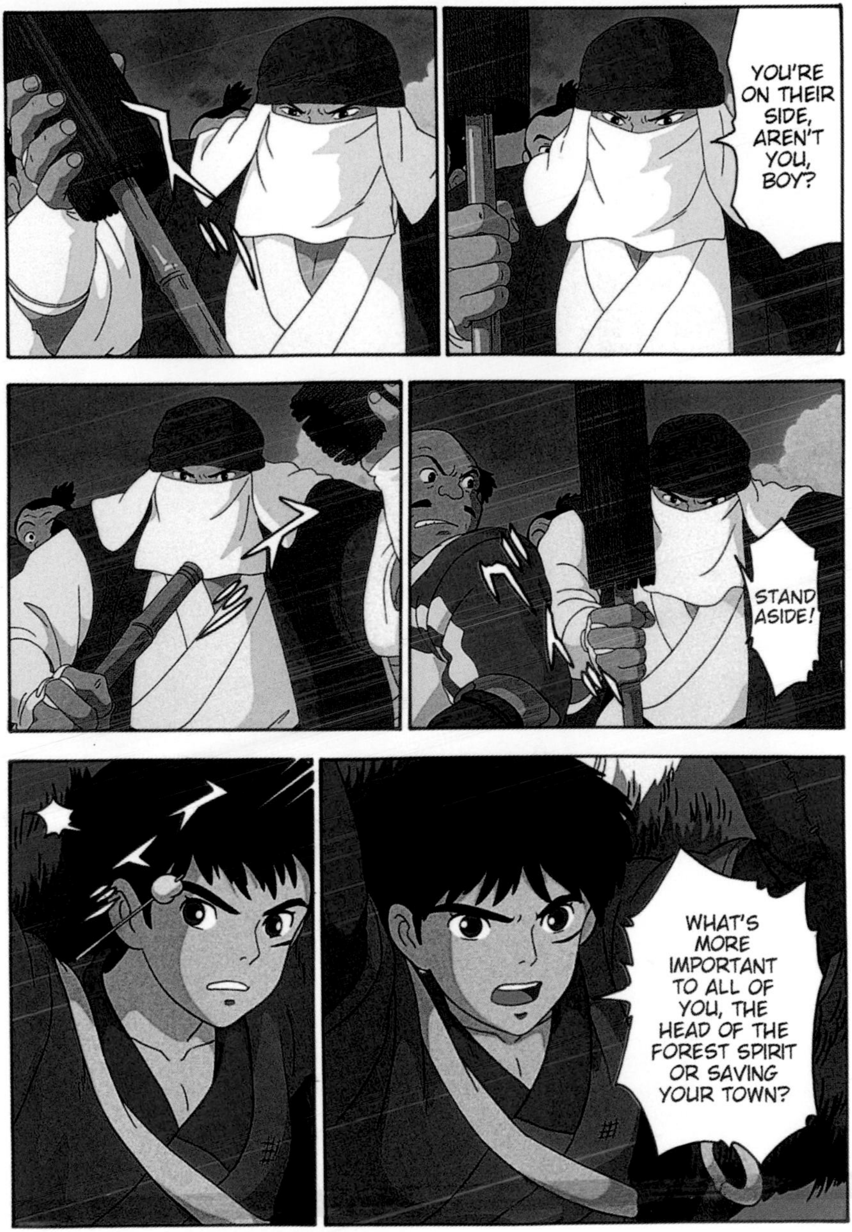
YOU'RE ON THEIR SIDE, AREN'T YOU, BOY?
STAND ASIDE!
WHAT'S MORE IMPORTANT TO ALL OF YOU, THE HEAD OF THE FOREST SPIRIT OR SAVING YOUR TOWN?

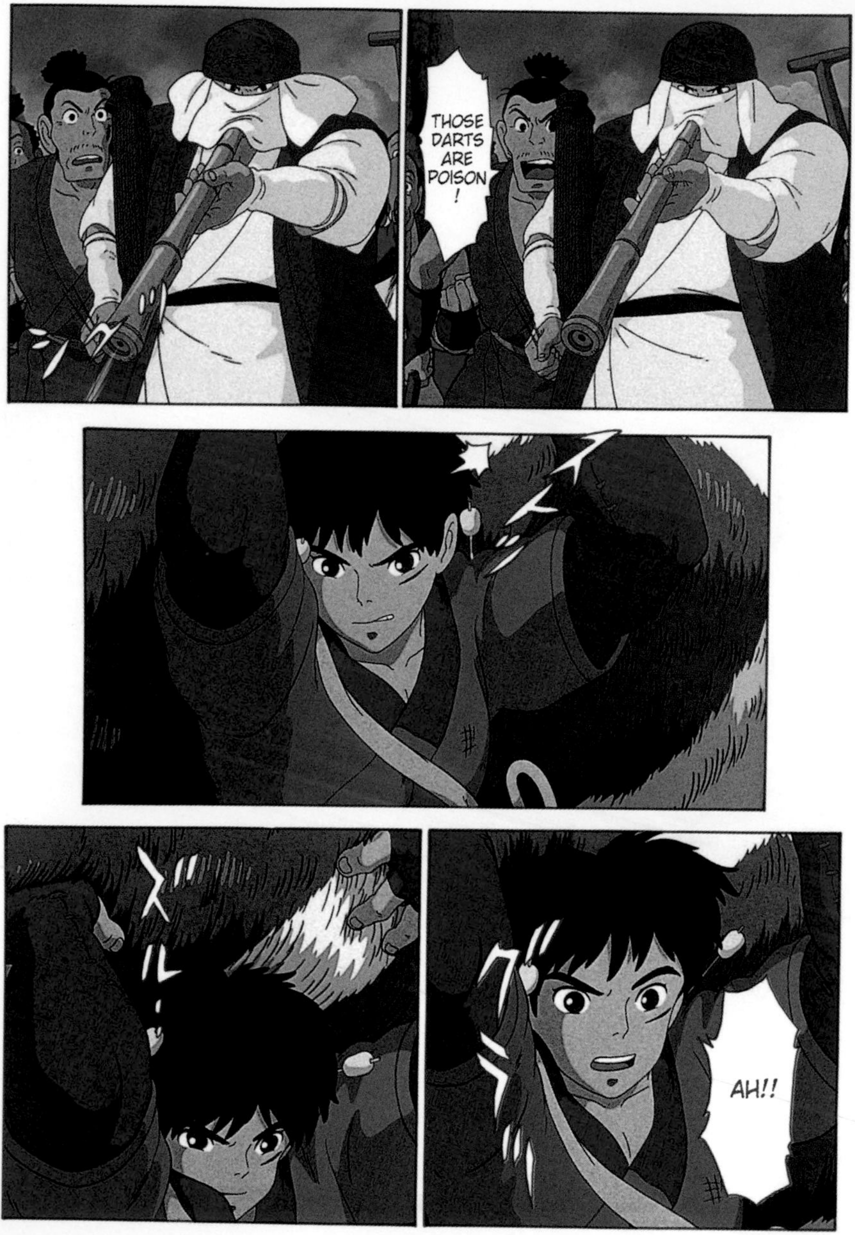
THOSE DARTS ARE POISON!
AH!!

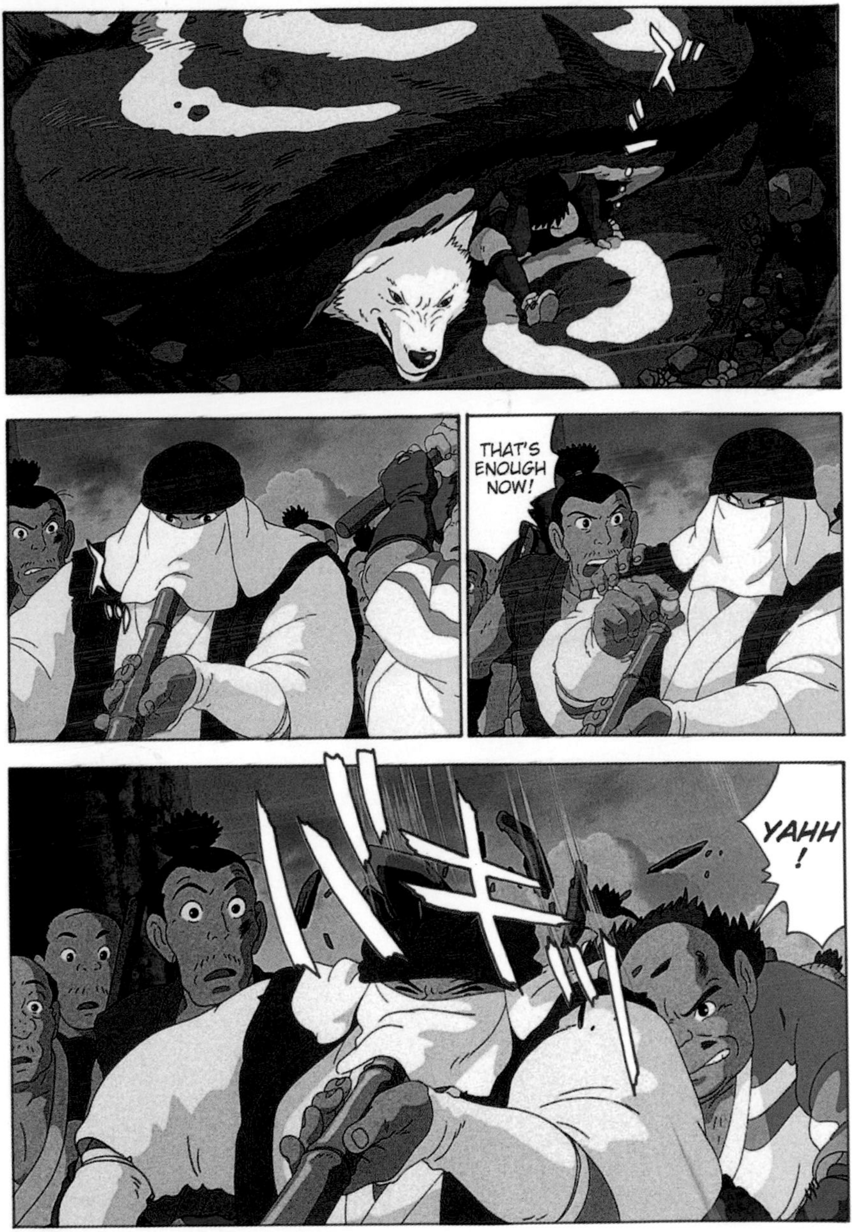
THAT'S ENOUGH NOW!
YAHH !

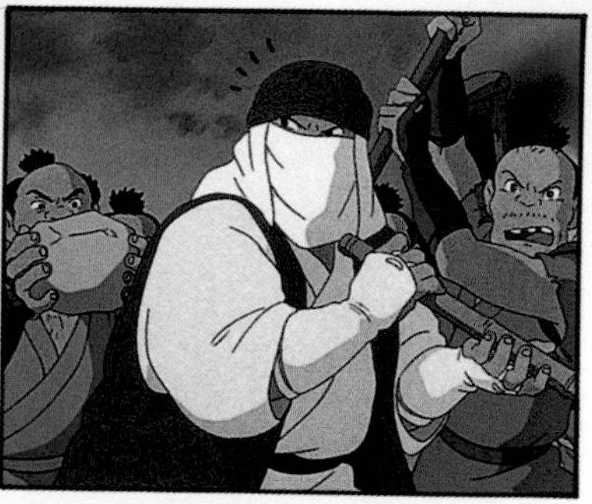
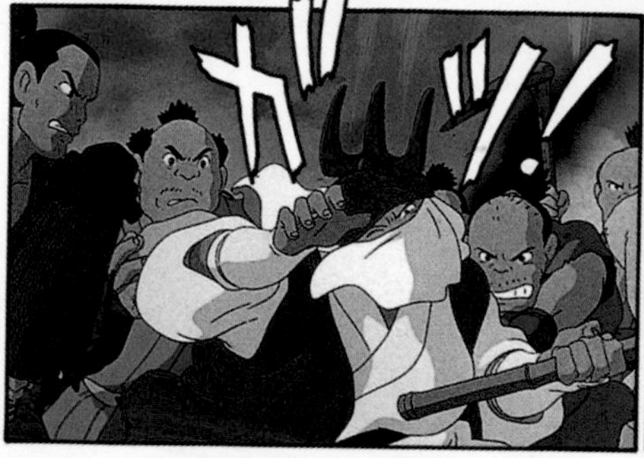
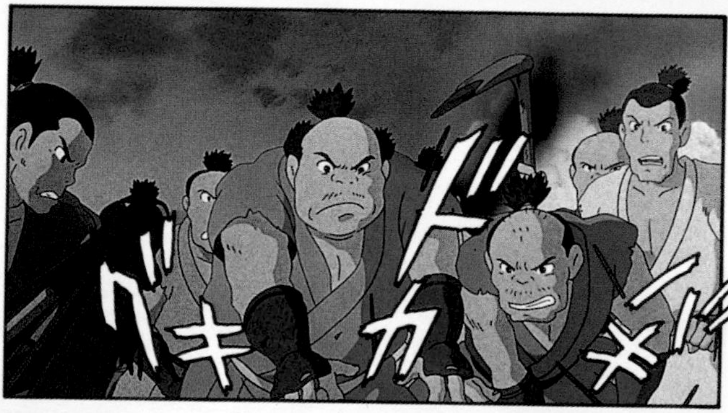
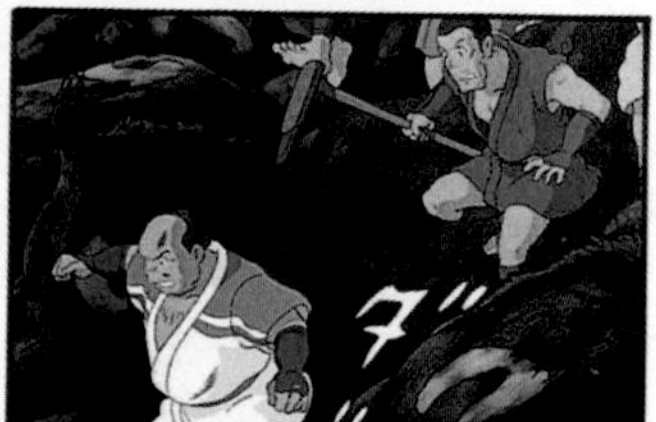
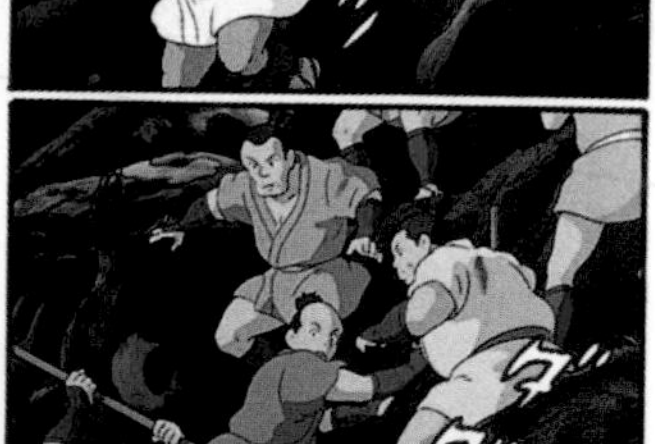
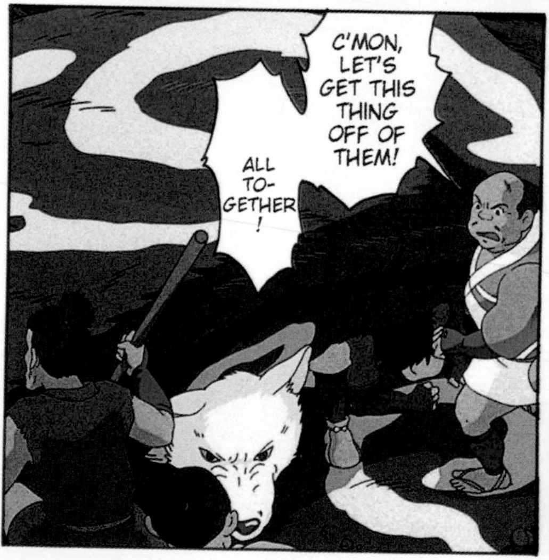
C'MON, LET'S GET THIS THING OFF OF THEM!
ALL TO-GETHER!

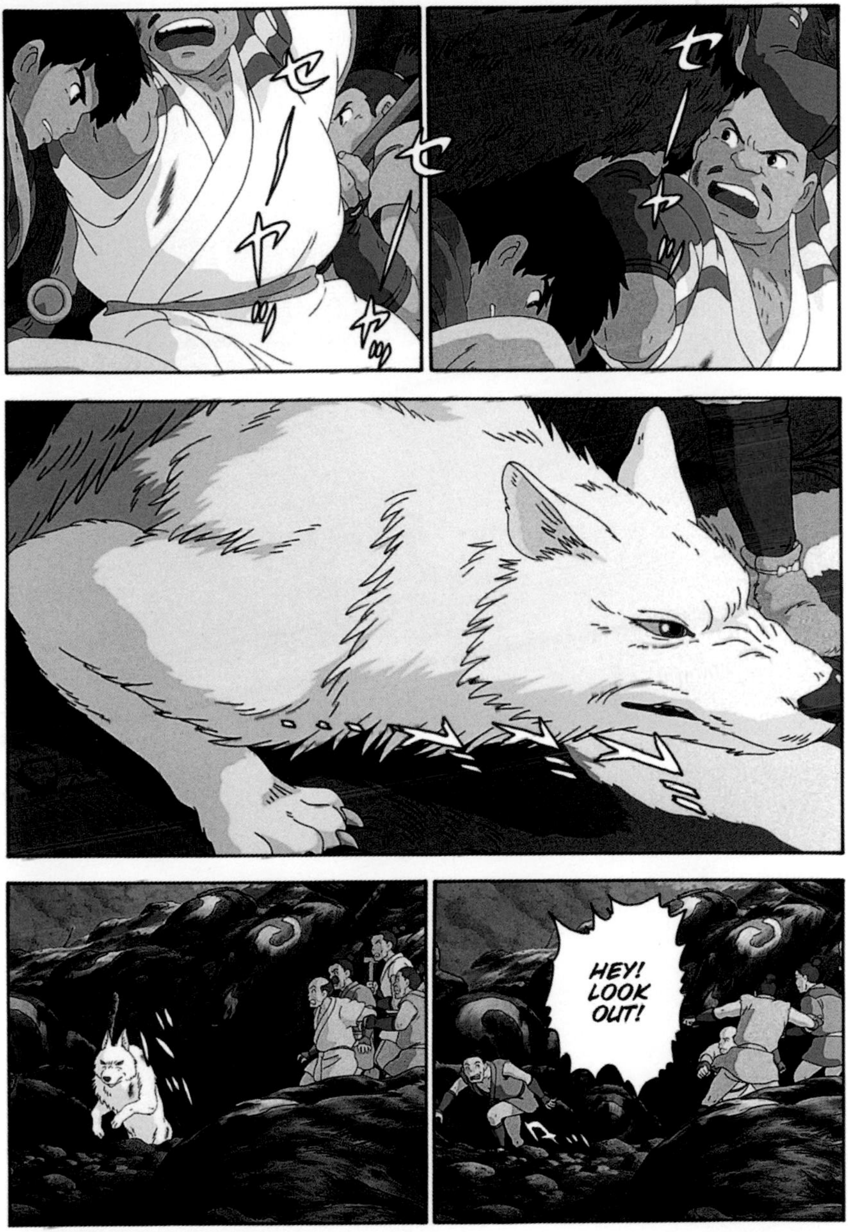
HEY! LOOK OUT!

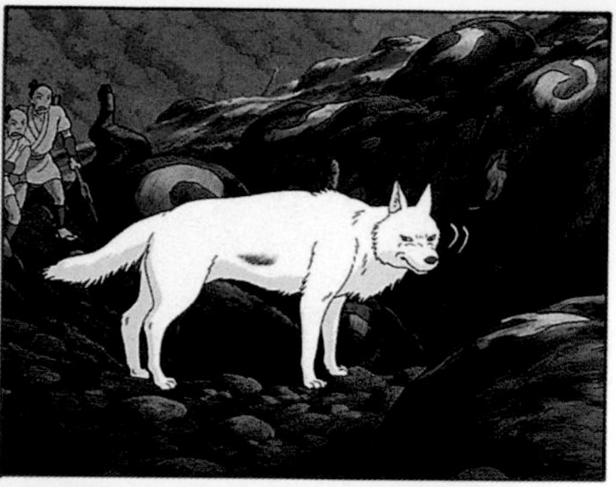

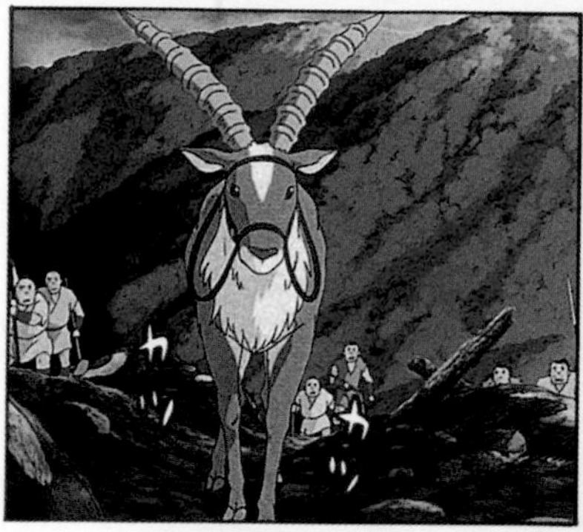

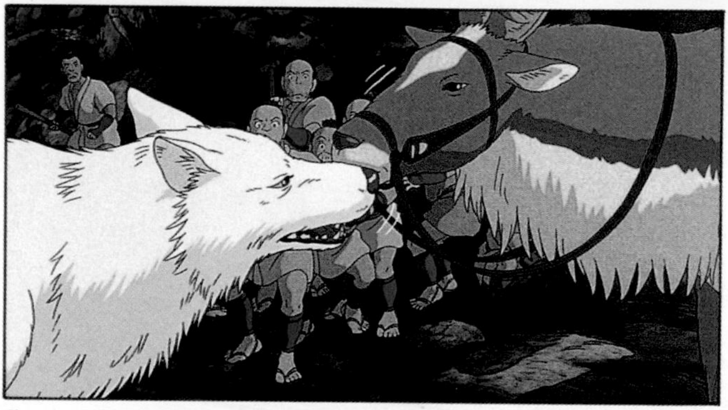

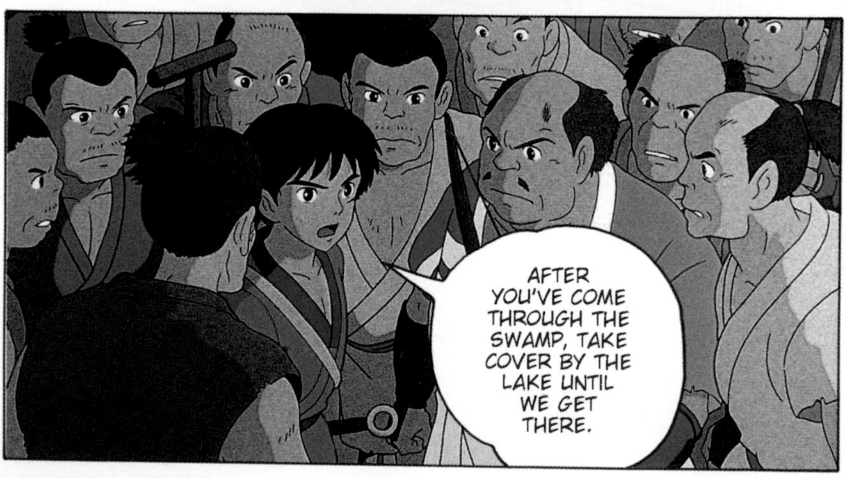
AFTER YOU'VE COME THROUGH THE SWAMP, TAKE COVER BY THE LAKE UNTIL WE GET THERE.

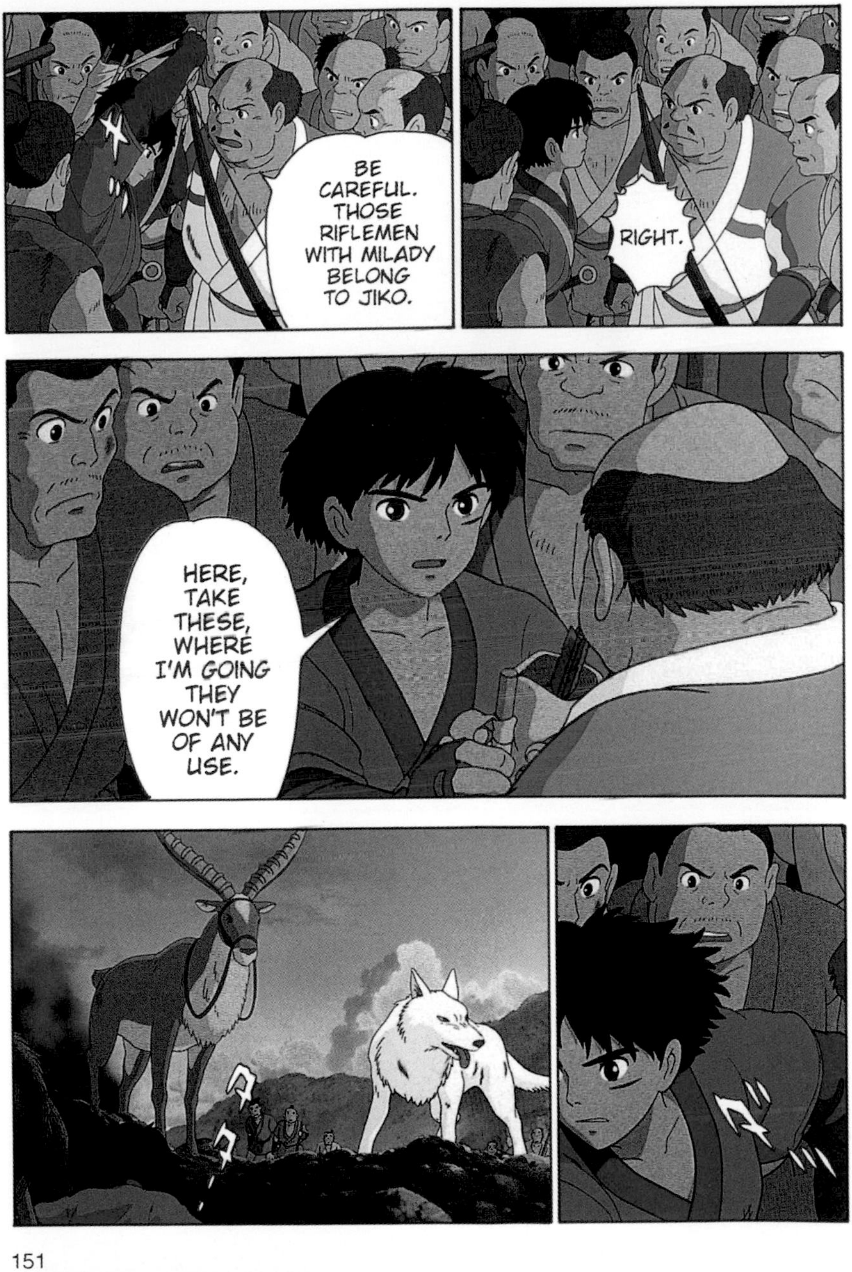
BE CAREFUL. THOSE RIFLEMEN WITH MILADY BELONG TO JIKO.
RIGHT.
HERE, TAKE THESE, WHERE I'M GOING THEY WON'T BE OF ANY USE.

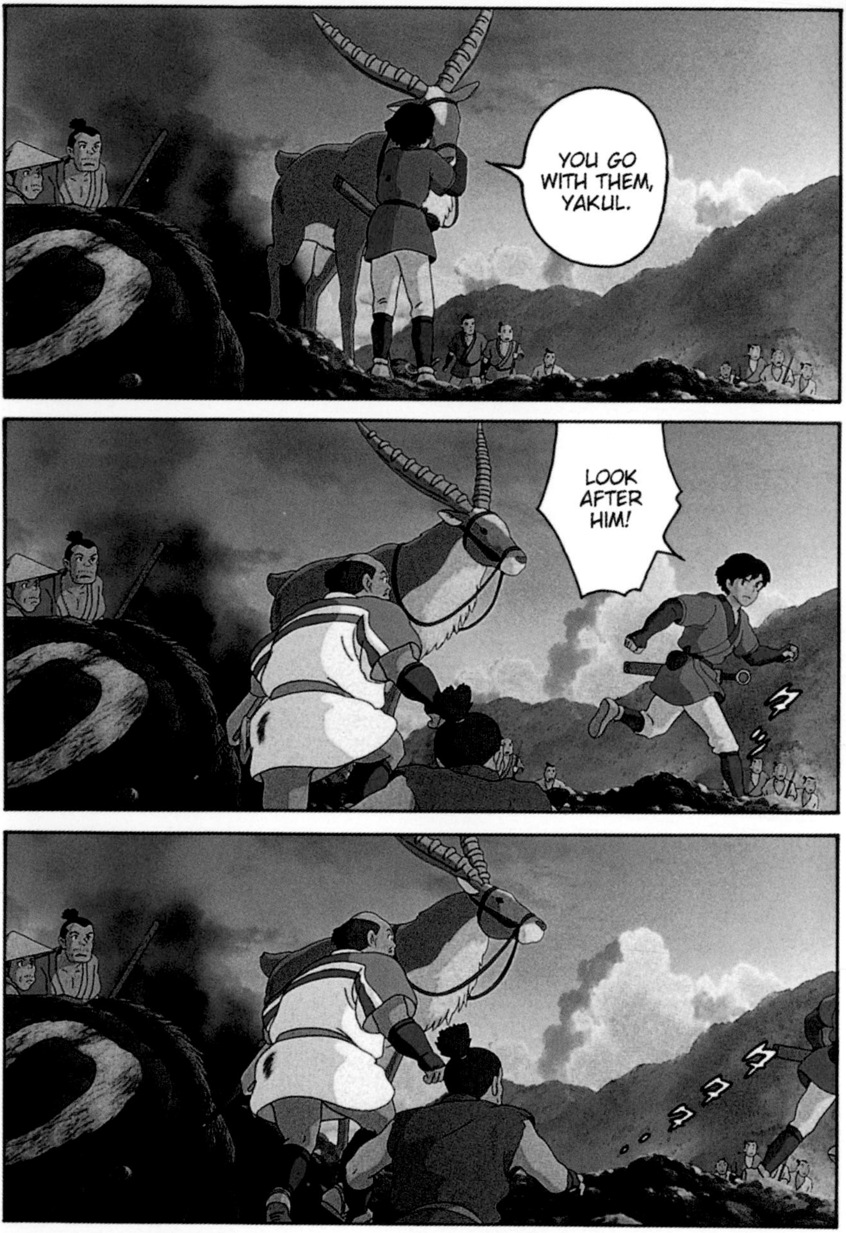
YOU GO WITH THEM, YAKUL.
LOOK AFTER HIM!

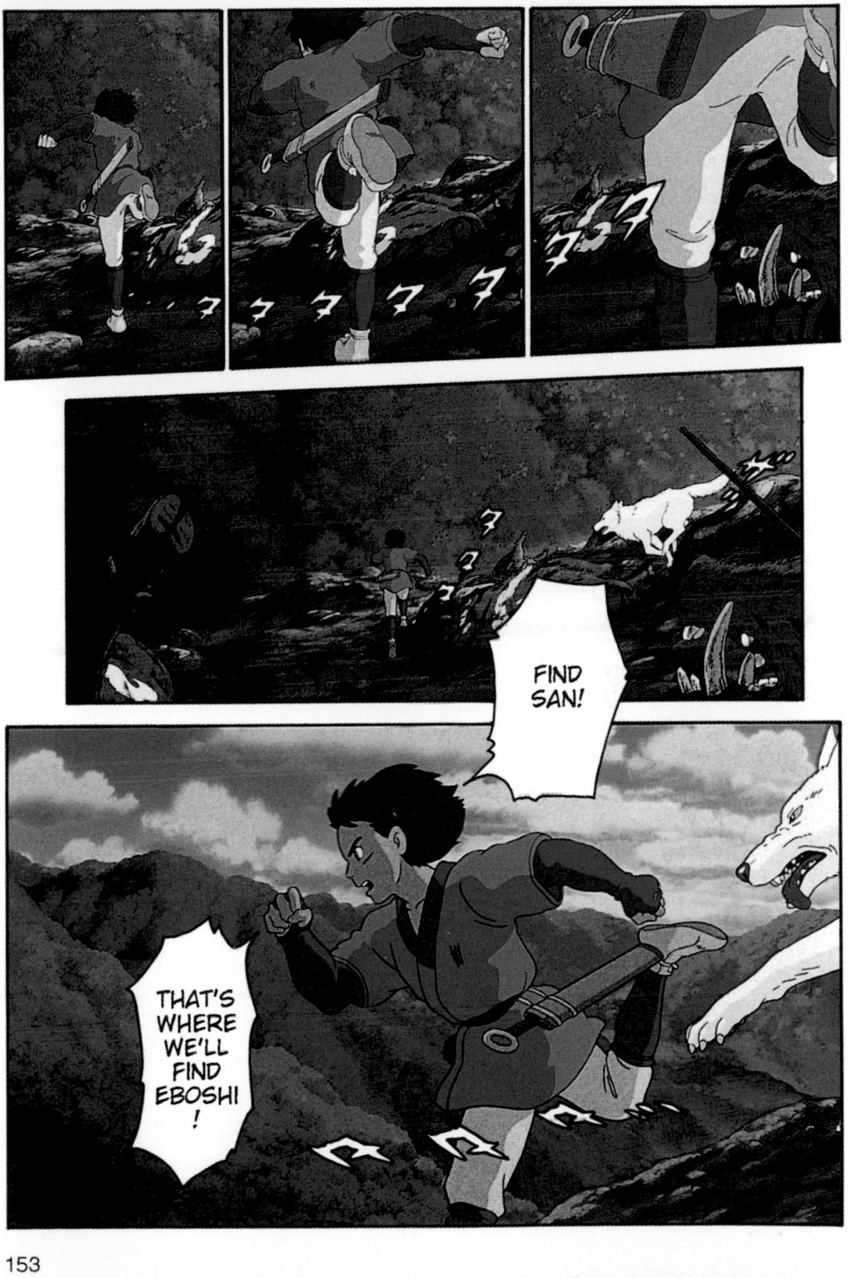
FIND SAN!
THAT'S WHERE WE'LL FIND EBOSHI!

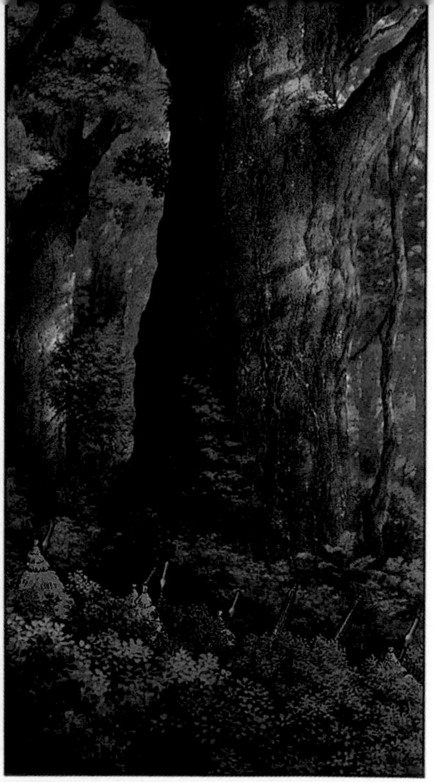

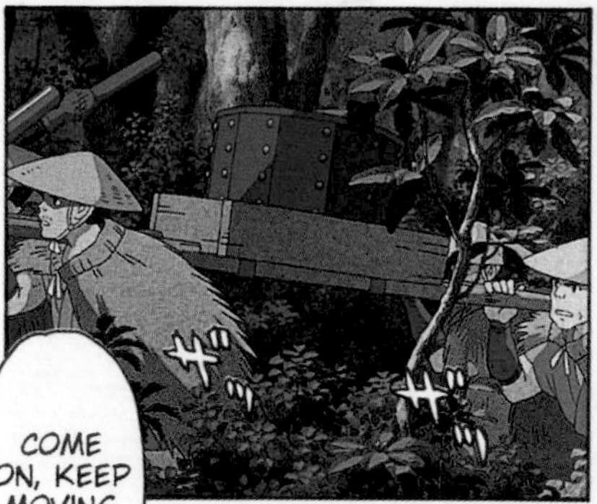

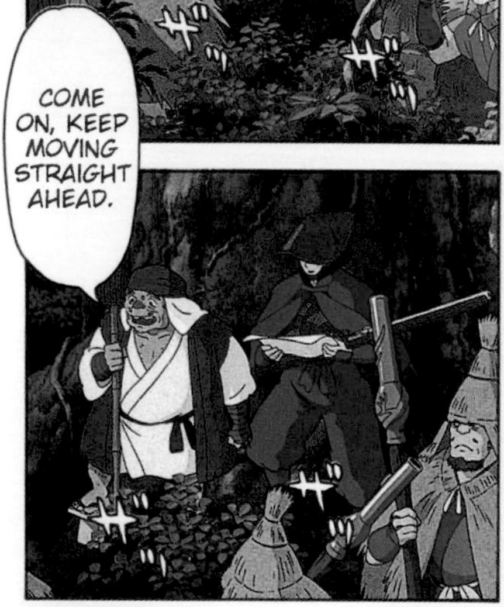
COME ON, KEEP MOVING STRAIGHT AHEAD.

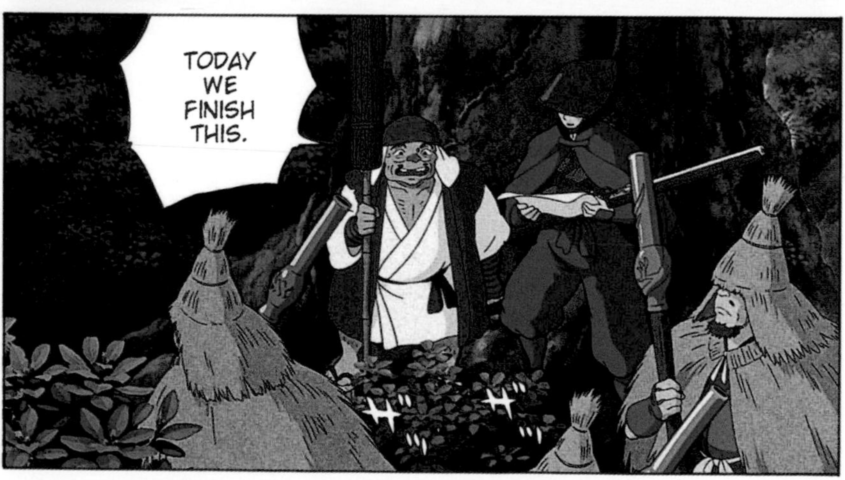
TODAY WE FINISH THIS.

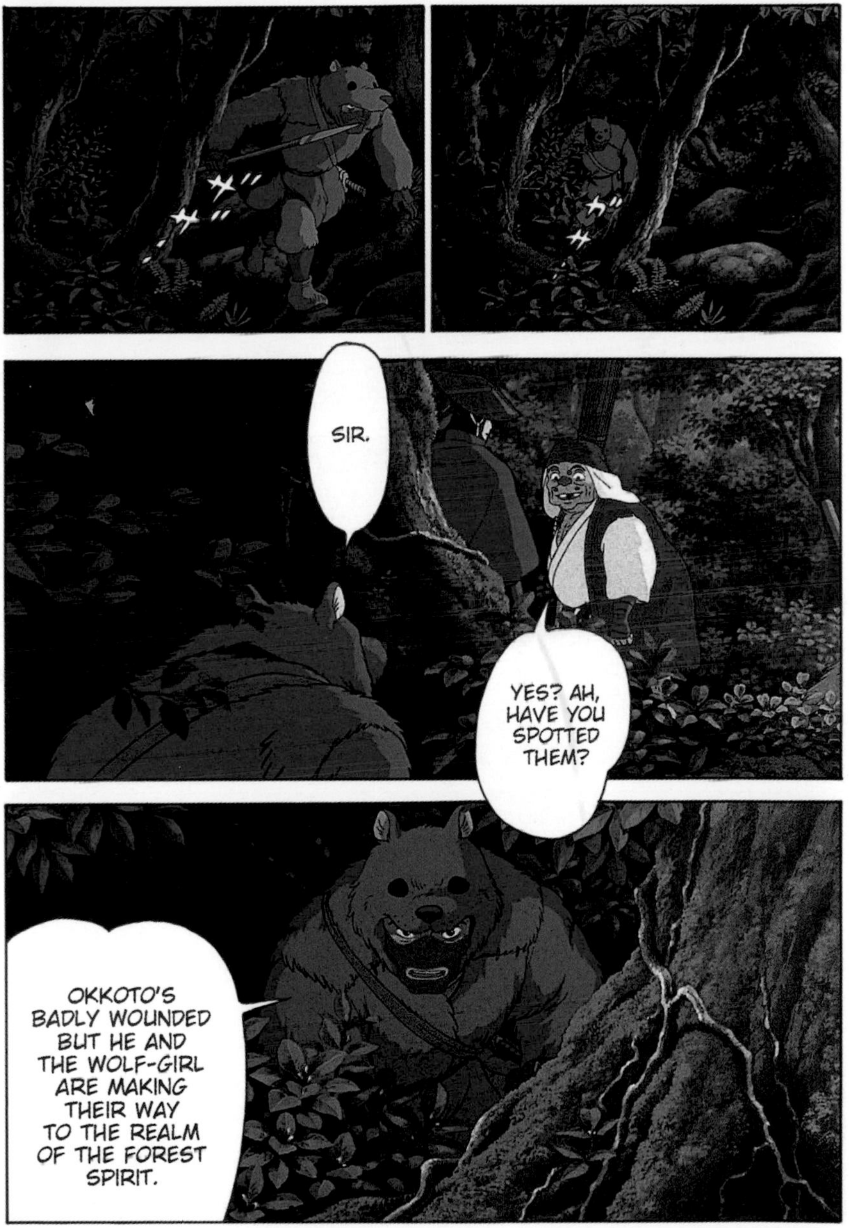
SIR.
YES? AH, HAVE YOU SPOTTED THEM?
OKKOTO'S BADLY WOUNDED BUT HE AND THE WOLF-GIRL ARE MAKING THEIR WAY TO THE REALM OF THE FOREST SPIRIT.

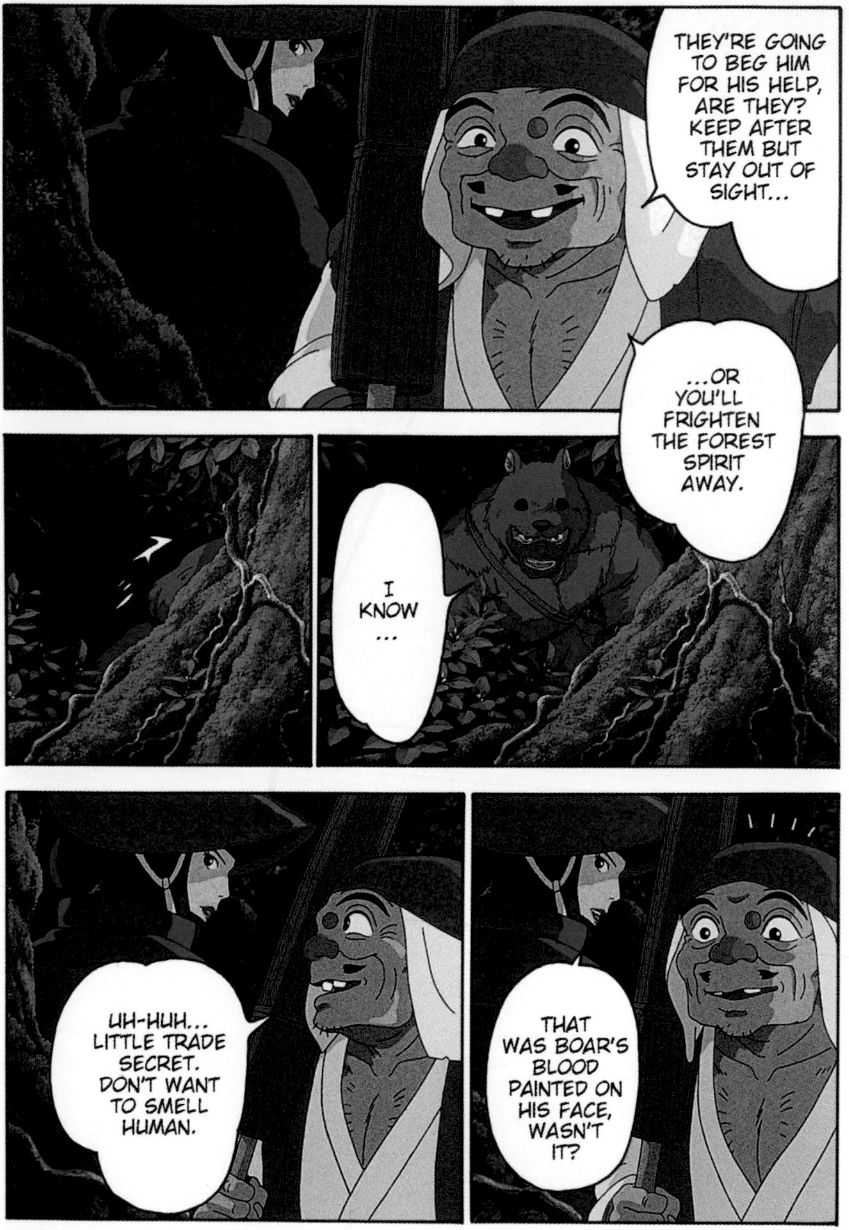
THEY'RE GOING TO BEG HIM FOR HIS HELP, ARE THEY? KEEP AFTER THEM BUT STAY OUT OF SIGHT...
...OR YOU'LL FRIGHTEN THE FOREST SPIRIT AWAY.
I KNOW...
THAT WAS BOAR'S BLOOD PAINTED ON HIS FACE, WASN'T IT?
UH-HUH... LITTLE TRADE SECRET. DON'T WANT TO SMELL HUMAN.

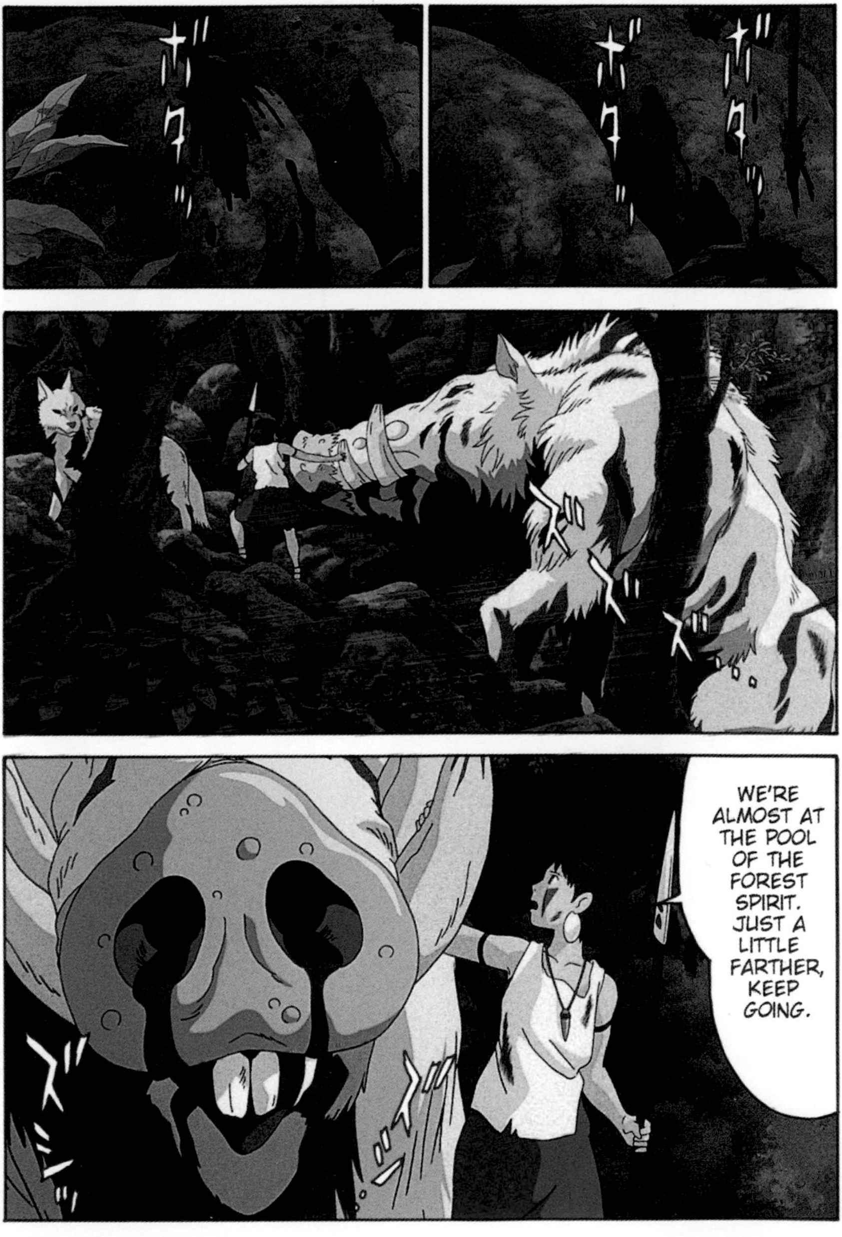
WE'RE ALMOST AT THE POOL OF THE FOREST SPIRIT. JUST A LITTLE FARTHER, KEEP GOING.

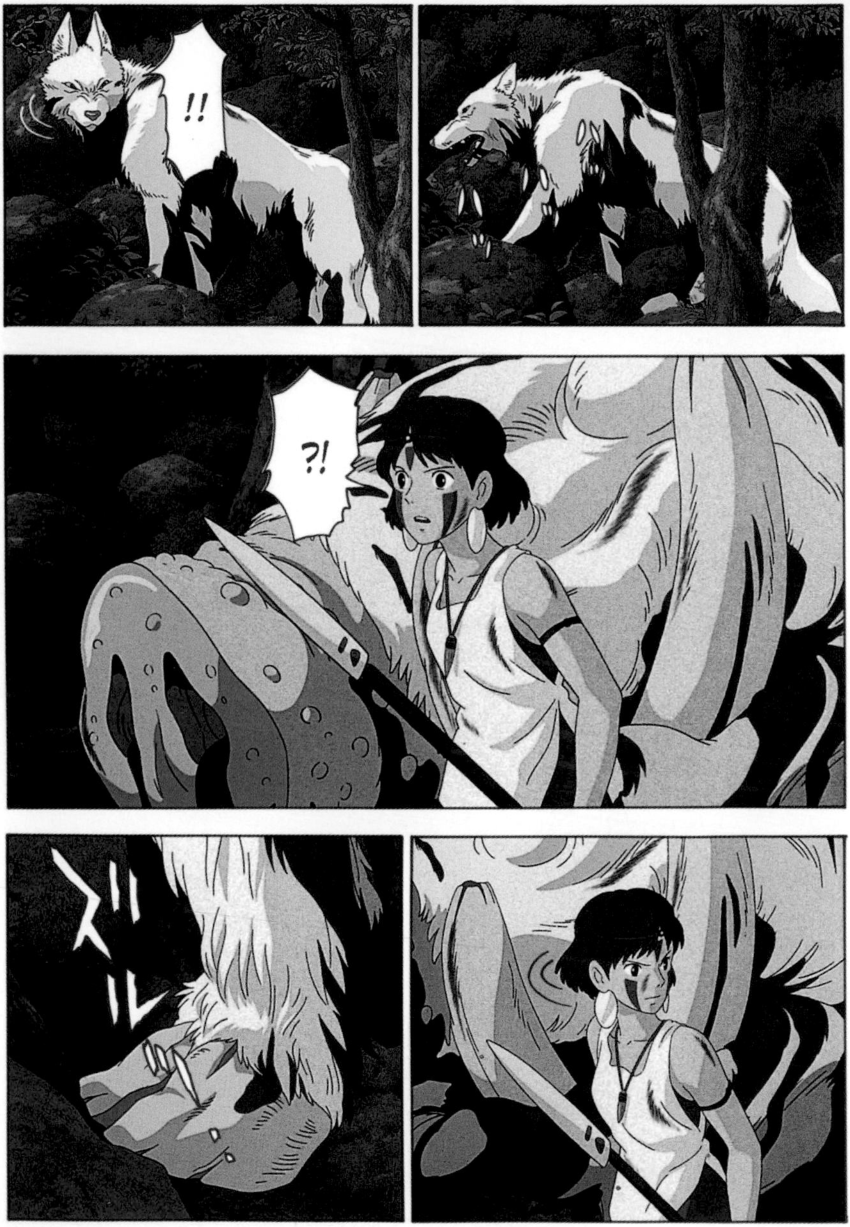
!!
?!
ズル

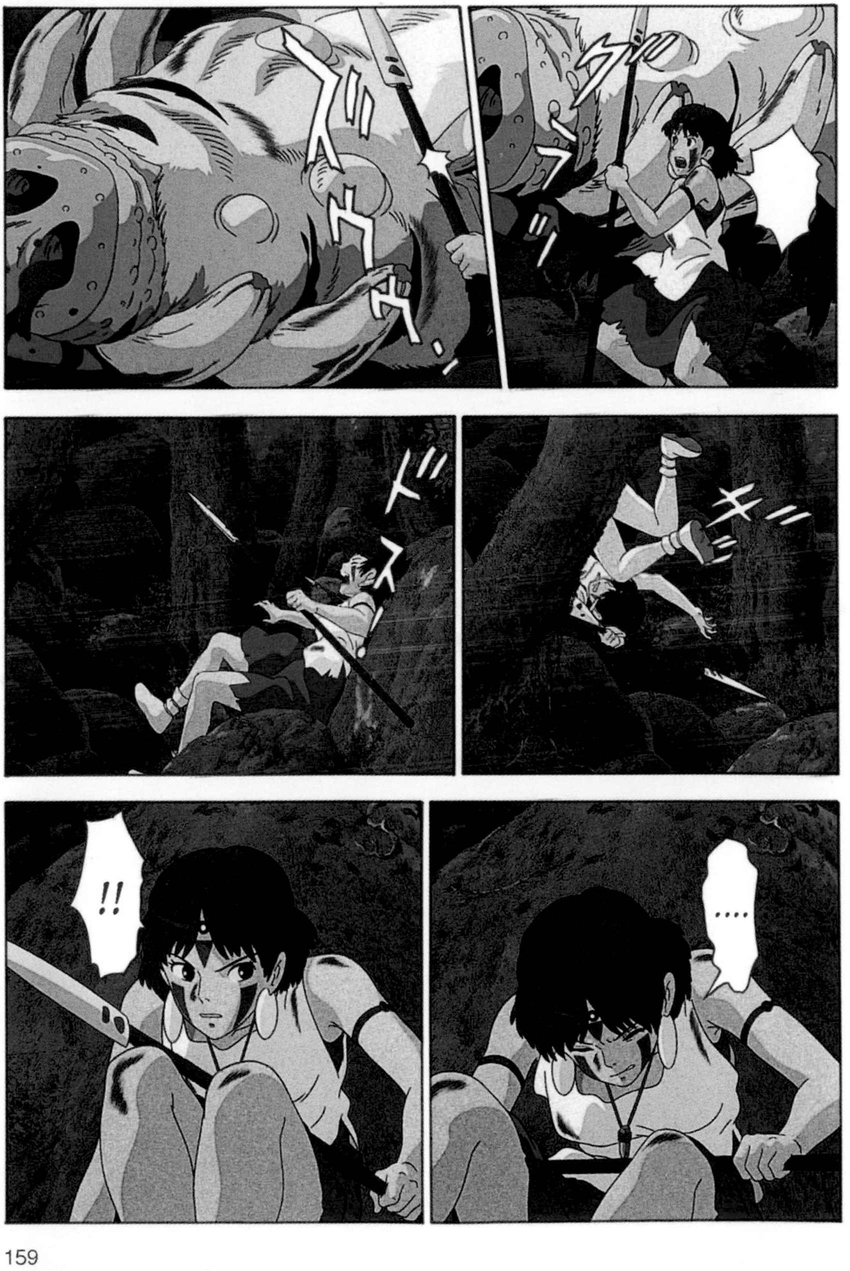
ヴル
ズヴゥ…
ドス
キー
!!
....

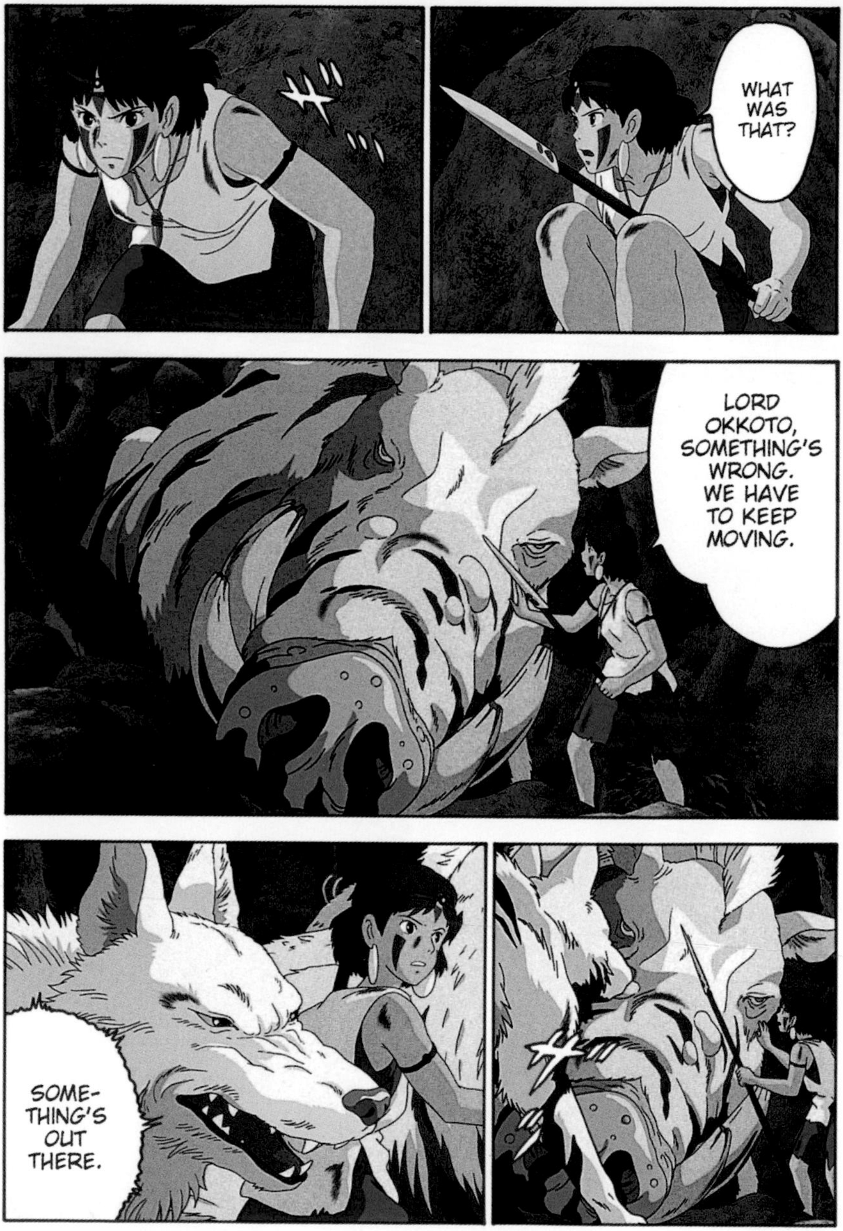
WHAT WAS THAT?
LORD OKKOTO, SOMETHING'S WRONG. WE HAVE TO KEEP MOVING.
SOME-THING'S OUT THERE.

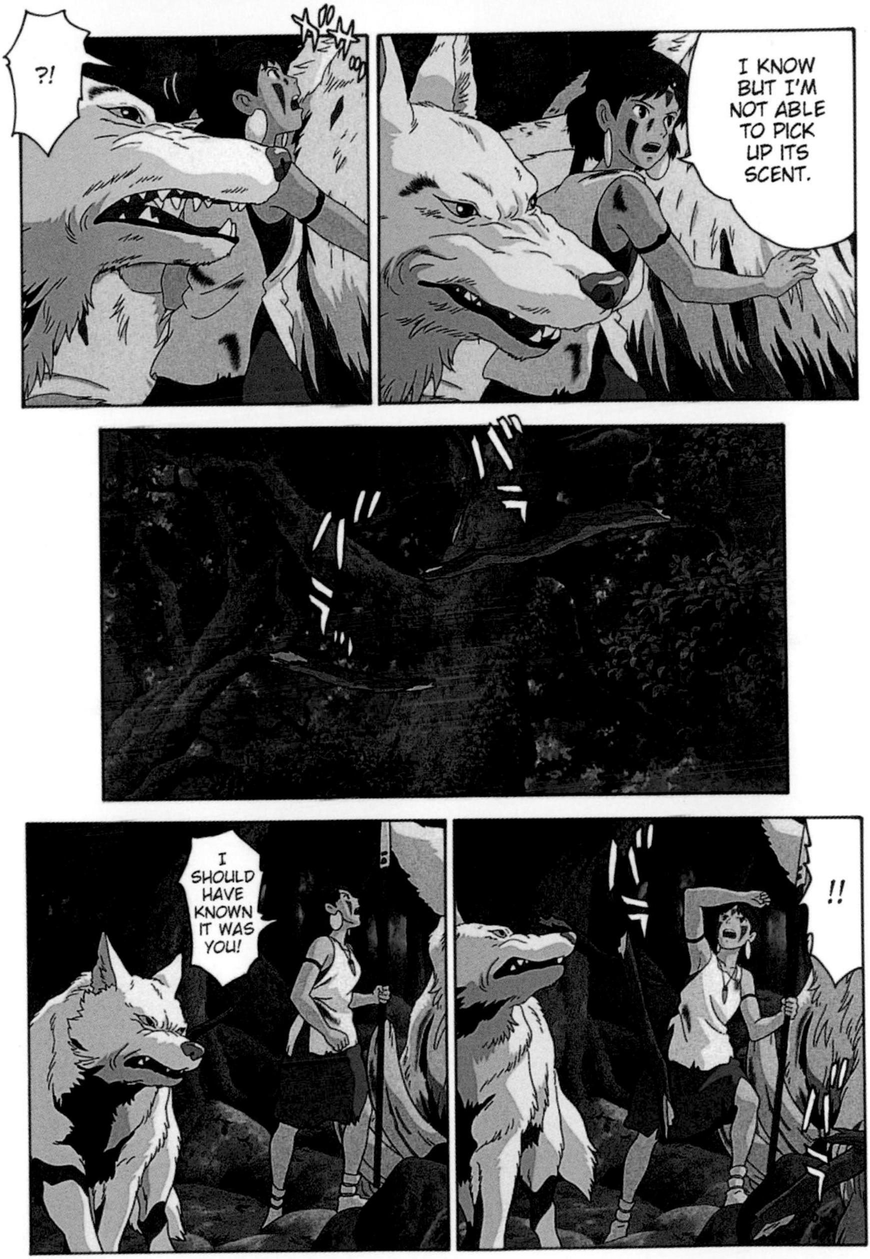
I KNOW BUT I'M NOT ABLE TO PICK UP ITS SCENT.
?!
!!
I SHOULD HAVE KNOWN IT WAS YOU!

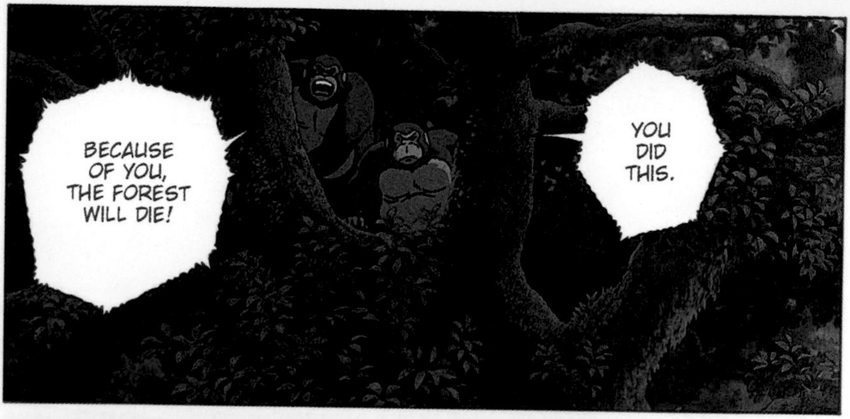
YOU DID THIS.
BECAUSE OF YOU, THE FOREST WILL DIE!

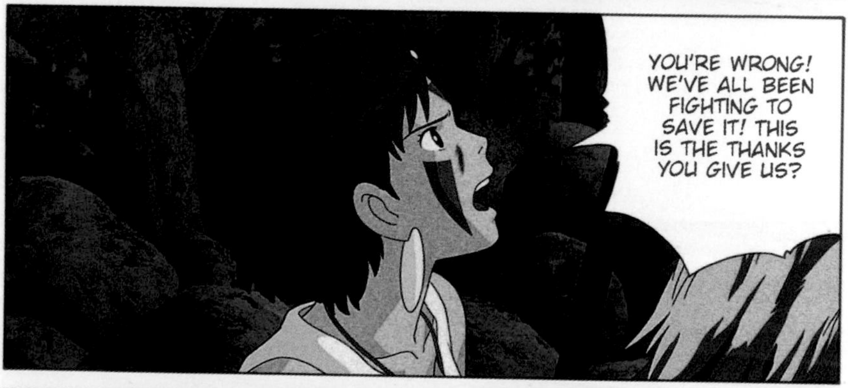
YOU'RE WRONG! WE'VE ALL BEEN FIGHTING TO SAVE IT! THIS IS THE THANKS YOU GIVE US?

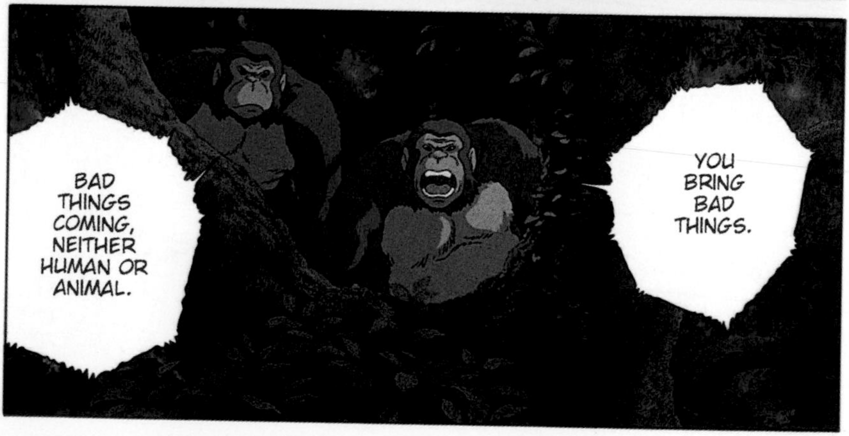
YOU BRING BAD THINGS.
BAD THINGS COMING, NEITHER HUMAN OR ANIMAL.

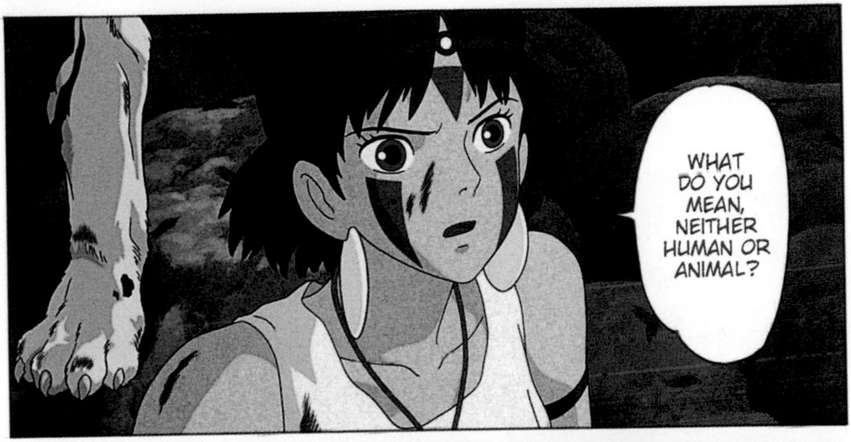
WHAT DO YOU MEAN, NEITHER HUMAN OR ANIMAL?

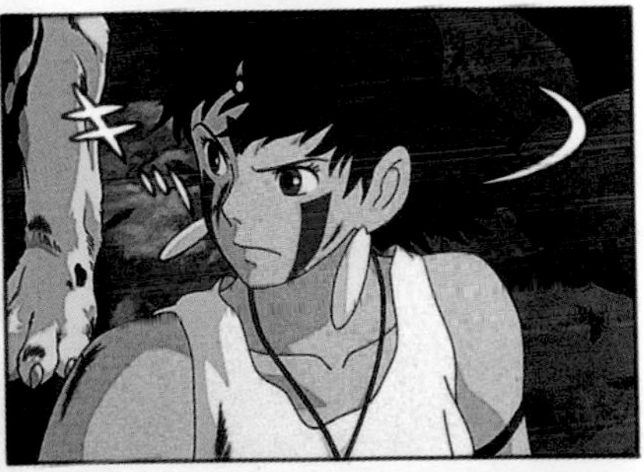

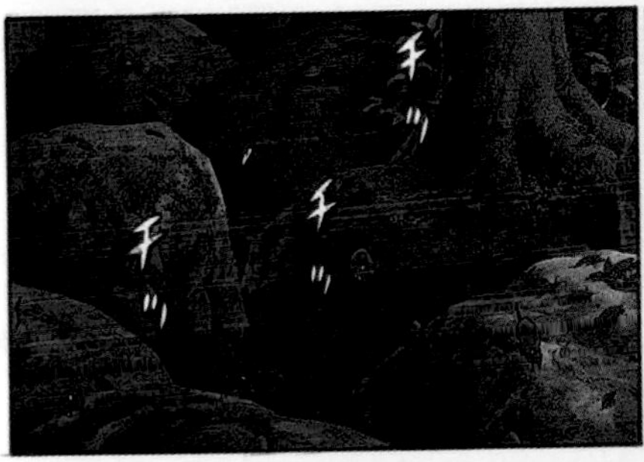

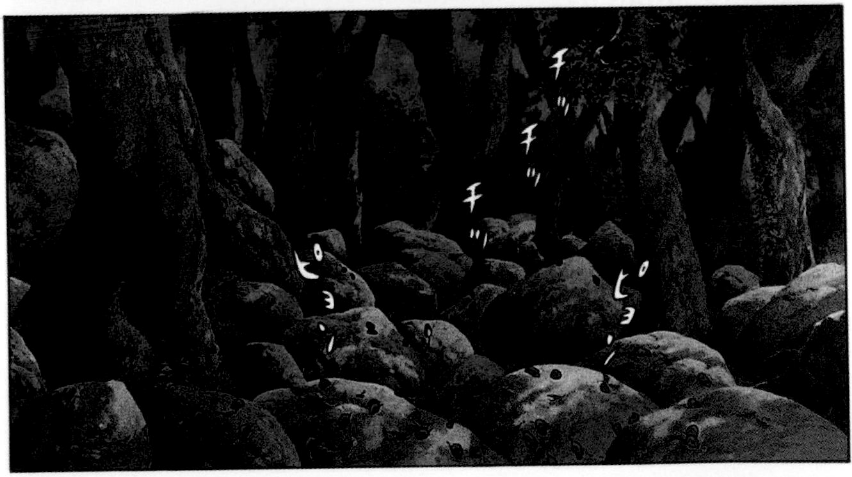

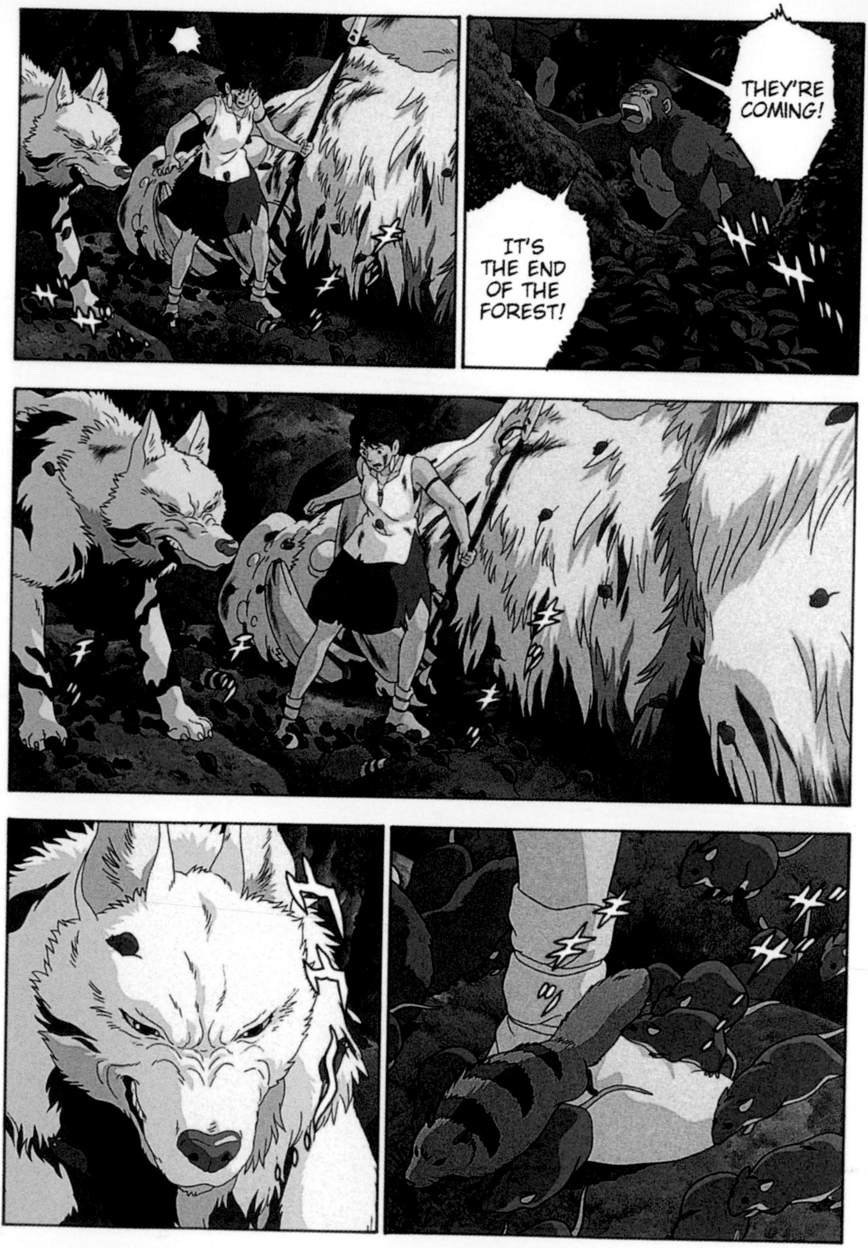
THEY'RE COMING!
IT'S THE END OF THE FOREST!

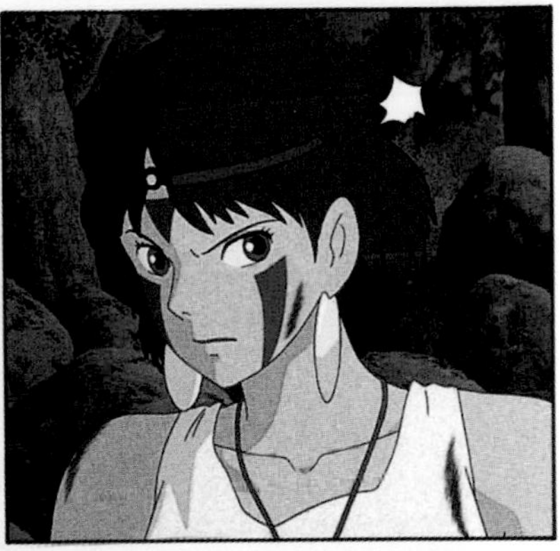
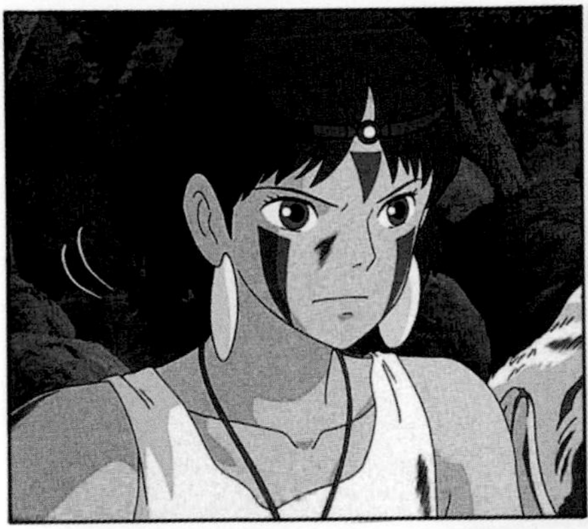
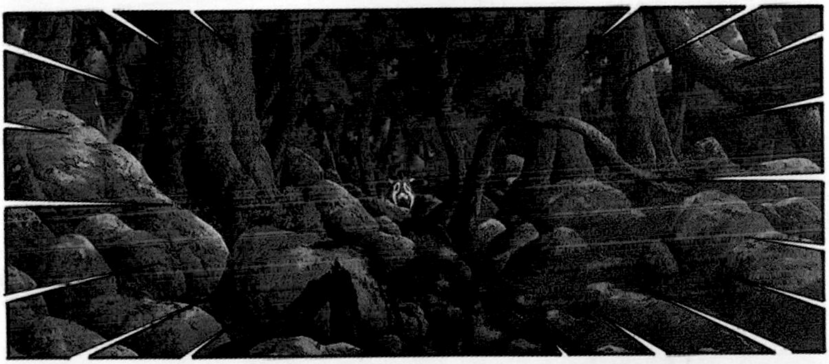
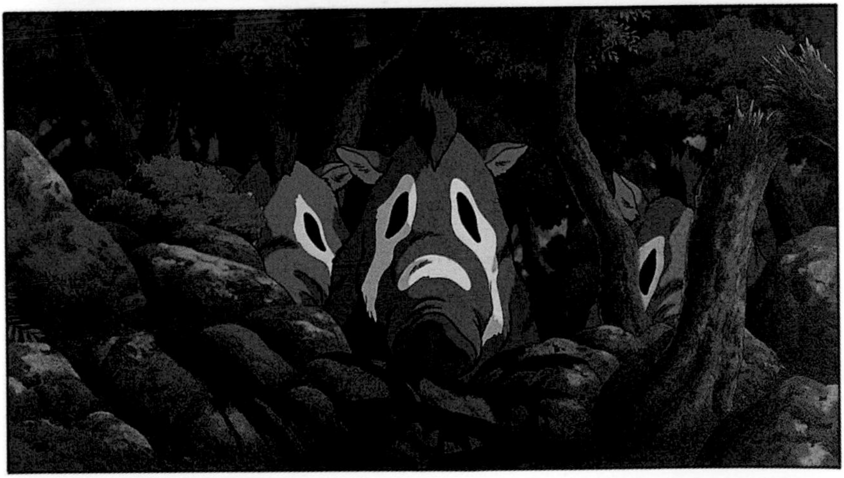

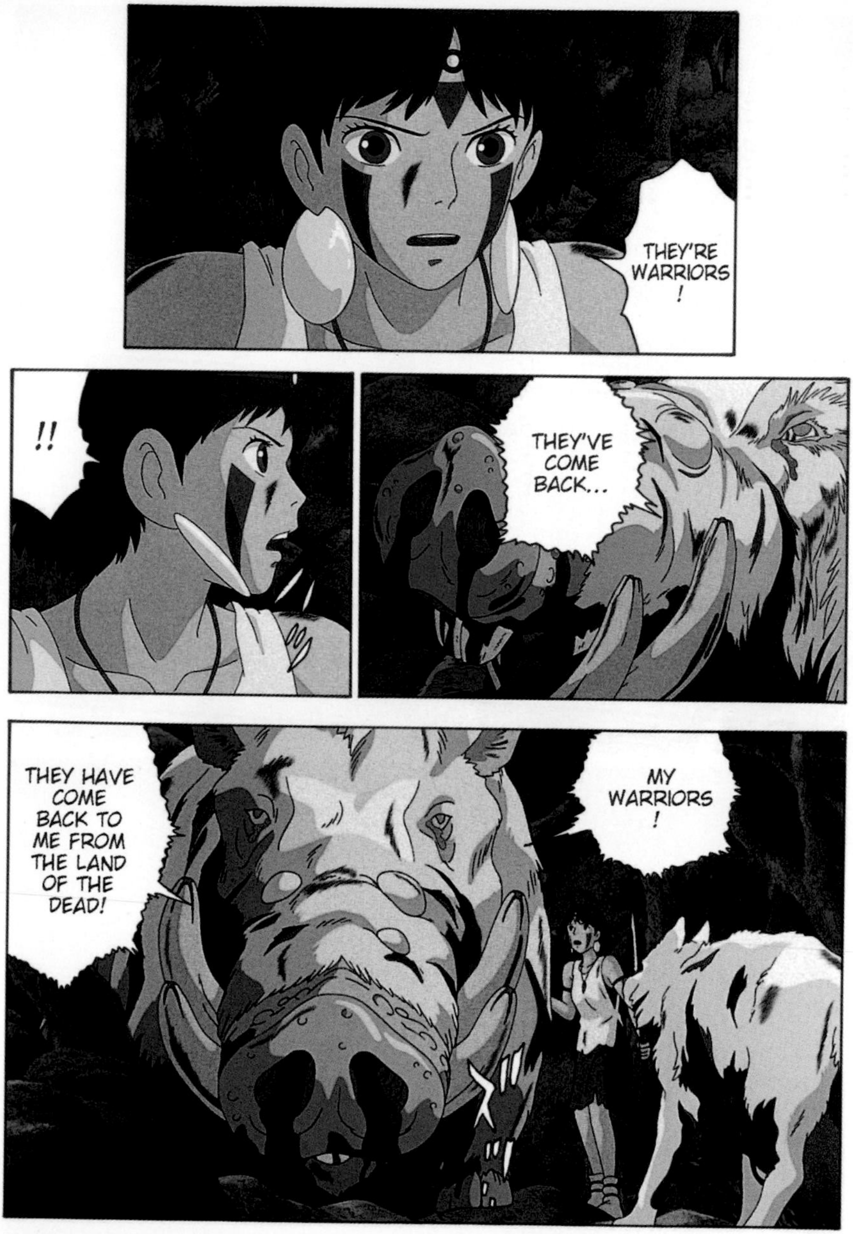
THEY'RE WARRIORS !
!!
THEY'VE COME BACK...
THEY HAVE COME BACK TO ME FROM THE LAND OF THE DEAD!
MY WARRIORS !

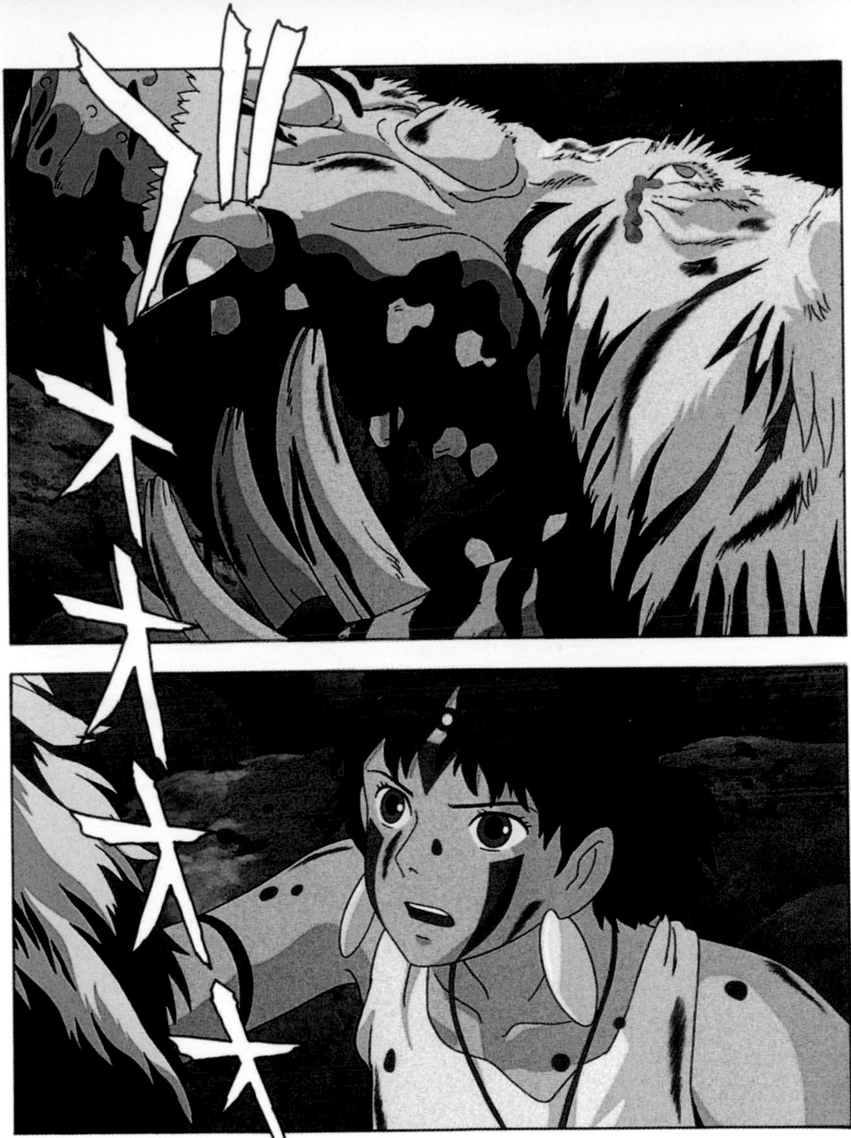

TO BE CONTINUED…

Your Guide to *Princess Mononoke* Sound Effects!

To increase your enjoyment of the distinctive Japanese visual style of *Princess Mononoke* we've included a listing of and guide to the sound effects used in this comic adaptation of the movie. In the comic, these sound effects are written in the Japanese phonetic characters called katakana.

In the sound effects glossary for *Princess Mononoke*, sound effects are listed by page and panel number. For example, 56.1 means page 56, panel 1. And if there is more than one sound effect in a panel, the sound effects are listed in order (so, 73.1.1 means page 73, panel 1, first sound effect). Remember that all numbers are given in the original Japanese reading order: right-to-left.

After the page and panel numbers, you'll see the literally translated sound spelled out by the katakana, followed by how the sound effect might have been spelled out, or what it stands for, in English—it is interesting to see the different ways Japanese people describe the sounds of things!

You'll sometimes see a long dash at the end of a sound effects listing. This is just a way of showing that the sound is the kind that lasts for a while; similarly, a hyphen and number indicate the panels affected.

Now you are ready to use the *Princess Mononoke* Sound Effects Guide!

24.2 FX: SU [fsh]	10.3 FX: ZA ZA [fich fich]	4.2 FX: UNMOOH MOOH [mooo moo]
	10.4 FX: DOUN [blamm]	4.2-3 FX: DOH DOH DOH DOH [whudd whudd whudd whudd]
26.1 FX: ZA ZA ZA ZA [fich fich fich fich]		
26.2 FX: ZA ZA ZA [fich fich fich]	11.1 FX: ZA ZA [fich fich]	4.3.1 FX: UMOOH [moooo]
	11.2 FX: SHU [fsh]	4.3.2 FX: DOH DOH DOH [whudd whudd whudd]
31.4 FX: HA HA HA HA HA [ha ha ha ha ha]	11.3 FX: DOUN [blamm]	
	11.4 FX: KASHA [klak]	
32.2 FX: PIKU [fip]	11.5 FX: SU [fsh]	5.1.1 FX: UOOH [yaaah]
32.3 FX: OOH [uhh]		5.1.2 FX: OOH [yaah]
	13.2.1 FX: ZA ZA [fich fich]	5.2-3 FX: WAAH WAAH [yaah yaah]
33.2 FX: SUU SUU [zzz zzz]	13.2.2 FX: SU [fsh]	5.3 FX: UOOOH [yaaaah]
	13.3 FX: ZA ZA ZA [fich fich fich]	
34.3 FX: ZUKIN [ping]	13.4 FX: ZA ZA [fich fich]	6.1 FX: DOU DOU DOUN [blamm blamm blamm]
34.4 FX: OOH [uhh]		
34.5 FX: GU [tugg]	15.3 FX: PAKA PAKA PAKA [klop klop klop]	6.2.1 FX: WAAH [aaargh]
		6.2.2 FX: HEEE [aieee]
35.2 FX: SU [fsh]	16.2 CROWD: WE WILL!	6.2.3 FX: GYAA [aieee]
	16.5 FX: GIII [kreech]	6.3 FX: DOHN [boomsh]
42.3 FX: FUA FUA FUA [ha ha ha]	16.6 FX: DON! [thunk!]	
		7.1 FX: WAAH [yaah]
44.2 FX: KASA [fip]	18.3 CROWD: LOSER!!	7.2 FX: DOGA [boomsh]
		7.4 FX: SU [fsh]
45.1 FX: SA [fsh]	19.1 FX: DOUN [blamm]	7.5 FX: KASHA [klik]
	19.2 FX: BAAN! [krakk!]	7.6 FX: SHU [fwik]
46.3 FX: SU [fsh]	19.3.1 FX: PAKA PAKA [klop klop]	
46.4 FX: KUU [zzz]	19.3.2 FX: HEEHEEN [heeen]	8.1 FX: DOU [blamm]
	19.4.1 FX: WA HA HA HA [ha ha ha ha]	8.3 FX: DOGA [boomsh]
47.4 FX: FUASA [fwish]	19.4.2 FX: AHA HA HA HA [ha ha ha ha]	8.4.1 FX: DADAAN [kurblam]
		8.4.2 FX: DAAN [blamm]
48.2 FX: GABA [fwoosh]	20.1 FX: PORI PORI [skrik skrik]	8.4.3 FX: WAAH WAAH WAAH [yaah yaah yaah]
48.4 FX: TAA [tmpp]		
48.5 FX: TA TA [tmp tmp]	22.1 FX: MUSU [humph]	
48.6 FX: CHI CHI CHI [chirrp]	22.2 FX: PORI PORI [skrik skrik]	9.4 FX: ZAWA [fssh]
	22.4 FX: BASA [fwish]	
50.2 FX: TOH TOH [tp tp]		10.1 FX: ZUUN ZUUN [boom boom]
	23.2 FX: GAHA HA HA HA [ha ha ha ha]	10.2 FX: ZA ZA [fich fich]

81.1	FX: PAKA PAKA [klop klop]
81.2	FX: SHAKIIN [chakeen]
81.3	FX: PAKA PAKA [klop klop]
81.4	FX: BA [fwoosh]
81.5	FX: ZAN [fwish]
82.1	FX: PAKA PAKA [klop klop]
82.2	FX: GU [tugg]
82.3	FX: PAKA PAKA [klop klop]
82.4	FX: BUUN [fweee]
83.1	FX: BA [fwoosh]
83.4	FX: DOKA [tunk]
83.5	FX: BA [fwoosh]
84.2	FX: ZABA [plissh]
84.3	FX: GOBOBO [glug glug]
84.4	FX: GOBOBO [glug glug]
84.6	FX: ZABAA [plissh]
85.3	FX: BIN! BIN! [ping! ping!]
85.5	FX: HYUN [fwee]
86.1	FX: BASHI [fwik]
86.2	FX: ZA [plish]
86.3	FX: BA [fwoosh]
87.2	FX: DOHN DAAN [boom blamm]
87.3	FX: ZABA ZABA [plish plish]
87.5	FX: JABA [ploosh]
88.1	FX: WAAH WAAH [ahh ahh]
88.2	FX: WAAH WAAH [ahh ahh]
88.3.1	FX: WAAH WAAH [ahh ahh]
88.3.2	FX: DOOHN [booom]
88.3.3	FX: DAAAN [blaam]
89.1.1	FX: DAAN [blamm]
89.1.2	FX: DOU [boom]
89.2	FX: DAAN [blamm]
90.3	FX: ZABA ZABA [plish plish]
91.2	FX: ZABA ZABA [plish plish]
92.1	FX: HYOI [fup]
92.5	FX: BUUN [fwoom]
93.2	FX: PASHI [fip]
94.1	FX: GAKO [twunk]
94.2	FX: DOHN [blamm]
94.5	FX: ZABA [boomsh]
95.4	FX: SU [fsh]
95.4-5	FX: DOHN [boom]
95.6	FX: GUGU [tugg]

69.2	FX: ZA [fich]
69.3	FX: DOH DOH DOH DOH [whud whud whud whud]
69.4	FX: DOH DOH DOH [whud whud whud]
70.2	FX: BECHA [plipp]
70.3	FX: ZU ZU [fsssh]
70.4.1	FX: BASHA [plish]
70.4.2	FX: BECHA [plip]
70.5	FX: DOH DOH DOH DOH [whud whud whud whud]
71.1	FX: DOH DOH DOH [whud whud whud]
71.2	FX: BUHEE BUHEE [bwehh bwehh]
71.3	FX: DOH DOH DOH [whud whud whud]
71.4	FX: DOH DOH DOH [whud whud whud]
72.1	FX: POTSU POTSU [plip plip]
72.2	FX: ZAAA [fsssh]
72.3	FX: ZAAA [fsssh]
72.4	FX: ZA ZA [fich fich]
73.1.1	FX: ZA [fich]
73.1.2	FX: SAA [fsssh]
73.2.1	FX: GORO GORO [krakkl]
73.2.2	FX: ZA ZA [fich fich]
73.3.1	FX: GORO GORO GORO [krakkl krakkl krakkl]
73.3.2	FX: DOOHN [boomsh]
73.4	FX: DOOHN [boomsh]
73.6	FX: ZAAA [fssshhh]
74.1	FX: ZAAAA [fssshhh]
74.3	FX: ZAAAA [fssshhh]
74.4.1	FX: DODDOHN [boomsh]
74.4.2	FX: DOOHN [boomsh]
75.1	FX: DOOHHN [boooom]
76.1-2	FX: DOGA [buwamm]
76.3	FX: GUWA [yahh]
77.1-2	FX: GOHH [krr]
78.1	FX: DAAN [blamm]
78.2	FX: DAAN [blamm]
78.3	FX: DAAN DAAN [blamm blamm]
79.1	FX: DOHN DAAN [boom blamm]
79.3	FX: GU [tugg]
79.4	FX: DA DA [tump tump]
80.2	FX: ZA [fich]
80.3	FX: PAKA PAKA [klop klop]
80.4	FX: PAKA PAKA [klop klop]

51.1	FX: BA [fwoop]
51.3	FX: DOH [tump]
51.4	FX: GURA [fwom]
51.5	FX: GORO [fwud]
51.5	FX: DOSA [whud]
52.1	FX: ZUU [fsshh]
52.6	FX: GU [tugg]
53.1	FX: SA [fsh]
53.2	FX: SU [fsh]
53.6	FX: PAKA PAKA [klop klop]
54.1	FX: PAKA PAKA [klop klop]
54.2	FX: PAKA [klop]
54.3	FX: PAKA [klop]
55.5	FX: SU [fsh]
56.1	FX: BA [fsh]
56.3	FX: PAKU [clomp]
56.5	FX: BA [fsh]
56.7	FX: PAKA PAKA [klop klop]
57.1	FX: ZA ZA ZA [fich fich fich]
57.2	FX: DA DA [tump tump]
57.3	FX: DA DA [tump tump]
59.1	FX: SHUU SHUU [fsssh fsssh]
62.3	FX: DŌH DOH DOH DOH [whud whud whud whud]
63.1	FX: ZUDOHN [buwaam]
63.2.1	FX: DOH DOH DOH [whud whud whud]
63.2.2	FX: DOH DOH DŌH [whud whud whud]
63.3.1	FX: DOHH [boomsh]
63.3.2	FX: MEKI MEKI [krak krak]
63.3.3	FX: KAAN KAAN KAAN [klang klang klang]
64.2	FX: SU [fsh]
65.5	FX: ZA [fich]
65.6	FX: DA [tmp]
66.2	FX: ZA [fich]
66.4	FX: HA HA HA [huf huf huf]
67.2	FX: SU [fsh]
68.2	FX: BUCHI [krrip]
68.3	FX: SA [fsh]
68.5	FX: ZA [fich]
68.6	FX: BA [fwoosh]

116.5 FX: DOSA [whud]
116.6 FX: ZAKU [tunk]

117.1 FX: GURA [fwom]
117.2 FX: DOSHA [krrsh]
117.3-4 FX: DOKA DOKA DOKA
[ktunk ktunk ktunk]
117.4 FX: BIN! [ping!]
117.5 FX: SU [fsh]
117.6.1 FX: BYU [fwee]
117.6.2 FX: GASHI [tugg]

118.1 FX: SU [fsh]
118.2 FX: GI [kree]
118.3 FX: DOKA DOKA [ftunk ftunk]
118.4 FX: BEEEN! [piing!]

119.1 FX: GASHA [krrsh]
119.2.1 FX: DOKA DOKA [ftunk ftunk]
119.2.2 FX: DOH DOH [whud whud]

120.1 FX: DOKA DOKA DOKA
[ftunk ftunk ftunk]
120.2 FX: SU [fsh]
120.3 FX: GIRIRI [kree]
120.4 FX: BEEEN! [piing!]
120.5 FX: DOH [whudd]

121.1 FX: DAKA DAKA [ftunk ftunk]
121.2 FX: DAKA DAKA [ftunk ftunk]
121.4.1 FX: SA [fsh]
121.4.2 FX: SHA [fwish]
121.5.1 FX: TA TA TA [tmp tmp tmp]
121.5.2 FX: HYOKO HYOKO [fwok fwok]

122.1 FX: SA [fsh]
122.3 FX: TA TA [tmp tmp]
122.4 FX: HYOKO [fwok]
122.5.1 FX: HYOKO [fwok]
122.5.2 FX: DA [tmp]

123.1 FX: TA [tmp]
123.3 FX: DA [tmp]
123.4 FX: TA TA [tmp tmp]
123.5 FX: HYOKO HYOKO [fwok fwok]

127.3 FX: SU [fsh]

132.3 FX: GAYA GAYA [yadda yadda]

134.3 FX: UH [urr]

135.2 FX: DOH DOH DOH DOH
[whudd whudd whudd whudd]
135.3 FX: DOH DOH DOH DOH
[whudd whudd whudd whudd]

106.3 FX: BYU [fwee]

107.1 FX: DOSU [ftunk]
107.2-3 FX: BA [fwoosh]
107.5 FX: DOH [whudd]
107.6.1 FX: DOSA [whudd]
107.6.2 FX: ZAZA [fwisssh]

108.1 FX: ZUU [fichh]
108.2 FX: GABA [fwoosh]
108.4 FX: DA [tmp]

109.1 FX: DOKA DOKA [ktunk ktunk]
109.2 FX: DOKA DOKA DOKA
[ktunk ktunk ktunk]
109.3 FX: GU [tugg]
109.4.1 FX: ZU [fwich]
109.4.2 FX: PIKU [fwip]
109.5.1 FX: DOH DOH [whud whud]
109.5.2 FX: DOH DOH [whud whud]

110.1 FX: DOH DOH [whud whud]
110.2 FX: SU [fsh]
110.3 FX: GIRIRI [kreee]
110.4 FX: BIN! [ping!]

111.1 FX: GAKEEN [klang]
111.4.1 FX: SA [fsh]
111.4.2 FX: HYOKO [fwok]
111.5 FX: SHAKI [chakeen]

112.1.1 FX: DOH DOH [whud whud]
112.1.2 FX: SA [fsh]
112.2.1 FX: BISHU [fwish]
112.2.2 FX: BA [fwoosh]
112.3 FX: DOKA [ktunk]
112.4.1 FX: DOKA DOKA [ktunk ktunk]
112.4.2 FX: BIN! [ping!]
112.5 FX: DOSU! [tunk!]
112.6 FX: BA [fwoosh]

113.1 FX: DOH DOH [whud whud]
113.2.1 FX: DOH DOH [whud whud]
113.2.2 FX: DOH [whud]
113.3 FX: SA [fsh]
113.4 FX: DOKA DOKA DOKA
[ktunk ktunk ktunk]
113.6 FX: ZA [fich]

114.2 FX: GUSA [tunk]
114.4.1 FX: GUGU [tuggg]
114.4.2 FX: JIWA [zwissh]
114.5 FX: DOKA DOKA DOKA
[ktunk ktunk ktunk]

115.5 FX: GAKEEN [klaang]

96.1 FX: TA TA TA [tmp tmp tmp]
96.2.1 FX: DOHN [blamm]
96.2.2 FX: TON TON [tump tump]
96.2.3 FX: BA [fsh]
96.3.1 FX: DOGA [boomsh]
96.3.2 FX: PAKA PAKA [klop klop]
96.5 FX: TON [tunk]

97.1 FX: PAKA PAKA [klop klop]
97.2 FX: PAKA PAKA [klop klop]
97.3 FX: GUGU [tugg]
97.4 FX: BIN! [ping!]

98.1-4 FX: BEEEEEE [fweeeeeee]
98.5 FX: PAKA PAKA [klop klop]
98.6 FX: ZA [fich]

99.1 FX: PAKA PAKA PAKA [klop klop klop]
99.2 FX: PAKA PAKA PAKA [klop klop klop]
99.4 FX: BA [fwoosh]
99.5 FX: KA KA [tak tak]
99.6 FX: BA [fwoosh]

100.1 FX: PAKA [klop]
100.3 FX: TAN [tunk]
100.4 FX: KA [tak]
100.5 FX: PAKA PAKA [klop klop]
100.6.1 FX: DOKA DOKA [ktunk ktunk]
100.6.2 FX: PAKA PAKA [klop klop]

101.1 FX: PAKA PAKA [klop klop]
101.2 FX: DOKA DOKA [ktunk ktunk]
101.3 FX: DOKA DOKA DOKA [ktunk ktunk ktunk]
101.4 FX: PAKA PAKA [klop klop]

102.1 FX: DOH DOH DOH DOH
[whud whud whud whud]
102.2 FX: SA [fsh]
102.2-3 FX: DOH DOH DOH DOH
[whud whud whud whud]

103.1 FX: PAKA [klop]
103.2 FX: PAKA PAKA [klop klop]
103.3 FX: PAKA [klop]
103.4 FX: PAKA PAKA [klop klop]
103.6 FX: KA KA [tak tak]
103.7 FX: PAKA [klop]

104.1 FX: PAKA PAKA [klop klop]
104.2-3 FX: PAKA PAKA PAKA [klop klop klop]
104.4 FX: PAKA PAKA PAKA [klop klop klop]
104.5-6 FX: PAKA PAKA [klop klop]

105.2 FX: PAKA PAKA [klop klop]
105.3 FX: KA KA [tak tak]

152.2 FX: TA [tmp]
152.3 FX: TA TA TA [tmp tmp tmp]

153.1-3 FX: TA TA TA TA TA [tmp tmp tmp tmp tmp]
153.4 FX: TA TA TA [tmp tmp tmp]
153.5 FX: TA TA TA [tmp tmp tmp]

154.2 FX: ZA ZA [fich fich]
154.3 FX: ZA ZA [fich fich]
154.4 FX: ZA ZA [fich fich]

155.1 FX: GASA [fwich]
155.2 FX: ZAZA [fsssh]

156.3 FX: SU [fsh]

157.1 FX: BOTA BOTA [plipp plipp]
157.2 FX: BOTA [plipp]
157.3 FX: ZU ZU ZU [fwudd fwudd fwudd]
157.4 FX: ZUSHI ZUSHI [fwudd fwudd]

158.1 FX: HA HA HA [huf huf huf]
158.5 FX: ZURU [shwipp]

159.1 FX: GURA [fwom]
159.2 FX: ZUUUN [wummp]
159.3 FX: ZA [fich]
159.4 FX: DOSU! [whud!]

160.2 FX: ZA [fich]
160.4 FX: ZA [fich]

161.2 FX: GASA [fwich]
161.3 FX: BARA BARA [klak klak]
161.4 FX: BARA BARA [klak klak]

163.2 FX: KI [hm]
163.3 FX: CHI CHI CHI [twee twee twee]
163.4 FX: CHI CHI CHI [twee twee twee]
FX: PYON PYON [fip fip]

164.1 FX: ZAZA [fsssh]
164.2.1 FX: KI KI [twee twee]
164.2.2 FX: ZA ZA [fsssh]
164.3.1 FX: KI KI [twee twee]
164.3.2 FX: ZA ZA [fsssh]
164.4.1 FX: ZA ZA [fsssh]
164.4.2 FX: KIKI [tweetwee]
164.5 FX: UUHH [urrrr]

166.3 FX: HAH [huh]
166.4 FX: ZU [foom]

167.1-2 FX: BUOOHH [buwaaaah]

143.1 FX: UHHH [arrrr]
143.3 FX: GU GU [tugg tugg]

144.2 FX: GU GU [tugg tugg]
144.3 FX: ZU [thup]
144.5 FX: GUI [fump]
144.6 FX: GU [tugg]

145.2 FX: SU [fsh]
145.3 FX: GUI [tugg]
145.4 FX: SU [fsh]
145.6 FX: SUTO [tunk]

146.2 FX: SHU [fsh]
146.3 FX: SUTO [tunk]
146.4 FX: GURA [fwom]
146.5 FX: ZURU [zwish]

147.1 FX: ZUSHI [thwunk]
147.3 FX: SU [fsh]
147.4 FX: BAKI [krakk]

148.2 FX: GA! [thunk!]
148.3.1 FX: BAKI [krak]
148.3.2 FX: DOKA [thonk]
148.3.3 FX: GUKI [krikk]
148.4 FX: DA [tmp]
148.5 FX: DA DA [tmp tmp]

149.1 FX: SEHYAA [yahhh]
149.2 FX: SEHYAA SEHYAA [yaah yaah]
149.3 FX: ZU ZU ZU [fwissh]
149.4 FX: TA [tmp]
149.5 FX: BA [fwoosh]

150.2 FX: KA KA [tak tak]

151.2 FX: SA [fsh]
151.4 FX: DA [tmp]
151.5 FX: TA TA... [tmp tmp...]

135.4.1 FX: DOH DOH DOH [whudd whudd whudd]
135.4.2 FX: DOU DOU [blamm blamm]
135.4.3 FX: DOH DOH DOH [whudd whudd whudd]

136.1.1 FX: DOU DOU [blamm blamm]
136.1.2 FX: DOH DOH DOH [whudd whudd whudd]
136.2 FX: KA [krakkl]
136.3 FX: ZUZUUN! [buwaam!]
136.4 FX: DOGUWA! [boooom!]

137.1 FX: DOBA [buwaam!]
137.2 FX: DOH DOH DOOH [whudd whudd whuddd]
137.3.1 FX: DOH[whudd]
137.3.2 FX: DOU [blamm]
137.4.1 FX: BAKI [krakk]
137.4.2 FX: DOH DOH DOH [whudd whudd whudd]

138.1 FX: SHUUU [fssssh]
138.2 FX: DOH DOH DOH [whudd whudd whudd]
138.3 FX: DOKA DOKA DOKA [thok thok thok]
138.4 FX: DOH DOH DOH [whudd whudd whudd]
138.5.1 FX: DOGAAN [buwaam]
138.5.2 FX: GUWA [rrrrrr]

139.1 FX: ZU [fsssh]
139.1-3 FX: DOGA DOGA [waam waam]
139.4 FX: ZUDODO [krrrrsh]

140.1 FX: GOOH [rrrrrrr]

141.2 FX: HAH [huh]
141.3 FX: GAUU [arrr]
141.4 FX: SA [fsh]

142.2 FX: TA TA [tmp tmp]
142.3 FX: UUHH [arrrr]
142.5 FX: GU [tugg]

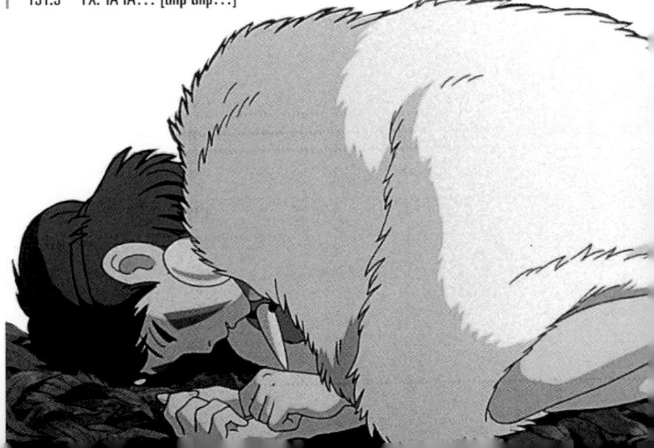

This book should be read in its original Japanese right-to-left format.
Please turn it around to begin!

PRINCESS MONONOKE

Volume 4 of 5

Original story and screenplay written and directed by
Hayao Miyazaki

Film Comic Adaptation/Yuji Oniki
Lettering/Rina Mapa
Design/Hidemi Sahara
Editor/Eric Searleman

Managing Editor/Masumi Washington
Editor in Chief/Alvin Lu
Sr. Director of Acquisitions/Rika Inouye
Sr. VP of Marketing/Liza Coppola
Exec. VP of Sales & Marketing/John Easum
Publisher/Hyoe Narita

© 1997 Nibariki – GND
All rights reserved.
First published by Tokuma Shoten Co., Ltd. in Japan.
The stories, characters, and incidents mentioned in this
publication are entirely fictional.

Printed in China

Published by
VIZ Media, LLC
295 Bay St.
San Francisco, CA 94133

First printing, December 2006

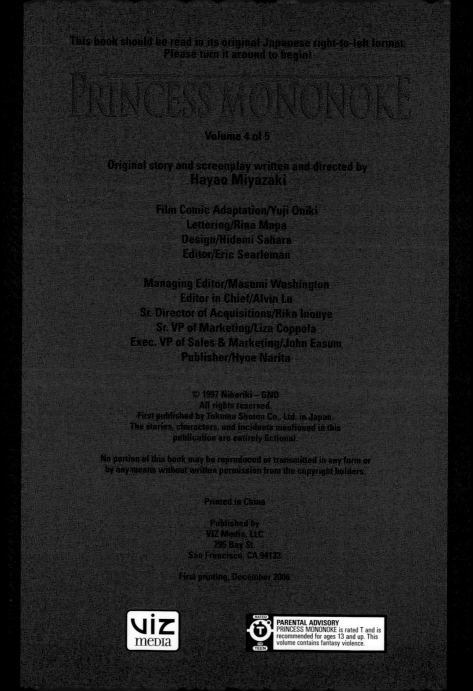

PARENTAL ADVISORY
PRINCESS MONONOKE is rated T and is
recommended for ages 13 and up. This
volume contains fantasy violence.